U0165526

案例式

行政法

｜增訂六版｜

林洲富 ｜著

五南圖書出版公司 印行

高序

　　林洲富法官是國立中正大學法律研究所博士，大學就讀於國立師範大學工業教育系，除法學外，具備工業技術及教育之專業，曾任高職機械科教師、國立中正大學等公私立大學、學院、培訓機構講座，並自民國85年起任法官，從事司法民、刑、行政訴訟審判工作逾15年，擅於論述及研究方法，以其深厚豐富多元之研究、教學及審判實務經驗，勤於著作，與人分享其法律研究心得，裨益法律之學習者甚眾。本書就法律領域中艱深錯結最難入門的行政法，透過案例式涵攝其總論、組織法、作用法及救濟法，體系架構完整，綱舉目張，層次明晰，資料最新，讀之易於鳥瞰行政法之全貌，作統縮有效的掌握。

　　林法官文筆洗鍊流暢，書中立論正確，見解均經詳為查證，信有憑據；所引案例咸具代表性、重要性及實用性，透過事例之分析、說明、探討，幫助讀者將舉舉大端的行政法理、實定法、解釋、法規命令、行政規則等應用在生活事件中，易於貼切地瞭解法義，並啟發對行政法活潑、深度、延伸性的學習興趣，是修習及研究行政法的極佳參考書籍。

高秀真
於智慧財產法院院長室
2012年3月9日

六版序

PREFACE

　　本著作自上次五版迄今已逾2年，期間行政訴訟法、國家賠償法、公務人員保險法、法院組織法、行政罰法有修訂，是基於教學相長、審判實務及法律修改，深感拙著應持續修正與更新。筆者除就內文再度進行修正與勘誤外，並增加最新實務見解、標註司法官、律師、高考法制及檢察事務官等考試之相關出處，暨本人指導有關行政法之法學碩士論文，如胡小慧「私立大專院校教師聘任之研究」、郭隆生「探討拆除違建處分之時效─以臺北市為例」、吳振裕「租稅法上退稅請求權」、夏錦秀「稅務訴訟舉證責任之研究─以稅捐稽徵法第12條之1為中心」、陳祈安「我國公職人員財產申報問題之研析─以公營事業台糖公司為中心」、顏幸如「新聞自由與公眾人物隱私權之衝突與平衡」、鄭雅玲「論個人資料保護法對金融機構稽核之影響」，務必使本書於改版之際，減少繆誤至最少，並增進其實用、考試與學術參考價值。準此，尚未周詳處，敬請各界賢達不吝指教與斧正，以充實本書內容。

林洲富

謹識於文化大學法學院

2022年4月8日

五版序

PREFACE

　　本著自上次四版迄今已逾2年，期間基於教學相長、審判實務及承蒙法界先進之建議，深感拙著應持續修正與更新，適2015年12月30日總統華總一義字第10400151551號令修正公布行政程序法第127條之受益人不當得利返還義務與第175條之施行日；2017年6月27日之立法院第9屆第3會期第1次臨時會第3次會議通過制定公務人員退休資遣撫卹法，自2018年7月1日起，原公務人員退休法及原公務人員撫卹法即不再適用。

　　筆者除就內文再度進行修正與勘誤外，並增加最新實務見解、標註司法官、律師、高考法制及檢察事務官等考試之相關出處，暨本人指導有關行政法之法學碩士論文，如胡小慧「私立大專院校教師聘任之研究」、郭隆生「探討拆除違建處分之時效—以臺北市為例」、吳振裕「租稅法上退稅請求權」、夏錦秀「稅務訴訟舉證責任之研究—以稅捐稽徵法第12條之1為中心」、陳祈安「我國公職人員財產申報問題之研析—以公營事業台糖公司為中心」、顏幸如「新聞自由與公眾人物隱私權之衝突與平衡」、鄭雅玲「論個人資料保護法對金融機構稽核之影響」，務必使本書於改版之際，減少繆誤至最少，並增進其實用、考試與學術參考價值。準此，尚未周詳處，敬請各界賢達不吝指教與斧正，並感謝薏茜提供國家考試之考題與解答，充實本書內容。

林洲富

謹識於智慧財產法院

2019年11月1日

四版序

PREFACE

　　本著自上次三版迄今已逾2年，期間基於教學相長、審判實務及承蒙法界先進之建議，深感拙著應持續修正與更新，適2015年12月30日總統華總一義字第10400151551號令修正公布行政程序法第127條之受益人不當得利返還義務與第175條之施行日：2017年6月27日之立法院第9屆第3會期第1次臨時會第3次會議通過制定公務人員退休資遣撫卹法，自2018年7月1日起，原公務人員退休法及原公務人員撫卹法即不再適用。

　　筆者除就內文再度進行修正與勘誤外，並增加最新實務見解、標註司法官、律師、高考法制及檢察事務官等考試之相關出處，暨本人指導有關行政法之法學碩士論文，如胡小慧「私立大專院校教師聘任之研究」、郭隆生「探討拆除違建處分之時效─以臺北市為例」、吳振裕「租稅法上退稅請求權」、夏錦秀「稅務訴訟舉證責任之研究─以稅捐稽徵法第12條之1為中心」、陳祈安「我國公職人員財產申報問題之研析─以公營事業台糖公司為中心」、顏幸如「新聞自由與公眾人物隱私權之衝突與平衡」、鄭雅玲「論個人資料保護法對金融機構稽核之影響」，務必使本書於改版之際，減少繆誤至最少，並增進其實用、考試與學術參考價值。準此，尚未周詳處，敬請各界賢達不吝指教與斧正，並感謝蕙茜提供國家考試之考題與解答，充實本書內容。

林洲富

謹識於智慧財產法院

2017年8月1日

三版序

PREFACE

　　本著自上次二版迄今已逾6個月，期間基於教學相長與承蒙法界先進之厚愛，對拙著多所指正錯誤與惠賜寶貴意見，筆者除就內文再度進行修正與勘誤外，並增加最新之行政法院見解，務必使本書於改版之際，減少繆誤至最少，暨增進其實用性。準此，尚未周詳處，敬請各界賢達不吝指教與斧正。

林洲富
謹識於智慧財產法院
2015年1月30日

二版序
PREFACE

　　本著自上次出版迄今已近經年，期間基於教學相長與承蒙法界先進之厚愛，對拙著多所指正錯誤與惠賜寶貴意見。故筆者除就內文再度進行修正與勘誤外，並增加最新之行政法院見解，務必使本書於改版之際，減少繆誤至最少，暨增進其實用性。準此，尚未周詳處，敬請各界賢達不吝指教與斧正。

林洲富

謹識於智慧財產法院

2013年4月22日

自序
PREFACE

　　行政法分為實體法與程序法，實體法規範公法之權利義務關係，程序法則將實體法具體化，兩者相輔為用。因行政法為理論與實用之法律學，故行政行為或行政爭訟事件，在認定事實與適用法律時，應熟悉實體法與程序法之實務與理論，始能作出正確之判斷。因行政法內容浩繁，涵蓋範圍甚廣，是如何掌握法規範之重點，正確解釋及適用法規範，在行政程序與行政爭訟均屬重要。筆者本於教學需求及實務經驗，分析與歸納行政法之理論，試以案例之方式，說明及分析法律之原則，使實體法與程序法相互印證，將行政法理論轉換成實用之學，期能增進學習之效果，使有志研習者，易於瞭解行政法之運用。準此，茲將拙著定名為「行政法一案例式」，因筆者學識不足，所論自有疏誤之處，敬祈賢達法碩，不吝賜教，至為感幸。

林洲富
謹識2012年4月1日
智慧財產法院

目錄 CONTENTS

總　論

關鍵詞：禁止恣意原則、不確定法律概念、司法審查、判斷餘地、
　　　　保護規範理論、重要性理論、公權力、高權行政

研讀行政法總論之重點，在於瞭解依法行政原則、一般法律原則、行政判斷與裁量及行政法之法律關係。總論研究之法律以憲法、中央法規標準法、地方制度法、行政程序法及行政訴訟法爲基準。本章計有16則例題，用以分析行政法總論之原理與其適用。

第一節　依法行政

依法行政原則係支配法治國之基本原則，爲一切行政行爲應遵守之必要原則。依法行政原則可分爲「法律優位原則」與「法律保留原則」；前者爲消極之依法行政原則，後者爲積極之依法行政原則。

依法行政原則	內容
法律優位原則	成文法（憲法第170條）、習慣法、司法院大法官解釋、一般法律原則
法律保留原則	憲法保留（憲法第8條）、絕對法律保留（憲法第23條）、相對法律保留

第一項　法律優位

法律優位所稱之法，除指形式規範之成文法外，亦涵蓋實質法規範之不成文法。例如，習慣法、司法院大法官解釋、一般法律原則。行政行爲不論是否發生法律效果，均應遵守法律優越原則，不得與法律規定牴觸。

例題1

　　銷售貨物或勞務之營業人，暨進口貨物之收貨人或持有人，均爲營業稅之納稅義務人（加值型及非加值型營業稅法第2條第1款、第2款）。財政部依據加值型及非加值型營業稅法第59條規定，擬定同法施行細則，並

報請行政院核定發布之。試問加值型及非加值型營業稅法施行細則或財政部之職權命令,規定海關、法院及其他機關拍賣沒收、沒入或抵押之貨物時,由拍定人或買受人申報繳納營業稅等情,有無牴觸母法?

壹、定 義

一、法令位階

(一) 不同位階

所謂法律優位者,係指立法院通過,並經總統公布之法律(憲法第170條)。例如,所謂土地徵收,係指國家因公共事業之需要,對人民受憲法保障之財產權,經由法定程序予以剝奪,規定此項徵收及其程序之法律必須符合必要性原則,並應於相當期間內給予合理之補償。是土地徵收條例第60條之法律規定,係指經立法院通過,總統公布之法律所規定者而言[1]。再者,法律與憲法牴觸者無效(憲法第171條第1項)。法律與憲法有無牴觸發生疑義時,由司法院解釋之(第2項)。故法律其對行政權具有優越之地位,行政作用與法律牴觸者不生效力。準此,命令與憲法或法律牴觸者無效(憲法第172條)。法律不得牴觸憲法,命令不得牴觸憲法或法律,下級機關訂定之命令不得牴觸上級機關之命令(中央法規標準法第11條)。行政行為應受法律及一般法律原則之拘束,不得違反(行政程序法第4條)。

(二) 相同位階

同等規範效力之法規範,倘有發生適用先後順序問題者,依據中央法規標準法第16條、第17條規定,應以後法優於前法、特別法優於普通法、母法優於子法等規定為適用。倘係同位階之法律發生適用問題,除有同法第11條後段規定之情況外,即下級機關訂定之命令不得牴觸上級機關

---

[1] 最高行政法院100年度判字第1708號行政判決。

之命令。其僅生適用順序之問題，所應退讓之法律，並非當然無效[2]。

二、法律名稱

法律得定名為法、律、條例或通則（中央法規標準法第2條）[3]。茲說明如後：(一)所謂法，係指屬於全國性、一般性或長期性事項之規定者稱之。例如，民法、刑法、行政程序法；(二)所謂律，係指屬於戰時軍事機關之特殊事項之規定者稱之。如2002年12月25日廢止之戰時軍律；(三)所謂條例，係指屬於地區性、專門性、特殊性或臨時性事項之規定者稱之。茲舉定名為條例者，諸如耕地三七五減租條例、平均地權條例、都市更新條例、貪污治罪條例、毒品危害防治條例、公寓大廈管理條例、農業發展條例；(四)所謂通則，係指屬於同一類事項共通適用之原則或組織之規定者稱之。例如，立法院各委員會辦事通則、地方稅法通則（中央行政機關法制作業應注意事項第2條第6項）。

三、命令名稱

各機關發布之命令，分為法規命令、行政規則及職權命令得依其性質，稱規程、規則、細則、辦法、綱要、標準或準則（中央法規標準法第3條）。茲說明如後：

(一)規　程

所謂規程，係指規定機關組織、處務準據者。舉例說明如後：1.司法院依據大法官司法人員研習所組織條例第11條規定，訂定司法院司法人員研習所處務規程；2.司法院依據法官學院組織法第12條規定，訂定法官學院處務規程。

---

[2] 最高行政法院100年度判字第496號行政判決。
[3] 大法官釋字第573號解釋。

(二)規　則

所謂規則，係指規定應行遵守或應行照辦之事項者。舉例說明如後：1.司法院依據司法院組織法第21條規定，訂定司法院人事審議委員會審議規則；2.臺北市政府為實施建築管理，有效執行建築法有關違章建築之處理規定，訂定臺北市違章建築處理規則。

(三)細　則

所謂細則，係指規定法律施行之細節性、技術性、程序性事項或就法律另作補充解釋者。舉例說明如後：1.教育部依據教師法第38條規定，訂定教師法施行細則；2.經濟部依據專利法第158條規定訂定專利法施行細則。

(四)辦　法

所謂辦法，係指規定辦理事務之方法、權限或權責者。舉例說明如後：1.司法院依司法人員人事條例第10條第3項、第11條第3項規定，訂定司法院遴選律師、教授、副教授、助理教授轉任法院法官審查辦法；2.經濟部依據著作權法第83條規定，訂定著作權爭議調解辦法。

(五)綱　要

所謂綱要，係指屬於規定一定原則或要項者。舉例說明如後：1.銓敘部為遴拔優秀人才，藉備各機關拔擢升用參考，以期達成適才適所人才交流之目的，訂定銓敘部遴拔優秀人才計畫綱要；2.衛生福利部為促進社區發展，增進居民福利，建設安和融洽、團結互助之現代化社會，訂定社區發展工作綱要。

(六)標　準

所謂標準，係指規定一定程度、規格或條件者。舉例說明如後：1.司法院為遴選高等法院及其分院法官、庭長暨高等行政法院、智慧財產及商業法院、地方法院及其分院庭長，其遴選標準除法令另有規定外，訂定司法院所屬一、二審法院庭長、法官遴選資格標準；2.經濟部依據商標法第104條第2項規定，訂定商標規費收費標準。

(七)準　則

所謂準則，係指屬於規定作為之準據、範式或程序者。舉例說明如後：1.內政部依據政治獻金法第22條第3項及第34條規定，訂定政治獻金查核準則（中央行政機關法制作業應注意事項第2條第5項）；2.經濟部依據規費法第10條規定，訂定著作權集體管理團體規費收費準則。

貳、例題解析

一、租稅法律主義

(一)憲法第19條與第23條

所謂人民有依法律納稅之義務，係指人民僅依法律所定之納稅主體、稅目、稅率、納稅方法及租稅減免等項目，而負繳納義務或享受減免繳納之優惠，舉凡應以法律明定之租稅項目，自不得以命令作不同規定，否則違反租稅法律主義（憲法第19條）[4]。準此，租稅法律主義經由法律之形式要求，為財產權之保護設置防線[5]。而有關人民自由權利之限制，應以法律規定，且不得逾越必要之程度（憲法第23條）。

(二)訂定施行細則之限制

因法律之內容難以鉅細靡遺，立法機關自得授權行政機關發布命令為補充規定。倘法律之授權涉及限制人民自由權利者，其授權之目的、範圍及內容，符合具體明確之條件，自為憲法之所許。申言之，法律僅概括授權行政機關訂定施行細則者，主管行政機關於符合立法意旨，且未逾越母法規定之限度內，雖得就執行法律有關之細節性、技術性之事項，以施行細則定之。惟其內容不能牴觸母法或對人民之自由權利增加法律所無之限制。準此，行政機關在施行細則外，為執行法律依職權發布之命令，自應

---

[4] 大法官釋字第210號、第217號解釋。

[5] 黃士洲，遺產及贈與稅爭訟實務，100年培訓高等行政法院暨地方法院行政訴訟庭法官理論課程，司法院司法人員研習所，2011年4月11日，頁107。

遵守租稅法律主義[6]。

二、命令牴觸法律無效

　　加值型及非加值型營業稅法第2條第1款、第2款規定，銷售貨物或勞務之營業人，暨進口貨物之收貨人或持有人，均為營業稅之納稅義務人，財政部雖得依據加值型及非加值型營業稅法第59條訂定同法施行細則。惟施行細則或財政部之職權命令，倘規定海關、法院及其他機關拍賣沒收、沒入或抵押之貨物時，由拍定人申報繳納營業稅。施行細則或職權命令將法律明定之申報繳納主體營業人，變更為拍定人或買受人，顯與加值型及非加值型營業稅法之規定不符，已牴觸母法，有違憲法第19條及第23條規定，保障人民權利之意旨[7]。

參、相關實務見解——法律優位原則

一、法律違憲應定期失效

　　憲法第171條第1項規定，法律與憲法牴觸者無效。同法第80條規定法官依據法律獨立審判，此處所稱之法律，係指未與憲法牴觸之法律，故法官有遵守合憲性法律裁判之義務。司法院大法官釋憲實務，有時基於對立法機關調整規範權限之尊重，並考量解釋客體之性質、影響層面及修改法律所需時程等因素，避免因違憲法律立即失效，造成法律真空狀態或法秩序驟然發生重大之衝擊，並為促使立法機關審慎周延立法，以符合解釋意旨，不宣告違憲法律立即失效，而首於大法官釋字第218號解釋對行政函釋，創設違憲而定期失效模式，並於大法官釋字第224號解釋首次用於宣告法律違憲而定期失效。對此法律違憲而定期失效者，應發生如何之效力，初始之司法實務認為該違憲法律於失效前，仍屬有效，國家機關於失效前依據該法律所作成之行為，均屬合法。然嗣後之發展，釋憲實務已轉

---

[6]　大法官釋字第268號、第274號、第313號、第360號解釋。
[7]　大法官釋字第367號解釋。

著重被宣告定期失效法律之違憲性質[8]。倘在違憲法律失效前，無除去違憲狀態之新法，而對於本於該失效法律作成之行政處分之爭訟事件，繫屬於行政法院，該行政處分之合法性如何，行政法院應依合憲方式作成裁判[9]。

二、法律定期失效之效力

行政罰之目的，係對違反行政法上義務者所為之處罰（行政罰法第1條）。行為人之行為必須符合處罰規定之構成要件、具有違法性及可責性，始得加以處罰。作為處罰構成要件之行政法義務規定，倘被宣告為違憲，即使是宣告定期失效，在失效前仍具違憲性質，因憲法為國家根本大法，形成憲法秩序，其要求法律不得與之牴觸，人民違反與憲法牴觸之法律所課之義務，倘仍認為具有違法性，顯與合憲法秩序不相容[10]。

第二項　法律保留

憲法將特定事項之決定權保留予國會，應由國會制定法律加以規範，行政機關所為除不得與法律牴觸外，亦應有法律或法律授權之依據。故憲法之法律保留原則，為現代法治國原則之具體表現，不僅規範國家與人民之關係，並涉及行政、立法兩權之權限分配[11]。

例題2

考試院依據公務人員退休資遣撫卹法訂定施行細則，該施行細則有規定公營事業之人員轉任為適用公務人員退休資遣撫卹法之公務人員後，如

---

[8] 最高行政法院103年度判字第653號、第656號、第716號行政判決。
[9] 最高行政法院105年度判字第84號行政判決。
[10] 最高行政法院105年度判字第84號行政判決。
[11] 大法官釋字第614號解釋。

何併計其於公營事業任職期間年資，其與政務人員、公立學校教育人員或軍職人員轉任時，如何併計年資之規定不同。試問該施行細則，是否符合法律保留原則？

壹、法律保留之依據（97司法官；93檢察事務官）

一、干涉保留

　　凡涉及人民自由或權利，致侵害人民權利或課予人民負擔者，行政機關之作為應有法律依據，此稱干涉保留。準此，憲法各條列舉之自由權利，除為防止妨礙他人自由、避免緊急危難、維持社會秩序，或增進公共利益所必要者外，不得以法律限制之（憲法第23條）。創設、剝奪或限制地方自治團體居民之權利義務者，應以自治條例定之（地方制度法第28條第2款）。例如，行為人觸犯刑事法律而受刑之宣告，係出於故意犯罪，雖顯示其欠缺恪遵法紀之品德。然屬過失犯因疏忽而觸法，其與故意犯罪之惡性不同，倘偶然一次，且其過失情節輕微者，難認其必然欠缺應具備之品德與能力，致影響服軍職之能力。機關考試招生簡章規定曾受刑之宣告者，不分故意或過失，均不得報考。係剝奪其透過考選以擔任軍職之機會，非屬達成目的之最小侵害手段，逾越必要程度，牴觸憲法第23條比例原則，亦與憲法第18條保障人民服公職之權利意旨不符[12]。

二、概括性規範

(一)法律規定事項

　　應以法律規定之事項如後：1.憲法或法律有明文規定，應以法律定之者；2.關於人民之權利、義務者；3.關於國家各機關之組織者；4.其他重要事項之應以法律定之者（中央法規標準法第5條）。應以法律規定之事

---

[12] 大法官釋字第715號解釋。

項，不得以命令定之（中央法規標準法第6條）。例如，人民團體理事、監事之選任及執行職務，涉及結社團體之運作，會員結社理念之實現，暨理事、監事個人職業自由之保障。對人民之上開自由權利加以限制，須以法律定之或經立法機關明確授權行政機關以命令訂定，始無違反憲法第23條之法律保留原則[13]。

(二)自治條例規定事項 （104律師）

應以自治條例規定之事項如後：1.法律或自治條例規定應經地方立法機關議決者；2.創設、剝奪或限制地方自治團體居民之權利義務者；3.關於地方自治團體及所營事業機構之組織者；4.其他重要事項，經地方立法機關議決應以自治條例定之者（地方制度法第28條）。例如，房屋稅依據房屋現值按規定之稅率課徵，房屋現值由主管稽徵機關依據不動產評價委員會評定之標準核計而得（房屋稅條例第5條、第10條）。臺北市政府於2011年1月24日修正公告臺北市房屋標準價格及房屋現值評定作業要點，其中第15點第1項規定：房屋為鋼筋混凝土以上構造等級，經逐棟認定具有下列8項標準，為高級住宅，其房屋構造標準單價，按該棟房屋坐落地點之街路等級調整率加成核計：1.獨棟建築；2.外觀豪華；3.地段絕佳；4.景觀甚好；5.每層戶少；6.每戶車位；7.保全嚴密；8.管理周全。係依據房屋建材及其他影響房屋交易之價格因素，區分及限制高級住宅之適用範圍，並定其標準價格。倘核計房屋現值，不逾市場交易價格，符合前揭房屋稅條例之規定，無違法律保留原則及租稅法定主義[14]。

三、層級化體系

憲法所定人民之自由及權利範圍甚廣，凡不妨害社會秩序公共利益者，雖均受保障，惟並非一切自由及權利，均受同等程度之保障。何種事項應以法律直接規範或得委由命令予以規定，其與所謂規範密度有關，應

---

[13] 大法官釋字第443號、第724號解釋。
[14] 最高行政法院104年度4月份第2次庭長法官聯席會議。

視規範對象、內容或法益本身及其所受限制之輕重，而容許合理之差異，故法律保留事項之範圍，採取重要性理論。準此，依基本權利限制程度，區分憲法保留、絕對法律保留、相對法律保留及毋庸法律保留等位階[15]。

(一)憲法保留

關於人民身體之自由，憲法第8條規定較為詳盡，其中內容屬於憲法保留之事項者，縱由立法機關為之，仍不得制定法律加以限制[16]。因人身自由係基本人權，為人類一切自由、權利之根本，任何人不分國籍均應受保障，此為現代法治國家共同之準則。準此，我國憲法第8條關於人身自由之保障應及於外國人，使與本國人同受保障[17]。

(二)絕對法律保留

憲法第7條、第9條至第18條、第21條及第22條之各種自由及權利，應於符合憲法第23條之條件，得以法律限制之。至何種事項應以法律直接規範或得委由命令予以規定，其與所謂規範密度有關，應視規範對象、內容或法益本身及其所受限制之輕重，而容許有合理之差異。例如，剝奪人民生命或限制人民身體自由者，應守罪刑法定主義，以制定法律方式為之[18]。

(三)相對法律保留

涉及人民其他自由權利之限制者，應由法律加以規定，如以法律授權主管機關發布命令為補充規定時，其授權應符合具體明確之原則。例如，所謂憲法第19條之人民有依法律納稅義務，係指國家課人民以繳納稅捐之義務或給予人民減免稅捐之優惠時，應就租稅主體、租稅客體、稅基、稅率等租稅構成要件，以法律或法律明確授權之命令定之；倘以法律授權主管機關發布命令為補充規定時，其授權應符合具體明確之原則[19]。

---

[15] 大法官釋字第443號解釋。
[16] 大法官釋字第392號解釋。
[17] 大法官釋字第708號解釋。
[18] 大法官釋字第392號解釋。
[19] 大法官釋第620號、第622號、第640號、第650號解釋。

(四)毋庸法律保留

　　僅屬與執行法律之細節性、技術性次要事項，得由主管機關發布命令為必要之規範，雖因而對人民產生不便或輕微影響，然為憲法所准許者。關於給付行政措施，其受法律規範之密度，雖較限制人民權益者為寬鬆，然涉及公共利益之重大事項者，應有法律或法律授權之命令為依據[20]。

貳、例題解析──法律保留

一、給付行政（92檢察事務官）

　　給付行政措施雖未限制人民之自由權利，難謂與憲法第23條規定，限制人民基本權利之法律保留原則有違，惟有涉及公共利益或實現人民基本權利之保障等重大事項者，原則上應有法律或法律明確之授權為依據，主管機關始得據以訂定法規命令[21]。公務人員曾任公營事業人員者，其服務於公營事業之期間，得否併入公務人員年資，以為退休金計算之基礎，憲法未規定之，立法機關得本諸憲法照顧公務人員生活之意旨，以法律定之。在此類法律制定施行前，主管機關依法律授權訂定之法規命令，或逕行訂定相關規定為合理之規範，以供遵循者，因其內容非限制人民之自由權利，固未與憲法第23條規定之法律保留原則有違。然曾任公營事業人員轉任公務人員時，其退休相關權益乃涉及公共利益之重大事項，自應以法律或法律明確授權之命令規定。

二、平等原則

　　主管機關依法律授權所訂定之法規命令，其屬給付性質者，應受相關憲法原則拘束，如平等原則[22]。準此，考試院依據公務人員退休資遣撫卹法授權訂定施行細則，規定公營事業之人員轉任為適用公務人員退休資遣

---

[20] 大法官釋字第443號、第559號解釋。
[21] 大法官釋字第443號解釋。
[22] 大法官釋字第542號解釋。

撫卹法之公務人員後，如何併計其於公營事業任職期間年資，暨就政務人員、公立學校教育人員或軍職人員轉任時，如何併計年資。上開法規併計年資之規定有異，係主管機關考量公營事業人員與適用公務人員退休資遣撫卹法之公務人員及政務人員、公立學校教育人員、軍職人員之薪給結構、退撫基金之繳納基礎、給付標準等整體退休制度之設計，均有所不同，所為之合理差別規定，難認有恣意或不合理，未違背憲法第7條之平等原則[23]。

參、相關實務見解——修正公保優存要點符合法律保留

給付行政措施屬低密度法律保留，是以給付行政措施應對何一群體、何種事項為給付，給付之種類，項目為何，應由行政機關基於其行政之積極性、公益性，酌量當時之社會經濟狀況，財政收支情形，除非涉及公共利益之重大事項，應有法律或法律授權之命令為依據之必要外，自應有行政機關整體性考量之自由形成空間。因公保優存要點係屬給付行政措施，且僅適用於特定群體，雖受法律規範之密度，應較限制人民權益者寬鬆。惟經時代變遷後，行政機關考慮社會經濟狀況、財政收支情形與整體公益衡平原則，審酌得適用之對象、範圍及辦理優惠存款之額度，依權限修正該要點，以符合正當性與公平性，自無違反法律保留原則[24]。

第二節　一般法律原則

行政行為應受法律及一般法律原則之拘束（行政程序法第4條）。準此，行政法之法源，包含成文法之法律與不成文法之一般法律原則（行政程序法第5條至第8條）[25]。

---

[23] 大法官釋字第614號解釋。
[24] 最高行政法院99年度判字第220號行政判決。
[25] 最高法院103年度台上字第757號刑事判決；最高行政法院103年度判字第645號行政判決。

一般法律原則 （97檢察事務官）	法律依據	內容
明確性原則	行政程序法第5條、第150條第2項、第158條	預見受法律規範之可能性
平等原則	憲法第7條；行政程序法第6條	行政自我拘束原則、禁止恣意原則
比例原則	憲法第23條；行政程序法第7條	適當性、必要性及衡量性
誠實信用原則	行政程序法第8條前段	依據公平正義之理念，衡量當事人之利益
信賴保護原則	行政程序法第8條後段、第117條、第120條	信賴基礎、信賴表現、信賴值得保護
情事變更原則	行政程序法第123條	行政程序未終結前，法律或事實有變更時，應依變更後之法律或事實處理[26]
禁止片面接觸原則	行政程序法第47條	行政程序中，除基於職務上之必要外，不得與當事人或代表其利益者為行政程序外之接觸
不當聯結禁止原則	行政程序法第94條、第137條第1項第3款	附款不得違背行政處分之目的，並應與該處分之目的具有正當合理之關聯。行政機關與人民締結行政契約，互負給付義務者，人民之給付與行政機關之給付應相當，應具有正當合理之關聯
正當法律程序	大法官釋字第384號、第462號解釋	行政行為之作成，應遵循合理正當之法律程序

第一項　明確性原則

　　法律明確性原則之目的，在使人民對其行為，是否受法律規範有預見可能性，並避免執法恣意或不公平之危險。法律以抽象概念表示者，其意義須非難以理解，且為一般受規範者所得預見，並可經由司法審查加以確

---

[26] 最高行政法院78年度判字第1120號、79年度判字第1851號行政判決。

認，始符法律明確性原則[27]。

例題3

> 　　公立學校之教師評審委員會經決議解聘甲教師，並將解聘結果作成書面通知甲教師，因該行政處分未明確指出，究係依據教師法第14條第1項何款解聘事由。試問甲教師主張學校解聘違法，試問其主張有無理由？

壹、定　義（96檢察事務官；91司法官）

　　行政行為之內容應明確，此為明確性原則（行政程序法第5條）。因法律屬抽象性之普遍規範，其內容固難要求充分具體明確，然基於法治原則，凡影響人民權益，尤其是限制人民權利之法律，其規定應符合法律明確性原則，以確保法律具有預先告知之功能，使人民對其行為，是否受法律規範有預見可能性，國家機關依法行政或依法審判，亦有明確之基準，不致因法律規定不明確，致執法恣意或有不公之危險[28]。準此，人民自由及權利之限制，依憲法第23條規定，應以法律定之。其得由法律授權以命令為補充規定者，授權之目的、內容及範圍應具體明確，始得據以發布命令（行政程序法第150條第2項）[29]。倘法規命令違反法律授權目的與授權範圍，係違反授權明確性原則，應屬無效（行政程序法第158條）。

貳、裁罰性與非裁罰性條款

　　對人民違反行政法上義務之行為，予以裁罰性之行政處分，涉及人民權利之限制，其處分之構成要件與法律效果，應由法律定之，法律雖得授權以命令為補充規定，惟授權之目的、範圍及內容必須具體明確，而據以

---

[27] 大法官釋字第491號解釋。
[28] 大法官釋字第636號解釋。
[29] 大法官釋字第570號解釋。

發布命令，始符憲法第23條之意旨[30]。反之，非裁罰性條款，授權條款雖未就授權之內容與範圍爲明確之規定，惟依法律整體解釋，應可推知立法者有意授權主管機關，依據行政專業之考量，訂定法規命令，以資規範[31]。

參、例題解析——行政處分明確性原則

行政行爲之內容應明確，故行政處分以書面爲之者，應記載主旨、事實、理由及其法令依據（行政程序法第5條、第96條第1項）。公立學校係各級政府依法令設置實施教育之機構，具有機關之地位[32]。公立學校教師與學校間之聘任關係，雖爲行政契約，惟公立學校教師因具有教師法第14條第1項各款事由之一，經該校教師評審委員會決議通過予以解聘、停聘或不續聘，並由該公立學校依法定程序通知當事人者，係該公立學校依法律明文規定之要件、程序及法定方式，立於機關之地位，就公法上具體事件，所爲得對外發生法律效果之單方行政行爲，具有行政處分之性質。因法定解聘事由有數款情形，倘行政處分未載明係依據教師法第14條第1項何款解聘事由，自有違行政處分明確性原則[33]。

肆、相關實務見解——法律授權明確性原則

人民基本權利之限制，原則上應以法律爲之，依其情形，固得由立法機關授權主管機關發布命令爲補充規定。惟其授權之目的、內容及範圍，均應具體明確。主管機關據以發布之命令，不得逾越授權之範圍，始爲憲法之所許。授權是否具體明確，應就該授權法律整體所表現之關聯意義爲判斷，非拘泥於特定法條之文字。查廢棄物清理法第1條揭示其立法目的，爲有效清除、處理廢棄物，改善環境衛生，維護國民健康。第27條第11款規定：在指定清除地區內嚴禁其他經主管機關公告之污染環境行

---

[30] 大法官釋字第313號、第402號解釋。
[31] 大法官釋字第392號解釋。
[32] 大法官釋字第382號解釋。
[33] 最高行政法院99年度判字第611號行政判決。

為。該規定係授權主管機關就指定清除區域內禁止之廢棄物清理法第27條所列舉10款行為外，另為補充其他污染環境行為之公告，是主管機關據此發布公告禁止之行為，自須達到與前10款所定行為類型污染環境相當之程度。參酌本條第3款、第10款規定：路旁、屋外或屋頂曝晒、堆置有礙衛生整潔之物；張貼或噴漆廣告污染定著物。可推知法條所稱污染環境行為之內涵，不以棄置廢棄物為限，其他有礙環境衛生與國民健康之行為亦屬之。準此，廢棄物清理法第27條第11款規定與憲法第23條之法律授權明確性原則符合[34]。

第二項 平等原則

憲法之平等原則要求行政機關對於事物本質上相同之事件作相同處理，乃形成行政自我拘束（憲法第7條）。憲法之平等原則，係指合法之平等，不包含違法之平等。準此，合法之行政先例為行政自我拘束之前提要件，憲法之平等原則，並非賦予人民有要求行政機關重複錯誤之請求權[35]。

例題4

甲為結算申報綜合所得稅，分別以購入、繼承或受贈所取得之公共設施保留地或既成道路等用地，對政府捐獻而列報捐贈列舉扣除額。稽徵機關財政部國稅局依據財政部92年至97年間台財稅字等函令，除以買賣取得者，以公告土地現值予以認列，核定繼承或受贈所取得者，僅能減除公告土地現值之16%。試問財政部國稅局之處分，是否合法[36]？

---

[34] 大法官釋字第394號、第426號、第443號、第488號、第568號、第658號、第710號、第730號、第734號解釋。

[35] 最高行政法院93年度判字第1392號行政判決。

[36] 大法官釋字第705號解釋。

例題5

　　甲以贈與之名義將其名下之股票移轉予同居人乙，財政部國稅局依據該移轉股票之贈與行為，核定甲應繳納贈與稅。甲不服該處分，並主張其已離婚，並與乙共同居住生活，並撫育子女，此為實質上夫妻關係，則依據實質課稅原則之精神，自應類推適用遺產及贈與稅法第20條第1項第6款之配偶關係，甲、乙間股票移轉不應計入贈與總額。試問甲之主張，是否有理由？

壹、定　義

一、禁止差別待遇

　　行政行為，非有正當理由，不得為差別待遇（行政程序法第6條）。行政法上之平等原則，並非指絕對、機械之形式上平等，而係指相同事物性質應為相同之處理，非有正當理由，不得為差別待遇而言。倘事物性質不盡相同而為合理之各別處理，自非法所不許[37]。

1.祭祀公業條例

　　祭祀公業條例第4條第1項前段規定：本條例施行前已存在之祭祀公業，其派下員依規約定之。雖未以性別為認定派下員之標準，然相關規約依循傳統之宗族觀念，大多限定以男系子孫為派下員，致女子不得為派下員。因該等規約係設立人及其子孫所為之私法上結社及財產處分行為，基於私法自治，原則上應予尊重，以維護法秩序之安定。準此，以規約認定祭祀公業派下員，難認與憲法第7條保障性別平等之意旨有違，致侵害女姓之財產權[38]。

---

[37] 最高行政法院95年度判字第446號行政判決。
[38] 大法官釋字第728號。

2.人民受教育之權利

人民受教育之權利，依其憲法規範基礎之不同，可區分為「受國民教育之權利」及「受國民教育以外教育之權利」。前者明定於憲法第21條，旨在使人民得請求國家提供以國民教育為內容之給付，國家有履行該項給付之義務。至於人民受國民教育以外教育之權利，固為憲法第22條所保障，惟鑑於教育資源有限，所保障者，係以學生在校接受教育之權利不受國家恣意限制或剝奪為主要內容，並不包括賦予人民請求給予入學許可、提供特定教育給付之權利。是國民教育學校以外之各級各類學校訂定特定之入學資格，排除資格不符之考生入學就讀，未侵害考生受憲法保障之受教育權。除非相關入學資格條件，違反憲法第7條之人民在法律上一律平等與第159條之國民受教育機會一律平等規定，而不當限制或剝奪人民受教育之公平機會，否則不生牴觸憲法之問題[39]。

3.公營事業移轉民營條例之年資結算

法規範是否符合平等原則之要求，其判斷應取決於該法規範，所以為差別待遇之目的是否合憲，其所採取之分類與規範目的間，是否存有一定程度之關聯性，暨關聯性應及於何種程度而定[40]。移轉為民營後繼續留用人員，得於移轉當日由原事業主就其原有年資辦理結算，其結算標準依前項規定辦理（公營事業移轉民營條例第8條第3項前段）。就適用於原具公務人員身分之留用人員部分，未牴觸憲法第23條之比例原則，未違背與憲法第18條之服公職權保障意旨，亦不違反憲法第7條之平等權保障[41]。

二、禁止恣意原則

平等原則導出禁止恣意原則，係指在行政領域內，行政機關於作成決定之際，僅能依事理之觀點為行為，且其所作成之一切處置，均應與其所

---

[39] 大法官釋字第382號、第626號解釋。
[40] 大法官釋字第593號解釋。
[41] 大法官釋字第593號、第764號解釋。

擬規制之實際狀態相當。所謂恣意者，係指任性、專斷毫無標準，且隨個人好惡之決定。禁止恣意原則，不僅禁止故意之恣意行為，復禁止任何客觀上違反憲法基本精神及事物本質行為[42]。

貳、行政自我拘束原則（99司法官）

一、定 義

所謂行政自我拘束原則，係指行政機關非有正當理由，作成行政行為時，對行為所規制之對象，不得為差別待遇（行政程序法第6條）。申言之，處分機關作成行政處分後，亦與相對人相同，應受該行政處分之拘束。而正當理由者，其包括為保障人民在法律上地位之實質平等，並不限制具體案件事實上之差異及立法目的，而為合理之不同處置。準此，行政機關審查申請案，倘基於個案之本質上之不同，而為合理之不同之處分，自與平等原則無違[43]。例如，在義務役替代役人員之甄選遴派，基於需用機關之工作特性，定有資格限制，並未違反平等原則[44]。

二、內部裁量基準與解釋性行政規則

（一）解釋性行政規則

原則上解釋性行政規則，固僅對內發生效力，然解釋性行政規則既為行政實務所依循，倘行政機關無正當理由，自不得對相同之事件，為不同於該行政實務之處理，從而構成行政自我拘束原則[45]。

（二）內部裁量基準

主管機關發布之內部裁量基準，因對外發布，且在個案中被反覆遵行，基於平等原則或行政自我拘束原則而產生外部效力，得作為審查裁量

---

[42] 臺灣高等法院95年度交抗字第414號刑事裁定。
[43] 最高行政法院88年度判字第3724號行政判決。
[44] 最高行政法院106年度判字第552號行政判決。
[45] 最高行政法院106年度判字第108號行政判決。

是否有濫用情事的法規範基礎，行政機關於法律效果之選擇裁量，應依循此原則，始爲適法之行政處分[46]。例如，A市政府衛生局自訂A市政府衛生局處理違反各項醫療衛生法規案件統一裁罰基準，其中處理違反醫師法統一裁罰基準表，就醫師違反醫師法第28條之4者，第1次處罰鍰新臺幣（下同）10萬元，停業1個月；第2次處罰鍰20萬元，停業3個月。被告基於平等原則，對於事物本質上相同之事件，如無作成不同處理之明顯根據，即應作相同之處理，在行使裁量時，不得違反其合法行政先例。倘有甲醫師第1次違反第28條之4規定，A市政府衛生局即作成處罰鍰10萬元與停業3個月之處分。則該停業3個月之處分，違反行政自我拘束原則，甲醫師得提起撤銷訴願與撤銷訴訟救濟之[47]。甲亦得於行政法院之終局判決確定前，暫時保全其權利，對受理訴願機關與行政法院提出申請或聲請停止執行（訴願法第93條；行政訴訟法第116條）。

參、例題解析

一、禁止差別待遇

行政行爲，非有正當理由，不得爲差別待遇（行政程序法第6條）。所謂行政法上之平等原則，係指相同事物性質應爲相同之處理，非有正當理由，不得爲差別待遇而言。如例題4所示，甲爲結算申報綜合所得稅，分別以購入、繼承或受贈所取得之公共設施保留地或既成道路等用地，對政府捐獻而列報捐贈列舉扣除額。依據平等原則，不論捐贈土地者爲購入、繼承或受贈所取得，計算認列減除之扣除額度標準，不得爲禁止差別待遇。準此，財政部國稅局，除以買賣取得者，以公告土地現值予以認列，核定繼承或受贈所取得者，僅能減除公告土地現值之16%，其所爲之行政處分，違反行政程序法第6條規定之平等原則[48]。

---

[46] 臺中高等行政法院93年度訴字第436號行政判決。
[47] 臺北高等行政法院99年度訴字第92號行政判決。
[48] 張進德，從行政程序法論依法課稅，元照出版有限公司，2013年，頁8。

二、平等原則

配偶相互贈與之財產不計入贈與總額（遺產及贈與稅法第20條第1項第6款）。就配偶間財產權之移轉免徵贈與稅，係立法者考量夫妻共同生活，在共同家計下，彼此財產難以清楚劃分之現實情況，基於對婚姻制度之保護所訂定。至因欠缺婚姻之法定要件，而未成立法律上婚姻關係之異性伴侶，未能享有相同之待遇，係因為維護法律上婚姻關係之考量，其目的正當，且手段有助於婚姻制度之維護，自符合憲法第7條之平等原則。準此，甲以贈與之名義，將其名下之股票移轉予同居人乙，財政部國稅局依據移轉股票之贈與行為，核定甲應繳納贈與稅，甲雖主張其已離婚，並與乙共同居住生活，並撫育子女，此為實質上夫妻關係，應類推適用遺產及贈與稅法第20條第1項第6款之配偶關係。然甲與乙無法定婚姻關係存在，自不得適用配偶相互之贈與規定[49]。

肆、相關實務見解——有外部效力之行政規則（90律師；87司法官）

行政機關依其行政規則或行政函釋，經由長期之慣行，透過平等原則之作用，產生外部效力，人民得據該行政規則向行政機關為請求。行政訴訟法第5條規定，行政機關對人民依法申請之案件，予以駁回或於法定期間之內不作為，致損害其權利或法律上利益，人民得提起課予義務訴訟。該條規定所稱之法者，除法律或法規命令外，亦包括因行政慣行及平等原則作用，而有外部效力之行政規則。例如，國軍眷村重建、眷宅餘額分配作業規定及分配作業補充規定，雖屬行政規則，然權責機關長期基於該等規定，配售眷宅於相關人，基於行政慣行及平等原則，已產生外部效力，符合分配作業規定所訂得申請配售眷宅資格要件者，對權責機關有申請配售眷宅請求權，其所為之申請，乃屬依法申請之案件。而此項請求權既屬權利，為國家賠償法第2條第2項所稱人民之權利範圍。準此，對於符合

---

[49] 大法官釋字第647號解釋。

分配作業規定所訂得申請配售資格要件者，所為配售眷宅之申請者，倘權責機關應予准許而未予准許，駁回人民申請者，人民之第一次權利保護方式，係提起行政訴訟法第5條第2項之課予義務訴訟，請求審查行政處分是否違法；而第二次權利保護方式，是依國家賠償法提起國家賠償訴訟[50]。

第三項　比例原則

行政機關為達行政目的時，其與所採取之手段間，應有合理之比例關係，符合適當性、必要性及衡量性。例如，以大砲打麻雀或殺雞用牛刀，顯不符適當性、必要性及衡量性（行政程序法第7條）。

例題6

1990年1月24日修正公布之稅捐稽徵法第44條規定，關於營利事業依法規定應給與他人憑證而未給與，應自他人取得憑證而未取得者，應就其未給與憑證、未取得憑證，經查明認定之總額，處5%罰鍰之規定，其處罰金額未設合理最高額之限制。試問處罰金額未設合理最高額限制之規定，是否違反憲法第23條之比例原則？

例題7

警員甲給某路段實施臨檢，要求行經該路段之人民乙同行至所屬警察局進行盤查。試問警員甲要求受臨檢人同行至所屬警察局進行盤查，應具備何程序與要件？

---

[50] 最高行政法院102年度判字第687號行政判決。

壹、帝王條款

比例原則在理論上視為憲法位階之法律原則，以法律保留作為限制憲法上基本權之準則，並以比例原則作為內部之界限，其具有憲法層次之效力，具有帝王條款之性質。準此，比例原則拘束行政、立法及司法等行為[51]。

貳、定　義

一、狹義與廣義

比例原則有狹義與廣義之分，狹義之比例原則僅考慮衡量性原則，未考慮適當性與必要性；而廣義之比例原則包括適當性、必要性及衡量性等原則[52]。基於實質正當與民主程序原則，行政行為應符合廣義之比例原則（行政程序法第7條）。

二、廣　義

廣義之比例原則，應符合下列要件：(一)所謂適當性，係指採取之行為或方法，應適合或有助目的之達成；(二)所謂必要性，係指行為不得逾越實現目的之必要程度，其達成目的之方法，應採影響最輕微者為之。倘有多種同樣能達成目的之方法時，應選擇對人民權益損害最少者；(三)所謂衡量性，係指手段應按目的加以衡量，所採取之方法，所造成之損害與欲達成目的之利益間，不得顯失均衡（行政程序法第7條）[53]。例如，對既成道路或都市計畫用地，主管機關在依據法律辦理徵購前，固得依法加以使用，如埋設電力、自來水管線及下水道等地下設施物。惟應依比例原

---

[51] 最高行政法院83年度判字第2291號行政判決。

[52] 行政程序法第7條規定：行政行為，應依下列原則為之：1.採取之方法應有助於目的之達成；2.有多種同樣能達成目的之方法時，應選擇對人民權益損害最少者；3.採取之方法所造成之損害不得與欲達成目的之利益顯失均衡。

[53] 吳庚，行政法之理論與實用，三民書局股份有限公司，1999年6月，增訂5版，頁57。

則，擇其損失最少之處所及方法為之；對土地權利人因此所受損失，並應給與相當之補償，以保護其財產上之利益[54]。

參、例題解析──必要性原則

一、責罰相當原則

(一)違反行政法上義務之責難

　　1990年1月24日修正公布之稅捐稽徵法第44條規定，營利事業依法規定應給與他人憑證而未給與，應自他人取得憑證而未取得者，應就其未給與憑證、未取得憑證，經查明認定之總額，處5%罰鍰，係為使營利事業據實給與、取得憑證，俾交易前後手稽徵資料臻於翔實，建立正確課稅憑證制度，以實現憲法第19條之意旨，立法目的洵屬正當[55]。再者，處以罰鍰之內容，其於符合責罰相當之前提，立法者得視違反行政法上義務者，應受責難之程度、維護公共利益之重要性及急迫性等因素，而有其形成之空間[56]。

(二)合理最高額之限制

　　稅捐機關就經查明認定未給與憑證或未取得憑證之總額，依其固定比例為罰鍰計算方式，雖已考量違反協力義務之情節，而異其處罰程度。惟劃一之處罰方式，其於特殊個案情形，難免無法兼顧其實質正義，尤其罰鍰金額有無限擴大之虞，可能造成個案顯然過苛之處罰，致有嚴重侵害人民財產權之不當後果。我國自2006年起至2008年間，營利事業依稅捐稽徵法第44條處罰之罰鍰金額合計近新臺幣25億元，其中處罰金額逾新臺幣100萬元案件之合計處罰金額，約占總處罰金額之90%。故稅捐稽徵法第44條於2010年1月6日修正公布增訂第2項規定：前項之處罰金額，最高

---

[54] 大法官釋字第440號解釋。
[55] 大法官釋字第252號、第642號解釋。
[56] 大法官釋字第641號解釋。

不得超過新臺幣100萬元。已設有最高額之限制。故處罰金額未設合理最高額之限制,而造成個案顯然過苛之處罰部分,逾越處罰之必要程度,致違反憲法第23條之比例原則,其與憲法第15條保障人民財產權之意旨有違[57]。

二、實施臨檢

　　警察得於公共場所或指定處所、路段,由服勤人員擔任臨場檢查或路檢,執行取締、盤查及有關法令賦予之勤務(*警察勤務條例第11條第3款*)。實施臨檢之要件、程序及對違法臨檢行為之救濟,均應有法律之明確規範,始符憲法保障人民自由權利之意旨。警察勤務條例有關臨檢之規定,並無授權警察人員得不顧時間、地點及對象任意臨檢、取締或隨機檢查、盤查之立法本意。除法律另有規定外,警察人員執行場所之臨檢勤務,應限於已發生危害或依客觀、合理判斷易生危害之處所、交通工具或公共場所為之,其中處所為私人居住之空間者,並應受住宅相同之保障;對人實施之臨檢須以有相當理由,足認其行為已構成或即將發生危害者為限,且均應遵守比例原則,不得逾越必要程度。臨檢進行前,應對在場者告以實施之事由,並出示證件表明其為執行人員之身分。臨檢應於現場實施,非經受臨檢人同意或無從確定其身分,或現場為之對受臨檢人將有不利影響或妨礙交通、安寧者,不得要求其同行至警察局、所進行盤查[58]。

肆、相關實務見解——不得為無正常理由之差別待遇

　　政府採購時對於廠商,不得為無正當理由之差別待遇。所謂採購者,係指工程之定作、財物之買受、定製、承租及勞務之委任或僱傭等。所謂財物者,指各種物品(生鮮農漁產品除外)、材料、設備、機具與其他動產、不動產、權利及其他經主管機關認定者而言。而採購契約成立後,辦

---

[57] 大法官釋字第685號解釋。
[58] 大法官釋字第535號解釋。

理採購之機關發現廠商有因可歸責之事由，致解除或終止契約情事，固可依據契約與民法相關規定，解除或終止契約。然機關將該事由刊登政府採購公報，予以停權處分時，除應審查、判斷廠商違約情節是否重大外，亦應參酌處分，是否有助於公共利益目的之達成、落實立法目的而有登報之必要性、公共利益與限制違法廠商工作權及財產權所造成之損害間，是否均衡[59]。

第四項　誠信原則

公法與私法，雖各具特殊性質，惟兩者有其共通之原理，私法規定之表現一般法理者，應可適用於公法關係。是私法中誠實信用公平、權利禁止濫用或禁反言等原則，在公法上亦應適用[60]。

例題8

> 稅捐稽徵機關指定之調查人員，為調查課稅資料，得向有關機關、團體或個人進行調查，要求提示有關文件，或通知納稅義務人至機關之辦公處所備詢，被調查者不得拒絕（稅捐稽徵法第30條第1項）。倘調查程序主要係在調查有無逃漏稅捐，而逃漏稅捐有可能涉及刑事責任（稅捐稽徵法第41條）[61]。致程序之進行，實質上具有蒐集追訴刑事責任資料之作用。試問受調查者可否主張緘默權之保障，拒絕陳述備詢？

---

[59] 最高行政法院103年度判字第535號行政判決。

[60] 劉宗德，行政法原理原則與爭訟實務2，100年培訓高等行政法院暨地方法院行政訴訟庭法官理論課程，司法院司法人員研習所，2011年1月17日，頁17。最高行政法院52年度判字第345號行政判決。

[61] 稅捐稽徵法第41條規定：納稅義務人以詐術或其他不正當方法逃漏稅捐者，處5年以下有期徒刑、拘役或科或併科新臺幣6萬元以下罰金。

壹、定　義

　　行政行為，應以誠實信用之方法為之（行政程序法第8條前段）。此為誠實信用原則，係適用法律之最高原則，乃法律領域之帝王條款。所謂誠信原則，係指於具體之法律關係，依據公平正義之理念，衡量當事人之利益之法律原則。誠信原則具有解釋或補充法律行為、解釋或補充法律規定、作為立法之準則等作用[62]。

貳、適用範圍 （95律師）

　　誠實信用原則之適用，除行政處分之作成應適用外，訂定法規命令時，亦有適用。準此，行政機關訂定法規命令時，係基於嗣後為合法之行政行為所制定，不得預想嗣後行政機關有作成有瑕疵行政行為之可能，而訂定解免行政機關行政責任之規定，否則有悖於誠實信用原則。同理，法規命令有解釋必要時，應基於同一基礎而為解釋，不得認主管機關於訂定行政法規時，有解免行政機關因有瑕疵行政行為所生責任之意，而獲致有利於行政機關之結論[63]。

參、例題解析——課稅調查程序

一、證據蒐集及調查

　　緘默權之保障不僅限於刑事程序，即在其他程序之調查對象，就有受刑事責任追訴之虞之事項，被要求供述時，應解為實質上具有取得蒐集刑事責任追訴資料之程序，亦有緘默權適用。故本於正當法律程序之要求，稅務人員調查受調查人有無逃漏稅捐時，致受調查人有可能涉及刑事訴追時，稅務人員即應以符合刑事訴訟法上之程序，進行證據之蒐集及調查，不可率以行政調查為名，進行刑事偵查之蒐集證據，以規避立法者所設計

---

[62] 林洲富，民法—案例式，五南圖書出版股份有限公司，2020年9月，8版1刷，頁101。

[63] 最高行政法院95年度判字第1162號行政判決。

之監督機制。

二、行政調查方法

　　行政調查之方法固以達成獲得眞實事實、資料及證據，爲其主要目的，然爲避免意外突襲人民，侵害其權益，仍應受行政程序法所規定一般法律原則之拘束。而稅務人員通知納稅義務人調查備詢，其係行使其行政調查權，誠實信用原則於稅務人員通知納稅義務人調查備詢時，自應適用之。在誠實信用原則之要求，行政行爲之行使主觀上應善意，客觀上應衡平，不虛假詭詐，其應摒棄個人之情緒好惡、不強人所難及不出爾反爾。準此，課稅調查程序主要目的，雖在調查有無逃漏稅，然逃漏稅有可能涉及刑事責任，致該程序實質上有蒐集追訴刑事責任之作用。故規制人民不得保持緘默，應配合稅務人員之詢問爲必要之陳述，則有強人所難，背於誠實信用原則[64]。

肆、相關實務見解——行政法之權利失效

　　消滅時效係適用於請求權，而行政機關基於原處分機關之地位依行政程序法第121條規定，對違法之行政處分爲撤銷之撤銷權，應適用除斥期間之規定，自無消滅時效之適用。所謂無效之行政處分，係指行政行爲雖具有行政處分之形式，然其內容具有明顯、嚴重瑕疵，致自始、當然、確定不生效力。再者，權利失效源自公法上誠實信用原則之制度，係指實體法或程序法上之權利人，而於其權利成立或屆至清償期後，因可歸責於己之事由，經過長時間而不行使，義務人依其狀況，得推論其已放棄權利之行使，而有積極之處分行爲，以致權利人再行使權利時，對相對人造成不可期待之重大損害者，認該權利雖未消滅，仍不得再行使。因行政法上之權利失效，非法律所明文，適用時應從嚴爲之[65]。

---

[64] 臺灣高等法院暨所屬法院96年法律座談會彙編，2008年1月，頁400至409。
[65] 最高行政法院102年度判字第518號行政判決。

第五項　信賴保護原則

信賴保護原則攸關憲法上人民權利之保障，公權力行使涉及人民信賴利益而有保護之必要者，不限於授益行政處分之撤銷或廢止（行政程序法第119條、第120條、第126條）。故行政法規之廢止或變更亦有其適用。行政法規公布施行後，制定或發布法規之機關，依法定程序予以修改或廢止時，應兼顧規範對象之信賴利益保護[66]。所謂信賴利益，係指客觀上具體表現信賴之行為，其包括依舊法已取得或預期可取得之利益[67]。

例題9

> 納稅義務人前於地方法院財務法庭辦理分期繳納，該案件移交行政執行分署接續執行，其後義務人未按期繳納，經執行分署廢止分期並限期履行後，逕依行政執行法第18條規定，就擔保人之財產為強制執行。擔保人聲明異議，主張依其當時於地方法院所書立擔保書，係依據強制執行法第23條規定，依該條文規定，應經債權人之聲請，始得對其財產執行，而不得逕依職權為之，故認為執行處之執行行為違法。試問擔保人之聲明異議，是否有理由？

壹、定義與要件（95、91律師）

一、定　義

行政行為應保護人民正當合理之信賴（行政程序法第8條後段）。所謂信賴保護原則，係指人民因相信既存之法秩序，而安排其生活或處置其財產，嗣後法規或行政處分發生變動，不得使其遭受不能預見之損害。倘

---

[66] 大法官釋字第525號解釋。
[67] 大法官釋字第605號解釋。

無法規或行政處分之變動，自不生主張信賴保護原則之問題。

二、要 件

信賴保護原則有三要件：(一)所謂信賴基礎，係指人民主張其合理信賴應受保護者，須行政機關有表示國家意思於外之外觀，或事實行為存在，以為信賴之基礎；(二)所謂信賴表現，係指人民因信賴而展開具體之信賴行為，如運用財產或為其他處理，而產生法律上之變動；(三)所謂信賴值得保護，係指受益人誠實與未虛偽陳述，行政機關嗣後欲去除此項信賴基礎，人民之權利或利益將因之受有損害（行政程序法第119條）[68]。準此，授予利益之違法行政處分經撤銷後，倘受益人無第119條所列信賴不值得保護之情形，其因信賴該處分致遭受財產上之損失者，為撤銷之機關應給予合理之補償（行政程序法第120條第1項）。前項補償額度，不得逾受益人因該處分存續可得之利益（第2項）。關於補償之爭議及補償之金額，相對人有不服者，得向行政法院提起給付訴訟（第3項）。

貳、適用範圍（93司法官）

除法規預先定有施行期間或因情事變遷而停止適用，不生信賴保護問題外，其因公益之必要廢止法規或修改內容，致人民客觀上具體表現其因信賴而生之實體法上利益受損害，應採取合理之補救措施，或訂定過渡期間之條款，俾減輕損害。至經廢止或變更之法規有重大明顯違反上位規範情形，或法規係因主張權益受害者，以不正當方法或提供不正確資料而發布者，其信賴即不值得保護。至於純屬願望、期待而未有表現其已生信賴之事實者，則欠缺信賴要件[69]。反之，無法規或行政處分之變動，自不生信賴保護原則之問題。舉例說明如後：

---

[68] 最高行政法院92年度判字第494號行政判決。
[69] 大法官釋字第525號、第589號、第605號解釋。

一、聲請許可案件

中央法規標準法第18條所稱處理程序，係指主管機關處理人民聲請許可案件之程序而言，並不包括行政救濟之程序在內[70]。故主管機關受理人民聲請許可案件，其處理程序終結後，在行政救濟程序進行中法規有變更者，仍應適用實體從舊、程序從新之原則處理，聲請許可者不得主張信賴保護原則之問題[71]。

二、公教優惠存款（103司法官）

銓敘部於2006年1月17日增訂發布、同年2月16日施行之退休公務人員公保養老給付金額優惠存款要點第3點之1第1項至第3項、第7項及第8項、教育部於2006年1月27日增訂發布、同年2月16日施行之學校退休教職員公保養老給付金額優惠存款要點第3點之1第1項至第3項、第7項及第8項，有關以支領月退休金人員之每月退休所得，不得超過依最後在職同等級人員現職待遇計算之退休所得上限一定百分比之方式，減少其公保養老給付得辦理優惠存款金額之規定，其無涉禁止法律溯及既往之原則。上開規定生效前退休或在職之公務人員及學校教職員，對於原定之優惠存款利息，固有值得保護之信賴利益。惟上開規定之變動，確有公益之考量，且衡酌其所欲達成之公益，暨退休或在職公教人員應受保護之信賴利益。準此，限定公教人員退休所得上限，減少原得辦優惠存款金額之規定，所採措施未逾越必要合理之程度，未違反信賴保護原則及比例原則[72]。

---

[70] 中央法規標準法第18條規定：各機關受理人民聲請許可案件適用法規時，除依其性質應適用行為時之法規外，倘在處理程序終結前，據以准許之法規有變更者，適用新法規。但舊法規有利於當事人而新法規未廢除或禁止所聲請之事項者，適用舊法規。

[71] 最高行政法院72年度判字第1651號、94年度判字第1309號行政判決。

[72] 大法官釋字第717號解釋。

參、例題解析——信賴保護原則

程序從新與實體從舊，係法律適用之基本原則，而本件擔保書之內容及效力，屬於實體法律關係之範疇。就實體之法律性質而言，行政執行法第18條之擔保書[73]，係行政程序法第135條之行政契約[74]。本件擔保書雖在行政程序法2001年1月1日修正施行前，依強制執行法第23條規定書立[75]。惟擔保人與原地方法院財務法庭間，成立者為公法上保證契約，其實體之法律性質屬行政契約，故除其內容牴觸強行法規外，亦有契約自由原則之適用。且締約後因法律變更，縱約定內容牴觸變更之法律，應以法律有溯及效力者為限，契約始無效；倘法律未具溯及效力時，當事人得選擇繼續履行或終止。準此，本件擔保書載明：倘義務人屆期不繳清或逃亡時，執行法院得因債權人之聲請，逕向具保證書人為強制執行者。該案件於2001年1月1日後，移交行政執行分署繼續執行時，行政執行分署應繼受原地方法院財務法庭與擔保人所訂立公法上保證契約之法律關係，應受保證契約內容之拘束，故行政執行分署於義務人未按期繳納，對其廢止分期，並限期，履行後，應先經債權人之聲請，始得對擔保人之財產為強制執行，而不得逕依職權為之，始符合契約自由原則及行政程序法第8條後段之信賴保護原則。準此，本件擔保人之聲明異議，應認有理由[76]。

---

[73] 行政執行法第18條規定：擔保人於擔保書狀載明義務人逃亡或不履行義務由其負清償責任者，行政執行處於義務人逾第17條第1項之限期仍不履行時，得逕就擔保人之財產執行之。

[74] 行政程序法第135條規定：公法上法律關係得以契約設定、變更或消滅之。但依其性質或法規規定不得締約者，不在此限。

[75] 強制執行法第23條規定：債務人依第20條第2項、第22條第1項、第2項及第22條之4第2款提供之擔保，執行法院得許由該管區域內有資產之人具保證書代之。前項具保證書人，倘於保證書載明債務人逃亡或不履行義務時，由其負責清償或賠償一定之金額者，執行法院得因債權人之聲請，逕向具保證書人為強制執行。

[76] 行政執行業務相關令函彙編，2007年7月，2版，頁269至272。

肆、相關實務見解——行政規則之變更

信賴保護原則攸關憲法上人民權利之保障，公權力行使涉及人民信賴利益而有保護之必要者，不限於授益行政處分之撤銷或廢止，即行政法規之廢止或變更亦有其適用。行政法規公布施行後，制定或發布法規之機關依法定程序予以修改或廢止時，應兼顧規範對象信賴利益之保護。查現階段開放民間設立發電廠方案及第二階段開放民間設立發電廠方案，規範內容包括開放設置電廠之基本原則及民營發電廠籌設準則等事項，並經報行政院核定，作為主管機關依電業法第18條規定，辦理核准開放民營電廠時之裁量準據，是其性質上為行政機關為協助屬官行使裁量權。由於第二階段開放民間設立發電廠方案，取代原現階段開放民間設立發電廠方案，作為繼續辦理民營電廠設立之審查規範，已涉及行政規則之變更，倘申請人有因信賴現階段方案所生之信賴利益，自應予保障[77]。

第三節　行政判斷與裁量

依法律之位階理論而言，行政法之規範效力，依序為憲法、法律及命令（憲法第171條第1項、第172條）。準此，行政判斷與裁量應受法規範位階秩序之拘束（中央法規標準法第11條）。

法律適用	原則	例外
行政判斷	應受司法審查	不確定法律概念之判斷餘地，限制司法審查
行政裁量	行政裁量為法律效果之選擇，其不受司法審查	有裁量逾越、裁量濫用或裁量怠惰時，應受司法審查

---

[77] 最高行政法院99年度判字第57號行政判決。

第一項 行政判斷

行政機關就法律規範之不確定法律概念，適用於具體個案時，行政機關享有自由判斷決定之空間，賦予行政機關相當程度之判斷餘地，法院應加以尊重，司法審查密度應受限縮。

例題10

考試機關依法舉行之考試，應考人依據考試院發布之「應考人申請複查考試成績處理辦法」，申請複查考試成績。試問應考人是否有權請求重新評閱、提供參考答案或複印試卷？依據為何？

例題11

甲之機關長官對甲為功績、品行或操守之評比，因甲與該長官素來不睦，甲認為長官評定不公，不服提起行政救濟。試問行政法院得否審查該評定？理由為何？

壹、定 義

所謂行政判斷，係指授權行政對法律構成要件在一定程度內為判斷，原則上行政判斷之結果，應接受司法審查。例外情形，係法律使用不確定法律概念，賦予行政機關相當程度之判斷餘地時，限制司法審查權[78]。判斷構成要件是否該當，涉及不確定法律概念與事實認定[79]。

---

[78] 大法官釋字第553號解釋。
[79] 李震山，行政法導論，三民書局股份有限公司，2002年10月，修訂4版2刷，頁

貳、判斷餘地（102檢察事務官；94、92、90司法官）

一、不確定法律概念

立法者於立法定制時，得衡酌法律所規範生活事實之複雜性及適用於個案之妥當性，從立法上適當運用不確定法律概念而為相應之規定[80]。所謂不確定法律概念，係指某些法律用語，其必須藉由個案之適用，始得具體化其內涵。茲舉例說明如後：

(一)猥褻評價

刑法第235條規定散布、販賣猥褻物品及製造持有罪。所謂猥褻物品，係指在客觀上，足以刺激或滿足性慾，並引起普通一般人羞恥或厭惡感而侵害性之道德感情，有礙於社會風化之物品而言。猥褻物品與藝術性、醫學性、教育性等物品之區別，應就物品整體之特性及其目的而為觀察，並依當時之社會一般觀念定之。準此，猥褻屬評價性之不確定法律概念[81]。

(二)事實認知

不確定法律概念之判斷，係特定具體事實是否符合法律構成要件之確認，其屬事實之認知，涉及「是或非」與「有或無」之問題，應依證據判斷[82]。主管機關依據建築法第58條規定，拆除違章建築之拆除時[83]，應認

73至74。

[80] 大法官釋字第407號解釋。

[81] 大法官釋字第594號解釋。

[82] 李惠宗，行政法要義，元照出版有限公司，2007年2月，3版1刷，頁151。

[83] 建築法第58條規定：建築物在施工中，直轄市、縣市局主管建築機關認有必要時，得隨時加以勘驗，發現下列情事之一者，應以書面通知承造人或起造人或監造人，勒令停工或修改；必要時，得強制拆除：1.妨礙都市計畫者；2.妨礙區域計畫者；3.危害公共安全者；4.妨礙公共交通者；5.妨礙公共衛生者；6.主要構造或位置或高度或面積與核定工程圖樣及說明書不符者；7.違反本法其他規定或基於本法所發布之命令者。

定違章建築何時存在？構成要件符合何條款？是否不可補正[84]。準此，主管機關應依證據調查，認定是否有構成違章建築之事實[85]。

(三)性騷擾認定

1.專業性與屬人性

性別平等教育委員會或調查小組，依性別平等教育法規定進行調查時，行為人、申請人及受邀協助調查之人或單位，應予配合，並提供相關資料。行政程序法有關管轄、移送、迴避、送達、補正等相關規定，其於本法適用或準用之。性別平等教育委員會之調查處理，不受該事件司法程序進行之影響。學校及主管機關對於與本法事件有關之事實認定，應依據其所設性別平等教育委員會之調查報告（性別平等教育法第30條第4項、第5項、第6項、第35條）。準此，法院對於性騷擾事實之認定，除應審酌各級性別平等委員會之調查報告外，性別平等委員會之調查處理，司法應尊重性平會調查小組之調查結果。而性別平等委員會之調查報告結果，有拘束學校及主管機關之效力，學校及主管機關對性騷擾事實認定，不得作與性別平等委員會相反之主張。因性別平等委員會為專業之委員會，由專業人士所組成，其就性騷擾事實之認定，具有高度專業性與屬人性，是性別平等委員之調查報告結果，除得拘束行政機關外，法院亦應尊重性平會之調查報告結果，以性別平等委員認定之事實，作為是否成立性騷擾之要件。

2.調查權與懲處權分離原則

鑑於依性別平等教育法規定所設之性別平等委員會或調查小組，依性別平等教育法規定，均應具有性別平等意識及相關專業能力，故其提出之調查報告具專業性，學校及主管機關對於其就性平法事件有關之事實認定，應以調查報告為依據，始符性別平等教育法調查權與懲處權分離之原則。換言之，就性別平等事件，應由具調查專業之性別平等委員會認定事

---

[84] 李惠宗，行政法要義，元照出版有限公司，2007年2月，3版1刷，頁152。
[85] 郭隆生，探討拆除違建處分之時效—以臺北市為例，國立中正大學法律學研究所碩士論文，2013年10月，頁58。

實，對於與性別平等事件有關之事實認定，應依據性別平等委員會之調查報告，繼而由具懲處裁量權之相關權責單位決定懲處。決定懲處之權責單位應尊重權限劃分，並依據性別平等委員會認定之事實，斟酌應為如何之懲處，不應自行調查。例外情形，學校或主管機關發現性別平等委員會所為之調查程序，有重大瑕疵或有足以影響原調查認定之新事實、新證據時，得要求性別平等委員會重新調查[86]。

二、司法審查

(一)裁量之合法性

行政法院對行政機關所為行政處分之司法審查範圍，限於裁量之合法性，並不及於裁量行使之妥當性。行政機關依據法律授權，對法律構成要件所為判斷結果，涉及裁量之合法性，原則上應接受司法審查。例外情形，法院應尊重行政機關就不確定法律概念之判斷餘地。

1.高度屬人性或專業性之判斷

對於具有高度屬人性之評定，如考試成績之評定[87]、國家考試評分、學生之品行考核、學業評量、教師升等前之學術能力評量、教師聘任與解聘、大學研究與教學等。再者，高度科技性之判斷，屬專業性之範圍。例如，有關環保、醫藥、電機有關之風險效率預估或價值取捨。

2.計畫性政策之決定及獨立專家委員會之判斷

計畫性政策之決定及獨立專家委員會之判斷，係基於尊重其不可替代性、專業性及法律授權之專屬性，應承認行政機關就高度屬人性、專業性事項之決定，有判斷餘地，法院對其判斷採取較低之審查密度，僅於行政機關之判斷有恣意濫用及其他違法情事時，得予撤銷或變更[88]。例如，主管機關所屬環評會以合議制方式，審查開發行為是否「對環境有重大影響

---

[86] 最高行政法院107年度判字第310號行政判決。
[87] 大法官釋字第319號解釋。
[88] 最高行政法院97年度判字第290號、106年度判字第720號行政判決。

之虞」，依環境影響評估法第3條第2項規定，委員會其中專家學者不得少於委員會總人數2/3，故其審查結論具有專業判斷性質，法院對此專業判斷之審查，原則上應予以尊重，而承認其判斷餘地[89]。

3.都市更新事件

關於都市更新事業計畫之審議及有關爭議之處理，係由具有都市計畫、建築、景觀、社會、法律、交通、財經、土地開發、估價或地政等專門學識經驗之專家學者、熱心公益人士及機關代表所組成，經由不同屬性及專業之代表，並以合議制及公開方式獨立行使職權，共同作成決定，審議判斷應認享有判斷餘地，在判斷餘地之範圍，行政法院僅能就行政機關判斷時，有無遵守法定程序、有無基於錯誤之事實、有無遵守一般有效之價值判斷原則、有無夾雜與事件無關之考慮因素等顯然違法之事項審查外，其餘有關行政機關之專業認定，行政法院自應予尊重[90]。

4.地價評議委員會

地價評議委員會係由議員代表、地方公正人士、對地價有專門知識之專家學者、不動產估價師公會代表、建築師公會代表、地政士公會代表、不動產經紀業公會代表、建築開發商業同業公會代表、銀行公會代表、農會代表及地政、財政、工務或都市計畫、建設或農林、稅捐機關等成員所組成，足認具體土地之地價形成，係由不同屬性之專業代表，綜合各方見解，獨立於機關首長之外共同作成之決定，應認享有專業判斷餘地。此涉及具高度屬人性之評定、高度科技性之判斷、計畫性政策之決定及獨立專家委員會，就不確定法律概念所為之判斷，基於尊重其不可替代性、專業性及法律授權之專屬性，行政機關就此等事項享有專業判斷之餘地，行政法院僅得審查行政機關之判斷，是否有恣意濫用及其他違法情事，應予撤銷或變更之情形（行政訴訟法第4條第2項、第201條）[91]。

---

[89] 臺北高等行政法院104年度訴更一字第14號行政判決。

[90] 最高行政法院104年度判字第449號、105年度判字第380號、106年度判字第370號行政判決。

[91] 最高行政法院105年度判字第105號行政判決。

5.會計師懲戒委員會及覆審委員會

會計師懲戒委員會及覆審委員會，對於會計師是否適任而應付懲戒種類不確定法律概念之適用，暨認定應付懲戒之效果裁量，僅要無超越不確定法律概念所容許之判斷界限而有判斷逾越，或係基於錯誤之事實，或有與事件無關之考量，顯然違反平等原則及一般公認之價值判斷標準者，而有判斷濫用者，或組織不合法、未遵守法定程序，未予當事人應有之程序保障外，行政法院採取低密度審查標準[92]。

(二)恣意濫用之審查密度 （104律師）

行政機關之判斷有恣意濫用及其他違法情事，除上級監督機關得依法撤銷或變更外，法院亦可介入審查。判斷恣意濫用之審查密度因素如後：1.事件之性質影響審查之密度，是單純不確定法律概念之解釋，其與涉及科技、環保、醫藥、能力或學識測驗者，對原判斷之尊重應有差異。倘其判斷涉及人民基本權之限制，白應採較高之審查密度；2.原判斷之決策過程，係由機關首長單獨為之，抑由專業及獨立行使職權之成員合議機構作成，均應予以考量；3.行政組織是否合法、有無判斷權限[93]；4.行政機關有無應遵守之法定正當程序、決策過程是否踐行[94]；5.法律概念涉及事實關係時，其涵攝有無錯誤；6.行政機關之判斷，是否出於錯誤事實認定或不完全資訊、有無違反公認之價值、有無違反不當連結禁止、是否出於與事物無關之考慮；7.對法律概念之解釋，有無明顯違背解釋法則或牴觸既存之上位規範、有無違反法治國原理原則，如平等原則、公益原則；8.是否尚有其他重要事項漏未斟酌[95]。

---

[92] 最高行政法院106年度判字第396號行政判決。
[93] 最高行政法院105年度判字第656號行政判決。
[94] 最高行政法院55年度判字第275號行政判決。
[95] 大法官釋字第382號、第462號、第553號解釋；最高行政法院104年度判字第388號、105年度判字第40號、105年度判字第105號、105年度判字第380號、105年度判字第614號、107年度判字第630號行政判決。

參、例題解析

一、考試成績之評定

典試法、監試法規定考試機關依法舉行之考試，設典試委員會以決定命題標準、評閱標準、審查標準、錄取標準以及應考人考試成績之審查等事項，並由監察院派監察委員監試，在監試委員監視下，進行試題之封存，試卷之彌封、點封，應考人考試成績之審查與及格人員之榜示、公布。倘發現有潛通關節、改換試卷或其他舞弊情事，均由監試人員報請監察院依法處理之。準此，前開考試之閱卷委員於試卷彌封時評定成績，其在彌封開折後，除依形式觀察，即可發見該項成績有顯然錯誤者外，倘循應考人之要求，任意再行評閱、提供參考答案、閱覽或複印試卷，縱使再行彌封，因其上有閱卷委員之計分，並可能知悉應考人為何人，亦難以維持考試之客觀與公平，故應考人不得請求重新評閱、提供參考答案或複印試卷[96]。

二、高度屬人性事項

所謂高度屬人性之判斷，係指判斷者所據以作成判斷之基礎，具有一身專屬性，無法由他人取代之判斷事項。長官對於部屬功績、品行及操守等事項所為判斷，因長官對下屬之表現，有較為貼近事實之判斷環境，故不應由行政法院作積極之審查，除非長官之判斷有恣意濫用及其他違法情事，否則行政法院對於長官具體適用不確定法律概念時之判斷餘地，應加以尊重[97]。換言之，對於不確定概念判斷餘地事項之司法審查，僅限於合法性審查，不及於妥當性。因司法權之判斷，為是非對錯之判斷，法院無法替代行政機關作成最佳之選擇[98]。再者，不確定概念判斷餘地與專業判

---

[96] 大法官釋字第319號解釋。
[97] 公務人員保障暨培訓委員會2020年9月22日2020年第12次委員會議認年終考績為行政處分。
[98] 李惠宗，行政法要義，元照出版有限公司，2007年2月，3版1刷，頁148至149。

斷不同，因專業判斷具有替代之可能性，法院質疑其專業性時，可啓動審查程序，交付其他專家審查。例如，候補法官書類送閱評閱、學術性文章之審稿[99]。

肆、相關實務見解——行政判斷

行政法院就課予義務訴訟命為特定內容之處分，須依事件之內容，達到行政法院可為特定行政處分內容之裁判之程度始可，倘特定內容行政處分之作成，涉及行政判斷或須踐行其他行政程序等情形，基於權力分立之原則，行政法院不得遽予為之[100]。

第二項　行政裁量

行政法院基於權力分立之原則，僅能審查行政機關之決定是否合法，而不能審查行政機關如何決定，始符合行政目的，否則無異於以行政法院取代行政機關行使裁量權[101]。而當事人主張行政機關有裁量濫用之事實，應負舉證之責，倘僅空言指摘，無確切之證據，自不得遽行認定裁量濫用。

行政裁量	內容
決定裁量	行政機關決定是否採取措施之選擇
選擇裁量	決定欲採取措施後，採取何種具體措施
羈束處分	行政機關依法律規定或上級機關指令，無法律效果之選擇[102]

---

[99] 李惠宗，行政法要義，元照出版有限公司，2007年2月，3版1刷，頁149至150。

[100] 最高行政法院91年度判字第1112號行政判決。

[101] 最高行政法院92年度判字第1426號行政判決。

[102] 李惠宗，行政法要義，元照出版有限公司，2007年2月，3版1刷，頁136。

例題12

受理財產申報機關以甲法官逾越公職人員財產申報法第3條第1項規定之3個月申報財產期間,依據同法第12條第3項規定,裁處最高罰鍰新臺幣120萬元。試問受理財產申報機關之裁量權行使,是否合法?

壹、定 義

行政機關行使裁量權,不得逾越法定之裁量範圍,並應符合法規授權之目的(行政程序法第10條)。所謂行政裁量,係指行政機關依據法律之授權,在數種可能法律效果之選項中,基於行政目的,選擇其認為最適當者之行政行為[103]。行政裁量為法律效果之決定與選擇,其屬事實之評價,在於實現個案之法律目的與價值。例如,主管機關認定違章建築後,所為是否拆除、何時拆除或拆除程度,其屬行政裁量之範圍[104]。

貳、司法審查(94司法官)

一、違法處分

逾越權限或濫用權力之行政處分,以違法論(行政訴訟法第4條第2項)。行政機關依裁量權所為之行政處分,以其作為或不作為逾越權限或濫用權力者為限,行政法院得予撤銷(行政訴訟法第4條第2項)。原則上行政裁量之結果,不受司法審查。例外情形,係有裁量逾越、裁量濫用或裁量怠惰時,則應受司法審查[105]。換言之,法院對於行政機關行使裁量權所作成裁量處分,關於裁量權之行使部分,除非行政機關行使裁量權

---

[103] 王保鍵,圖解行政法,五南圖書出版股份有限公司,2017年3月,頁28。

[104] 李惠宗,行政法要義,元照出版有限公司,2007年2月,3版1刷,頁151。

[105] 李震山,行政法導論,三民書局股份有限公司,2002年10月,修訂4版2刷,頁74。

之過程或結果,有逾越權限或濫用權力之情形,而以違法論者外,原則上應予尊重,僅作有限司法審查,審查其是否逾越權限或濫用權力。

二、濫用權力

所謂濫用權力者,係指當法律構成要件該當時,行政機關行使其裁量權之目的,而與法律授予裁量權之目的不符,雖其採取或選擇的方式,並未逾法律規定之法律效果的處理方式,然與法律授予裁量權之目的不符,即構成違法。例如,法律授予行政機關於法律構成要件該當時,應審酌具體個案之違規情節所生影響、所得利益及受處罰者的資力等因素,在上下限之金額內,決定適當金額之裁罰[106]。

(一)裁量逾越

所謂裁量逾越,係指行政機關所選定之法律效果,或處分相對人而逾越法律所授權之裁量範圍。故裁量決定結果,應維持法規範圍內,倘不注意此要求,即構成裁量逾越,其屬裁量錯誤,此為行政裁量之外部界限[107]。

(二)裁量濫用

所謂裁量濫用,係指行政機關作成裁量處分,牴觸法律授權之目的,或漏未審究應斟酌之因素,或考量與授權主旨無關之事項[108]。準此,行政裁量決定之要求,在裁量決定過程,應符合法規授權之目的,倘不注意此要求,即構成裁量濫用,其屬裁量錯誤,此為行政裁量之內部界限[109]。

---

[106] 最高行政法院93年度判字第968號行政判決。

[107] 最高行政法院94年度判字第1800號、95年度判字第496號行政判決。

[108] 李震山,行政法導論,三民書局股份有限公司,2002年10月,修訂4版2刷,頁82。

[109] 最高行政法院94年度判字第1800號、95年度判字第496號行政判決。

(三)裁量怠惰

所謂裁量怠惰，係指行政機關因過失或故意，而未行使或不行使法律所賦予之裁量權。其最常見之情形，係上級行政機關以行政規則或個別指令，限制下級行政機關之行政裁量權。舉例說明如後：1.上級警察機關就某交通違規案件，均處以法定罰鍰之上限[110]；2.納稅義務人有虛報進項稅額情形者，除追繳稅款外，按所漏稅額處5倍以下罰鍰，並得停止其營業（加值型及非加值型營業稅法第51條第5款）。故稽徵機關得就數個不同之合法處置，選擇作成某處置，各法律效果均在法律授權之範圍，僅要遵守裁量拘束之界限，即屬合法。而稅務違章案件裁罰金額或倍數參考表，係在使辦理裁罰機關對違章案件之裁罰金額或倍數，有客觀之標準可資參考，是稽徵機關所為裁罰之結果，倘與稅務違章案件裁罰金額或倍數參考表之規定相合，不能逕將之視為具有裁量怠惰之瑕疵，仍應視實際有無違章情節輕重之情況而定[111]。

(四)裁量權限縮至零

法律規定之內容，非僅屬授予國家機關推行公共事務之權限，而其目的係為保護人民生命、身體及財產等法益，且法律對主管機關應執行職務行使公權力之事項規定明確，該管機關公務員依此規定，對可得特定之人所負作為義務，已無不作為之裁量餘地。倘因故意或過失怠於執行職務或拒不為職務上應為之行為，致特定人之自由或權利遭受損害，被害人自得向國家請求損害賠償[112]。

參、例題解析──裁量濫用

公職人員應於就職3個月內申報財產，每年並定期申報1次（公職人

---

[110] 李震山，行政法導論，三民書局股份有限公司，2002年10月，修訂4版2刷，頁84。
[111] 最高行政法院99年度判字第483號行政判決。
[112] 大法官釋字第469號解釋。

員財產申報法第3條第1項前段)。有申報義務之人無正當理由未依規定期限申報或故意申報不實者,處新臺幣6萬元以上120萬元以下罰鍰。其故意申報不實之數額低於罰鍰最低額時,得酌量減輕(公職人員財產申報法第12條第3項)。準此,受理財產申報機關以甲逾越3個月申報財產期間,其僅憑逾越申報期間,即處以最高罰鍰新臺幣120萬元之重罰,並未斟酌甲法官違規之主觀要件爲故意或過失、情節有無達重大之程度、有無正當理由等事項,其裁量權行使難謂合法[113]。

肆、相關實務見解──裁處罰鍰之考量事項

裁處罰鍰,應審酌違反行政法上義務行爲應受責難程度、所生影響及因違反行政法上義務所得之利益,並得考量受處罰者之資力(行政罰法第18條第1項)。就行政機關裁處罰鍰時,應考量及得考量事項爲規範。倘於具體個案裁處罰鍰時,有應考量事項而未考量,或不應考量事項而予考量,係是否構成裁量濫用之問題,並非行政機關就罰鍰之裁量權減縮至零[114]。

第四節　法律關係

行政法之法律關係,係指行政事件當事人間,依據行政法所生之權利與義務關係,其事涉當事人、權利與義務及形成法律關係之依據[115]。對於行政行爲,應先分析其爲內部之組織法關係或外部之作用法關係,以決定法律關係之適用[116]。前者爲特別權利關係,後者爲一般法律關係。

---

[113] 最高行政法院93年度判字第651號行政判決。
[114] 最高行政法院102年度判字第95號行政判決。
[115] 李震山,行政法導論,三民書局股份有限公司,2002年10月,修訂4版2刷,頁15。
[116] 劉宗德,行政法原理原則與爭訟實務1,100年培訓高等行政法院暨地方法院行政訴訟庭法官理論課程,司法院司法人員研習所,2011年1月17日,頁2。

法律關係	當事人	法律救濟
一般法律關係	國家與人民	保護規範理論
特別權力關係	學校與學生、監獄與受刑人、國家與公務員、軍隊與軍人、教育部與教師升等	重要性理論

第一項　一般法律關係

　　一般法律關係之當事人，有執行國家行政任務而行使公權力之國家與其相對之人民，其包含自然人與私法人。一般法律關係之法律救濟途徑，係以保護規範理論為基礎。

例題13

> 　　甲主張其將垃圾多袋併裝棄置某公園前而待垃圾車收取，數日後收受臺北市政府環境保護局裁處罰鍰之處分書，甲據此繳納罰鍰完畢在案。詎臺北市政府環境保護局就同一事件另作成處分書，裁處其妻乙罰鍰。因甲於該次丟棄之垃圾時，遭受犬隻或拾荒者分裂四散，致環保人員分次發現，故甲丟棄垃圾1次，應受罰1次。甲前已繳納罰鍰，故對乙裁處罰鍰之處分書，自應撤銷之。試問甲就該處分書提起訴願，遭訴願決定駁回，其提起行政訴訟，請求撤銷原處分與訴願決定，是否有理由？

壹、公權力之法律關係

　　公權力之法律關係或一般法律關係，應注意如後之法理：(一)第一階段為公權力於事先，應具備法律依據或授權；(二)第二階段為公權力事中，應履行正當法律程序；(三)第三階段為公權力事後，應有特定之法律

救濟[117]。

貳、保護規範理論

一、區分實益

法律之種類繁多，其規範之目的各有不同，除僅屬賦予主管機關推行公共事務之權限者外，亦有賦予主管機關作為或不作為之裁量權限者，對於法律之規定，該管機關之公務員縱有怠於執行職務之行為，尚難認為人民之權利因而遭受直接之損害，或性質上仍屬適當與否之行政裁量問題，既未達違法之程度，亦毋庸在個別事件，考量人民權益所受侵害之危險迫切程度、公務員對於損害之發生是否可得預見、侵害之防止是否應賴公權力之行使等因素。準此，公務員未斟酌上開情事，致無可裁量之行為者，並不成立國家賠償。

二、法律規範目的

(一)法律明文

法律規範之目的，係為保障人民生命、身體及財產等法益，且對主管機關應執行職務行使公權力之事項規定明確，該管機關公務員依此規定，對可得特定之人負有作為義務，已無不作為之裁量空間。因故意或過失怠於執行職務或拒不為職務上應為之行為，致特定人之自由或權利遭受損害，被害人得向國家請求損害賠償。準此，法律規範保障目的之探求，應就具體個案而定。倘法律明確規定特定人得享有權利，或對符合法定條件而可得特定之人，授予向行政主體或國家機關為一定作為之請求權者，其規範目的在於保障個人權益。

---

[117] 劉宗德，行政法原理原則與爭訟實務1，100年培訓高等行政法院暨地方法院行政訴訟庭法官理論課程，司法院司法人員研習所，2011年1月17日，頁9。

(二)保障特定人

　　法律雖係爲公共利益或一般國民福祉而設之規定，然就法律之整體結構、適用對象、所欲產生之規範效果及社會發展因素等綜合判斷，可得知亦有保障特定人之意旨時，故個人主張其權益，因公務員怠於執行職務而受損害者，即應許其依法請求救濟[118]。例如，環境影響評估法第7條、第8條規定，具有基於環境與生命之永續發展，以保障開發行爲所在地居民生命權、身體權及財產權益，不因開發行爲而遭受顯著不利影響之規範意旨[119]。準此，並非純粹以保護抽象之環境利益或公共利益爲目的，其應屬保護規範[120]。

參、例題解析——利害關係第三人

　　因不服中央或地方機關之行政處分而循訴願或行政訴訟程序謀求救濟之人，依行政訴訟法規定包括利害關係人，並非專以受處分人或訴願人爲限（行政訴訟法第106條第1項）。所謂利害關係者，係指法律上之利害關係而言，不包含事實上之利害關係。乙雖爲甲同財共居之配偶，惟乙因違反廢棄物清理法致受罰鍰之處分，不當然認甲就原處分或訴願決定具有法律上之利害關係。準此，甲以其自己之名義對其妻乙之處分案件爲行政爭訟，難認其有此權利，其訴爲無理由[121]。

---

[118] 大法官釋字第469號解釋。
[119] 環境影響評估法第7條第1項規定：開發單位申請許可開發行爲時，應檢具環境影響說明書，向目的事業主管機關提出，並由目的事業主管機關轉送主管機關審查。第8條第1項規定：審查結論認爲對環境有重大影響之虞，應繼續進行第二階段環境影響評估者，開發單位應辦理下列事項：1.將環境影響說明書分送有關機關；2.將環境影響說明書於開發場所附近適當地點陳列或揭示，其期間不得少於30日；3.新聞紙刊載開發單位之名稱、開發場所、審查結論及環境影響說明書陳列或揭示地點。
[120] 高雄高等行政法院98年度訴字第47號行政判決。
[121] 最高行政法院75年度判字第362號行政判決。

肆、相關實務見解——法律上利益

關於法律上利害關係之判斷，係以保護規範理論為界定利害關係第三人範圍之基準。非處分相對人起訴主張其所受侵害者，倘可藉由保護規範理論，判斷為其法律上利益受損害，即可認為具有訴訟權能，而得經過行政訴訟請求救濟；反之，不具非法律上利益之第三人，僅係單純政治、經濟或感情上等反射利益受損害，應不許提起訴願或行政訴訟[122]。

第二項　特別權力關係

傳統特別權力關係說，認學校與學生、監獄與受刑人、國家與公務員、軍隊與軍人等關係，應排除法律保留原則之適用，限制基本人權之行使。就內部所為之命令、懲戒權，不受司法權審查，並剝奪其權利救濟之手段。準此，不得循一般人民受行政處分之行政救濟程序，以求救濟。

例題14

甲為某大專院校之學生，因選課與系所規定不符遭強制退選、期末成績經評定為不合格而影響畢業，或者因校方否准其張貼助選海報等事由，向所屬校院提起申訴，校內嗣後所為之申訴評議結果，均對甲不利。試問甲是否得對學校之申訴評議處分，得提起訴願或行政訴訟[123]？

---

[122] 最高行政法院75年度判字第362號、103年度判字第694號行政判決。
[123] 大法官釋字第684號解釋。

壹、特別權力之沿革（86律師）

一、傳統之特別權力關係

特別權力關係或特別服從關係，係指國家為達成公法上之特定目的，基於法律之特別原因，國家可單方片面要求相對人承擔特定義務，相對人負有服從之義務[124]。其特徵有四：(一)有特別規則，不受依法行政原則之拘束；(二)當事人地位不對等，相對人成為權力服從之客體；(三)違反義務者加以處罰；(四)機關發動特別權力所為處置，並非行政處分，不得為行政爭訟之標的[125]。

二、特別權力關係之修正

依據「基礎關係」與「經營關係」區分理論，作為法律救濟之基礎。詳言之，涉及特別權力關係發生、變更、消滅之基礎關係事項，影響相對人基本權利，自可訴請救濟，其為人事行政爭訟事件。反之，為達成特別權力關係目的，維持特別權力關係秩序之所有其他措施，其為經營關係事項，不影響相對人權利，不會產生法之規制效果，並無訴訟救濟之必要性。

三、類　型

特別權力關係有公法上勤務關係與營造物利用關係，前者如國家與公務員、軍隊與軍人等關係；後者如學校與學生、監獄與受刑人等關係。至於受羈押被告不服看守所之處遇或處分，大法官釋字第653號解釋認羈押法第6條及同法施行細則第14條第1項規定，不許受羈押被告向法院提起訴訟請求救濟之部分，其與憲法第16條保障人民訴訟權之意旨有違，相

---

[124] 最高行政法院58年度判字第203號行政判決。

[125] 林昱梅，人事行政爭訟實務，100年培訓高等行政法院暨地方法院行政訴訟庭法官理論課程，司法院司法人員研習所，2011年5月30日，頁3。

關機關至遲應於本解釋公布之日起2年內，依本解釋意旨，檢討修正羈押法及相關法規，就受羈押被告及時有效救濟之訴訟制度，訂定適當之規範。

貳、重要性理論

憲法第16條保障人民訴訟權，係指人民於其權利遭受侵害時，有請求法院救濟之權利。基於有權利即有救濟之原則，人民權利遭受侵害時，必須給予向法院提起訴訟，請求依正當法律程序之公平審判，以獲及時有效救濟之機會，此乃訴訟權保障之核心內容，不得因身分之不同而予以剝奪[126]。準此，凡足以改變公務員身分或對於公務員有重大影響之懲戒處分，受處分人得向掌理懲戒事項之司法機關聲明不服，由該司法機關就原處分是否違法或不當加以審查，以資救濟[127]。

一、公務人員

公務員憲法上保障之權利，基於公法上之職務關係，在其職務上服從義務範圍內，受有相當之限制。除此情形外，公務員因權益受損害而尋求法律救濟之權，倘有必要加以限制時，應以法律為之，不得以逾越法律之限制[128]。準此，公法上職務關係之發展如後：(一)涉及基本權利者，應有法律依據；(二)人事行政行為之構成要件應明確，並踐行正當法律程序；(三)權利受不法侵害時，即得提起行政訴訟[129]。舉例說明之：1.各機關擬任之公務人員，經人事主管機關任用審查，認為不合格或降低原擬任之官等者，於其憲法所保障服公職之權利有重大影響，倘經依法定程序申請復審，對復審決定仍有不服時，自得依法提起訴願或行政訴訟，以謀求救

---

[126] 大法官釋字第418號、430號、第653號、第667號解釋。
[127] 大法官釋字第243號、第298號解釋。
[128] 大法官釋字第395號解釋。
[129] 林昱梅，人事行政爭訟實務，100年培訓高等行政法院暨地方法院行政訴訟庭法官理論課程，司法院司法人員研習所，2011年5月30日，頁14。

濟[130]；2.公務人員對審定之級俸有爭執，得提起訴願及行政訴訟[131]。

二、軍　人

軍人為廣義之公務員，其與國家間具有公法上之職務關係，現役軍官依有關規定聲請續服現役未受允准，並核定其退伍，倘對之有所爭執，既係影響軍人身分之存續，損及憲法所保障服公職之權利，自得循訴願及行政訴訟程序尋求救濟。

三、役　男（87律師）

兵役體位之判定，係徵兵機關就役男應否服兵役及應服何種兵役所為之決定而對外直接發生法律效果之單方行政行為，此種決定行為，對役男在憲法上之權益有重大影響，應為訴願法及行政訴訟法之行政處分。受判定之役男，倘認其判定有違法或不當情事，自得依法提起訴願及行政訴訟。至於兵役法施行法第35條係規定免役、禁役、緩徵、緩召應先經主管機關之核定及複核，並未限制人民爭訟之權利，自與憲法並無牴觸；其對複核結果不服者，仍得依法提起訴願及行政訴訟[132]。

四、學　校（97律師；91檢察事務官）

各級學校依有關學籍規則或懲處規定，對學生所為退學或類此之處分行為，足以改變其學生身分並損及其受教育之機會，自屬對人民憲法上受教育之權利有重大影響，此處分行為應為訴願法及行政訴訟法之行政處分，限制或剝奪權利之行政處分，應賦與學生陳述意見之機會（行政程序法第102條）。受處分之學生於用盡校內申訴途徑，未獲救濟者，自得依

---

[130] 大法官釋字第323號解釋。
[131] 大法官釋字第338號解釋。
[132] 大法官釋字第459號、第490號解釋。

法提起訴願及行政訴訟[133]。

五、教　師

　　各大學校、院、系、所教師評審委員會關於教師升等評審之權限，係屬法律在特定範圍內授予公權力之行使，其對教師升等通過與否之決定，而與教育部學術審議委員會對教師升等資格所為之最後審定，就教師之資格等身分上之權益有重大影響，均應為訴願法及行政訴訟法之行政處分。受評審之教師於依教師法或訴願法，用盡行政救濟途徑後，仍有不服者，自得依法提起行政訴訟，以符憲法保障人民訴訟權之意旨[134]。

六、受刑人

(一)冤獄賠償法

　　受無罪判決確定之受害人，因有故意或重大過失行為，致依刑事訴訟法第101條第1項或軍事審判法第102條第1項受羈押者，依冤獄賠償法第2條第3款規定，不得請求賠償，並未斟酌受害人致受羈押之行為，係涉嫌實現犯罪構成要件或係妨礙、誤導偵查審判，亦無論受害人致受羈押行為可歸責程度之輕重及因羈押所受損失之大小，均排除全部之補償請求，並非避免補償失當或浮濫等情事所必要，不符冤獄賠償法對個別人民身體之自由。因實現國家刑罰權之公共利益，受有超越一般應容忍程度之特別犧牲時，給予所規範之補償，以符合憲法保障人民身體自由及平等權之立法意旨，而與憲法第23條之比例原則有違，應自大法官釋字第670號解釋公布日起至遲於屆滿2年時，失其效力[135]。

(二)刑事補償法

　　因原冤獄賠償法第2條第3款之不得請求補償規定，未斟酌受害人受

---

[133] 大法官釋字第382號解釋。
[134] 大法官釋字第462號解釋；最高行政法院104年度裁定第1768號行政裁定。
[135] 大法官釋字第670號解釋。

羈押之行為，係涉嫌實現犯罪構成要件或係妨礙、誤導偵查或審判，且無論受害人致受羈押之行為可歸責程度輕重及因羈押所受損失之大小，均排除全部之補償請求，並非避免補償失當或浮濫等情事所必要，為符合憲法保障人民基本權利意旨及比例原則，2011年6月13日經立法院三讀通過，自2011年9月1日起施行之刑事補償法，爰依大法官釋字第670號解釋意旨，刪除原條文第3款「因故意或重大過失行為，致受羈押、收容、留置或執行」不得賠償之規定。

(三)執行羈押機關之不利決定

受羈押被告認執行羈押機關對其所為之不利決定，逾越達成羈押目的或維持羈押處所秩序之必要範圍，不法侵害其憲法所保障之權利者，自應許其向法院提起訴訟請求救濟，始符合憲法第16條規定保障人民訴訟權之意旨[136]。

參、例題解析——學校之申訴處分（101高考法制）

一、受教育之權利侵害或重大影響

大法官釋字第382號解釋，就人民因學生身分受學校之處分得否提起行政爭訟之問題，認為應就其處分內容分別論斷，凡依有關學籍規則或懲處規定，對學生所為退學或類此之處分行為，足以改變其學生身分及損害其受教育之機會時，因已對人民憲法上受教育之權利有重大影響，即應為訴願法及行政訴訟法上之行政處分，而得提起行政爭訟。至於學生所受處分係為維持學校秩序、實現教育目的所必要，且未侵害其受教育之權利者。例如，記過、申誡等處分。除循學校內部申訴途徑謀求救濟外，並無許其提起行政爭訟之餘地[137]。

---

[136] 大法官釋字第653號解釋。

[137] 實務前依據大法官釋字第382號解釋，認為學校對學生無涉退學或類此之處分，非屬對學生受教育權利之侵害或重大影響，不得提起訴願或行政訴訟，而遭訴願機關、行政法院以程序不合法，予以不受理或駁回。

二、大學自治原則

國家對於大學之監督，依憲法第162條規定，應以法律爲之，惟仍應符合大學自治之原則。是立法機關不得任意以法律強制大學設置特定之單位，致侵害大學之內部組織自主權；行政機關亦不得以命令，干預大學教學之內容及課程之訂定，而妨礙教學、研究之自由，立法及行政措施之規範密度，固於大學自治範圍內，均應受適度之限制[138]。然大學爲實現研究學術及培育人才之教育目的或維持學校秩序，對學生所爲行政處分或其他公權力措施，倘侵害學生受教育權或其他基本權利，縱使非屬退學或類此之處分，本於憲法第16條有權利即有救濟之意旨，仍應許權利受侵害之學生提起行政爭訟，無特別限制之必要。在此範圍內，大法官釋字第382號解釋應予變更。大學教學、研究及學生之學習自由，均受憲法之保障，在法律規定範圍內享有自治之權[139]。爲避免學術自由受國家不當干預，不僅行政監督應受相當之限制[140]。立法機關亦僅得在合理範圍內，對大學事務加以規範[141]。受理行政爭訟之機關，審理大學學生提起行政爭訟事件，應本於維護大學自治原則，對大學之專業判斷予以適度之尊重[142]。

肆、相關實務見解

一、公務員經年終考績列丙等

憲法第18條所保障人民服公職之權利，包含公務人員任職後，依法律晉敘陞遷之權。而公務員年終考績考列丙等之法律效果，除最近1年不得辦理陞任外（公務人員陞遷法第12條第1項第5款），未來3年亦不得參

---

[138] 大法官釋字第380號、第450號解釋。
[139] 大法官釋字第563號、第684號解釋。
[140] 大法官釋字第380號解釋。
[141] 大法官釋字第563號、第626號解釋。
[142] 大法官釋字第462號解釋。

加委任升薦任或薦任升簡任之升官等訓練（公務人員任用法第17條）。對於公務人員之公法上財產請求權與陞遷權，均有影響。準此，基於憲法第16條有權利即有救濟之意旨，應得對之提起司法救濟之理[143]。

二、公立學校教師學校記過或申誡之懲處

本於憲法第16條有權利即有救濟之意旨，教師認其權利或法律上利益因學校具體措施遭受侵害時，得依行政訴訟法或民事訴訟法等有關規定，向法院請求救濟。教師不願申訴或不服申訴、再申訴決定者，得按其性質依法提起訴訟或依訴願法或行政訴訟法或其他保障法律等有關規定，請求救濟（教師法第33條）。教師法第33條僅規定教師權利或法律上利益受侵害時之救濟途徑，並未限制公立學校教師提起行政訴訟之權利[144]。準此，公立學校教師學校記過或申誡之懲處，教師循申訴程序救濟經決定駁回，仍得提起行政訴訟[145]。

第三項 私法與公法之劃分

人民得依法定程序，提起訴訟及受公平之審判（憲法第16條）。至於訴訟救濟究應循普通訴訟程序，抑或依行政訴訟程序為之，應由立法機關依職權衡酌訴訟案件之性質及既有訴訟制度之功能而設。我國關於民事訴訟與行政訴訟之審判，依現行法律之規定，分由不同性質之法院審理，係採二元訴訟制度。除法律別有規定外，有關因私法關係所生之爭執，由普通法院審判；因公法關係所生之爭議，歸行政法院審判[146]。

---

[143] 大法官釋字第611號解釋；最高行政法院104年8月份第2次庭長法官聯席會議（二）。
[144] 大法官釋字第736號解釋。
[145] 高等行政法院107年度法律座談會。
[146] 大法官釋字第448號、第466號解釋。

	公權力行政	私經濟行政
定義	行政機關居於統治高權主體之地位，所實施之各種行政，亦稱高權行政	國家或自治團體，以私經濟之方式，完成行政之目的，亦稱國庫行為
法規適用	公法原理	私法法理
程序適用	依法行政	避免公法遁入私法
救濟程序	行政訴訟	民事訴訟
國家賠償	適用國家賠償	適用民法侵權行為
執行程序	行政執行法	強制執行法[147]

例題15

　　高登市政府為宣示總統、副總統選舉查賄之決心，而於該市之監、檢、警聯繫會報中，由市長宣布提供新臺幣（下同）200萬元作為檢舉賄選之獎金，倘經檢察官偵查終結起訴，每案發給檢舉人200萬元獎金。適有候選人以每票500元之代價，前往甲之住處，囑請甲依其住所所屬里之選舉人數，每票500元發放與有選舉權之人，並以10%之價額作為發放賄款之代價，並期約於總統、副總統選舉之日，圈選該候選人。甲因此向高登市警察局檢舉賄選，該候選人因違反總統、副總統選舉罷免法，經檢察官提起公訴，並經法院判處有期徒刑。試問甲主張高登市政府應依據會議所宣布之內容，對完成檢舉賄選之甲給予報酬，其向普通法院起訴請求高登市政府給付報酬，法院應如何審理[148]？

---

[147] 李惠宗，行政法要義，元照出版有限公司，2007年2月，3版1刷，頁9至10。
[148] 最高法院93年度台上字第1097號民事判決；臺灣臺中地方法院90度訴字第1004號民事裁定。

例題16

行政機關代表國庫出售或出租公有財產，倘當事人對之有所爭執。試問：(一)其法律關係為何？(二)當事人應循民事訴訟程序或行政訴訟程序，解決出售或出租關係之訟爭？

壹、法院審判權之劃分

一、二元化司法制度

法律有公法及私法之分。公法係規定國家與人民間之關係或國家各機關間之法律。例如，憲法、稅法。私法則規定私人間之法律關係。例如，民法、公司法。準此，國家對於民事訴訟與行政訴訟設有不同之裁判系統，普通法院與行政法院，各具權限，不得逾越，其相互間應尊重彼此職權及其裁判效力，此為二元訴訟制度[149]。倘訴訟事件為公法上之爭議，屬於行政法院之權限，僅行政法院有裁判之權。倘原告主張之訴訟標的，係公法上之給付，其為公法關係之訴訟，非屬普通法院之權限，普通法院認其無審判權者，應依職權裁定將訴訟移送至審判權之管轄法院（法院組織法第7條之3第1項本文）。倘無法移送者，應從程序上以裁定駁回原告之訴（民事訴訟法第249條第1項第1款）。訴訟事件是否屬民事訴訟之範疇，應以原告起訴主張為訴訟標的之法律關係為斷，而非以法院調查之結果為依歸。至於法院調查之結果，倘認為原告請求者不符法律規定之要件時，則屬其訴有無理由之問題，自與法院有否審判權無涉[150]。

---

[149] 劉宗德，行政法原理原則與爭訟實務1，100年培訓高等行政法院暨地方法院行政訴訟庭法官理論課程，司法院司法人員研習所，2011年1月17日，頁14。

[150] 最高法院88年度台抗字第168號民事裁定。

二、二分法理論

依學說就公法與私法之區分標準而論，其有如後之理論：(一)利益說，係以公益為目的者為公法，以私利為目的者為私法；(二)從屬說，係以規範上下隸屬關係者為公法，規範平等關係者為私法；(三)舊主體說，係指法律關係主體之一方或雙方為國家或機關者為公法，法律關係之主體雙方均為私人者為私法；(四)新主體說或歸屬說，係指國家或機關以公權力主體地位作為法律關係之主體者，該適用之法律為公法；而法律對於任何人均可適用者，則為私法[151]。

貳、雙階理論

一、審判權之劃分 （98檢察事務官；88司法官）

國家為達成行政上之任務，得選擇以公法上行為或私法上行為作為實施之手段。其因各該行為所生爭執之審理，屬於公法性質者歸行政法院，私法性質者歸普通法院。而立法機關得依職權衡酌事件之性質、既有訴訟制度之功能及公益之考量，就審判權歸屬或解決紛爭程序，另為適當之設計。此情形經定為法律，即有拘束全國機關及人民之效力，各級審判機關自亦有遵循之義務[152]。舉例說明如後：(一)憲法爭議事件歸憲法法庭審理；(二)選舉罷免事件與國家賠償事件，由民事法院審理；(三)違反社會秩序法事件由刑事法院審理。

二、公權力與私經濟

雙階理論將國家行為分為兩階段：(一)第一階段為公權力行政，適用公法上之法律關係，其訴訟事件由行政法院審理；(二)第二階段為實行階

---

[151] 李震山，行政法導論，三民書局股份有限公司，2002年10月，修訂4版2刷，頁31至32。
[152] 大法官釋字第418號、第466號解釋。

段之私經濟行為，適用私法上之法律關係，其訴訟事件歸普通法院審理。

(一)國民住宅事件

國民住宅條例前於104年廢止，針對興建國民住宅解決收入較低家庭居住問題，改採取由政府主管機關興建住宅以該家庭為對象，辦理出售、出租、貸款自建或獎勵民間投資興建等方式為之。人民承購國民住宅、承租或貸款，經主管機關認為依相關法規或行使裁量權之結果，認為不符要件，人民不服者，應依法提起行政爭訟。倘經主管機關核准承購、出租或貸款，並已由機關代表國家或地方自治團體與承購人、承租人或貸款人，分別訂立買賣、租賃或借貸契約者，該等契約非因行使公權力而生之公法上法律關係，此涉及私權法律關係之事件為民事事件，人民不服者，可提民事訴訟[153]。

(二)政府採購事件 （96司法官）

廠商與機關間關於招標、審標、決標之爭議，得依本章規定提出異議及申訴（政府採購法第74條）。採購申訴審議委員會對申訴所作之審議判斷，依同法第83條規定，視同訴願決定。是立法者已就政府採購法中廠商與機關間，關於招標、審標、決標之爭議，規定屬於公法上爭議，其訴訟事件應由行政法院審判。機關依政府採購法第50條第1項第5款規定，取消廠商之次低標決標保留權，同時依據投標須知，以不同投標廠商間之投標文件內容有重大異常關聯情形，認廠商有同法第31條第2項第7款所定有影響採購公正之違反法令行為情形，不予發還其押標金。倘廠商對不予發還押標金行為有爭議，即為關於決標之爭議，屬公法上爭議。廠商雖僅對機關不予發還押標金行為不服，而未對取消其次低標之決標保留權行為不服，惟此乃廠商對機關所作數不利於己之行為，主張一部不服，並不影響該不予發還押標金行為之爭議，為關於決標爭議之判斷。準此，廠商不服機關不予發還押標金行為，經異議及申訴程序後，提起行政

---

[153] 大法官釋字第540號解釋。

訴訟，行政法院自有審判權。再者，關於採購契約履約問題，而不予發還押標金所生之爭議，屬私權之爭執，為私法上爭議，應由普通法院審理[154]。

三、國庫行為（91檢察事務官）

所謂國庫行為，係指以國家以私人地位從事私法行為，亦稱行政私法行為或私經濟行為[155]。故行政機關代表國庫出售或出租公有財產，並非行使公權力對外發生法律上效果之單方行政行為，即非行政處分，而屬私法上契約行為，倘當事人對之爭執，自應循民事訴訟程序解決[156]。準此，行政機關代表國庫出售或出租公有財產所發生之爭議，應由普通法院審判，人民對之有所爭執，應提起民事訴訟以求解決，不得藉行政爭訟程序請求救濟。倘誤向行政法院起訴，行政法院應依職權裁定移送至有受理訴訟權限之管轄法院（法院組織法第7條之3第1項本文）[157]。

(一)讓售非公用國有土地予直接使用人

國有財產法第52條之2之立法緣起，係因臺灣光復後辦理土地總登記時，已長期供建築居住使用之土地，其直接使用人不諳法令而未申辦登記，致基地經登記為國有，反成無權占有，極不公平，為回復其權利，特設明文以為依據。是其規範目的在於私權回復，並非基於公益之考量。財政部國有財產署基於私法契約自由，依本條規定，代表國庫讓售非公用國有土地予直接使用人，係基於準私人地位所為之國庫行為，屬於私法行為，倘直接使用人有爭執者，應提起民事訴訟以求解決[158]。

---

[154] 最高行政法院97年5月份第1次庭長法官聯席會議（二）。
[155] 李震山，行政法導論，三民書局股份有限公司，2002年10月，修訂4版2刷，頁33。
[156] 大法官釋字第448號解釋。
[157] 最高行政法院105年度裁字第110號行政裁定。
[158] 最高行政法院104年6月份第1次庭長法官聯席會議（二）。

(二)榮民配耕國有農場土地

國家機關為達成公行政任務，以私法形式所為之行為照顧榮民之生活，分配耕作國有農場土地，為對榮民之特殊優惠措施，其與一般國民所取得之權利或法律上利益有間。受配耕榮民與國家間，係成立使用借貸之法律關係。配耕榮民死亡或借貸之目的使用完畢時，主管機關應終止契約收回耕地，俾國家資源得合理運用[159]。

(三)公營事業之人員之任免

公營事業依公司法規定設立者，為私法人，而與其人員間，為私法上之契約關係，雙方就契約關係已否消滅有爭執，應循民事訴訟途徑解決。縱使公營公司人員之任免考核事項，法令定為應由政府機關參與決定，此內部行為係政府機關與公營公司間之另一監督關係，並不影響公營公司與其人員間契約關係之存在。至於依公司法第27條規定，經國家或其他公法人指派在公司代表其執行職務，或依其他法律逕由主管機關任用、定有官等，在公司服務之人員，則與其指派或任用機關之關係，仍為公法關係[160]。

參、例題解析

一、公法與私法之區別

(一)公法給付

行政命令為行政機關行使公權力單方面訂定，具有抽象及一般性拘束力之規範。所謂自治規則，係指自治團體所訂定具有抽象及一般性拘束力之命令，兩者均屬公法關係。而民法係以規範私人生活之權利義務為其內容，屬私法關係。甲得否依私法關係，向普通法院訴請高登市政府給付報酬金，自應審究高登市政府發給檢舉獎金之宣示，其性質係公法上行為抑

---

[159] 大法官釋字第457號解釋。
[160] 大法官釋字第305號解釋。

或單純私法上契約而定。因縣市公職人員選舉、罷免之實施,為縣市關於組織及行政管理自治事項(地方制度法第19條第1項第1款)。縣市政府在此範圍內,自得依法發布或下達自治規則(地方制度法第25條)。準此,檢舉賄選發放獎金之宣示,乃具有自治規則之性質,而有對外之法律效果。依學說上一般就公法與私法之區別標準觀之,無論從利益說、從屬說、舊主體說或新主體說而言,檢舉獎金請求所生之爭議,其性質均應屬於公法事件,而為公法上之法律關係,並非單純之私法契約(民法第164條第1項)[161]。有關公法給付上之爭議,應向高等行政法院起訴(行政訴訟法第8條)。

(二)自治規則

就甲主張之給付內容以觀,檢舉賄選發放獎金之宣示,乃具有自治規則之性質,而對外發生公法之法律關係,是甲主張為訴訟標的之法律關係非屬私法上權利,自不得為民事訴訟之標的。準此,甲依民事訴訟程序向普通法院訴請裁判,訴訟事件不屬普通法院之權限者,普通法院應依職權裁定將該訴訟移至有管轄權之高等行政法院(法院組織法第7條之3第1項本文)。倘甲主張懸賞廣告之法律關係,請求給付報酬(民法第164條第1項)。依據其所訴之事實,則為法律上顯無理由,普通法院得不經言詞辯論,逕以判決駁回之(民事訴訟法第249條第2項)[162]。

二、出售或出租公有財產

行政機關代表國庫出售或出租公有財產,其性質非行使公權力對外發生法律上效果之單方行政行為,即非行政處分,而屬私法上契約行為,倘當事人對之爭執,自應循民事訴訟程序解決,而由普通法院審判,其符合

---

[161] 民法第164條第1項規定:以廣告聲明對完成一定行為之人給與報酬者,為懸賞廣告。廣告人對於完成該行為之人,負給付報酬之義務。

[162] 林洲富,民法—案例式,五南圖書出版股份有限公司,2020年9月,8版1刷,頁5。

法律劃分審判權之規定[163]。同理，雇主應繳納一定數額之積欠工資墊償基金（下稱墊償基金）；在雇主歇業、清算或破產宣告時，積欠勞工之工資，未滿6個月部分，由墊償基金墊償，以保障勞工權益，維護其生活之安定（勞動基準法第28條第1項）。雇主積欠之工資，經勞工請求未獲清償者，由積欠工資墊償基金墊償之；雇主應於規定期限內，將墊款償還積欠工資墊償基金（第4項）。準此，勞保局依勞動基準法第28條規定，墊償勞工工資後，得以自己名義，代位行使最優先受清償權。因勞工保險局以墊償基金所墊償者，原係雇主對於勞工私法上之工資給付債務；其以墊償基金墊償後，取得之代位求償權，為民法所稱之承受債權，係基於法律規定之債權移轉，其私法債權之性質，並不因由國家機關行使而改變。勞工保險局與雇主間因歸墊債權所生之私法爭執，自應由普通法院行使審判權[164]。

肆、相關實務見解

一、國有林地租賃事件

行政院農業委員會林務局所屬各林區管理處，對於人民依據國有林地濫墾地補辦清理作業要點申請訂立租地契約未為准許之決定，具公法性質，倘申請人有不服，應依法提起行政爭訟以為救濟，其訴訟應由行政法院審判[165]。準此，各林區管理處審查時，認訂約有違林地永續經營或國土保安等重大公益時，仍得不予出租。是各林區管理處之決定，為是否與人民訂立國有林地租賃契約前，基於公權力行使職權之行為，屬公法性質[166]。倘與人民訂立國有林地租賃契約後，當事人間發生紛爭，此為租賃之私法關係，可向普通法院提起民事訴訟。

---

[163] 最高行政法院58年度判字第270號、61年度裁字第159號行政判決。
[164] 大法官釋字第595號解釋。
[165] 大法官釋字第695號解釋。
[166] 臺中高等行政法院104年度訴字第53號行政判決。

二、確認通行權不存在事件

建築法第11條第1項、第2項規定,法定空地係建築基地於建築使用時,應保留一定比例面積之空地,揆其目的乃在於使建築物有適當之空間,以供日照、採光、通風、防火及維護生活起居環境,屬公法上之行政管制規定,其與私法上之權利義務關係無涉,故除當事人約定就法定空地已成立私法上之權利義務關係外,自不得作爲私法上通行權請求之依據[167]。

---

[167] 最高法院105年度台上字第456號民事判決。

第二章

行政組織法

關鍵詞：公法人、自治團體、營造物、公法上財產請求權、
　　　　人事行政、保訓會、行政懲戒、公共用物

關於國家各機關之組織者,應以法律定之(中央法規標準法第5條第3款)。例如,本法依中華民國憲法第118條及中華民國憲法增修條文第9條第1項制定之(地方制度法第1條第1項)。地方制度依本法規定,本法未規定者,適用其他法律規定(第2項)。而地方自治團體,係指依本法實施地方自治,具公法人地位之團體,包括直轄市、縣、省轄市、鄉、鎮及縣轄市(地方制度法第2條第1款、第14條)。本章計有17則例題,用以分析行政組織法之原理與適用。

第一節　行政組織與行政主體

行政組織之功能,在於直接或間接達成國家行政目的;而行政主體者,係指在行政法關係上,被賦予實現行政目的之任務,具有權利能力,得為行政法之權利義務歸屬者[1]。

類型	內容
行政組織	國家行政組織、自治行政組織
行政主體	國家、地方自治團體、行政機關、準行政機關、行政法人、公法團體、營造物、公營事業

第一項　行政組織

行政組織依其是否具有法律之人格,可分為法人組織與非法人組織;而法人組織依其設立之法律,亦分為公法人組織與私法人組織[2]。國家與

---

[1] 李震山,行政法導論,三民書局股份有限公司,2002年10月,修訂4版2刷,頁99、104。

[2] 王保鍵,圖解行政法,五南圖書出版股份有限公司,2017年3月,頁46。

地方自治團體依法律成立，均為公法人組織。

例題1

> 財團法人工業技術研究院係由中央政府捐助新臺幣100萬元，其為加速發展工業技術之公益目的而成立之財團法人。試問財團法人工業技術研究院，是否為行政組織？

壹、定　義

　　所謂行政組織，係指國家為行使行政權所成立之各種機關總稱。其系統可分國家行政組織與自治行政組織。申言之：(一)所謂國家行政組織，係指掌理特定職務，經由法律規定而設置組成之機關，其處理之法律結果直接歸屬國家，亦稱直接行政機關；(二)自治行政組織，係指由國家依法所設立或容許設立之公共團體，經由法規賦予一定之自治權限，可自行訂立與執行抽象規範，並受國家監督，其所為之法律結果間接屬於國家，或稱間接行政機關。例如，律師公會、公立大學[3]。

貳、行政機關與行政主體

一、代表關係

　　所謂行政機關者，係指代表國家、地方自治團體或其他行政主體表示意思，從事公共事務，具有單獨法定地位之組織（行政程序法第2條第2項）。準此，行政機關與國家間、地方自治團體或其他行政主體，在於代表關係，非兩個獨立人格，而非行政機關代理國家、地方自治團體或其他行政主體。

---

[3] 李惠宗，行政法要義，元照出版有限公司，2007年2月，3版1刷，頁156。

二、行政機關有獨立組織

行政機關具有行政程序之當事人能力，應有獨立之組織，否則為內部單位（行政程序法第21條）。茲舉例說明之：(一)內政部分為民政司、戶政司、社會司、地政司、總務司及秘書室（內政部組織法第4條）。均屬內政部之內部與業務單位，並無獨立組織法規，亦無法定職權；(二)各縣市警察局隸屬於縣市政府之獨立機關，其與民政、財政、建設、教育等業務單位，為縣市政府內部單位，兩者不同[4]；(三)臺灣省各縣市地政事務所隸屬於縣市政府之獨立機關，其地位與縣市警察局及衛生局相同[5]。

參、例題解析——工業技術研究院之定位

一、公營事業

所謂公營事業，指下列各款之事業：(一)各級政府獨資或合營者；(二)政府與人民合資經營，且政府資本超過50%者；(三)政府與前2款公營事業或前2款公營事業投資於其他事業，其投資之資本合計超過該投資事業資本50%者（公營事業移轉民營條例第3條）。

二、財團法人

財團為財產之集合體，其以財產為基礎，而由法律賦予權利能力之公益法人，其成立要件有：(一)須有設立行為；(二)應取得許可；(三)須經登記[6]。換言之，財團法人係特定人捐助一定財產，經主管機關許可設立登記成立之私法人。而工業技術研究院由中央政府捐助新臺幣100萬元，為加速發展工業技術之公益目而成立，係依民法有關規定，由經濟部許

---

[4] 最高行政法院59年度判字第420號行政判決。

[5] 最高行政法院54年度判字第55號行政判決。

[6] 林洲富，民法—案例式，五南圖書出版股份有限公司，2020年9月，8版1刷，頁48至49。

可，並向臺灣新竹地方法院登記設立之財團法人[7]，其性質爲私法人，是工業技術研究院非屬政府行政機關、國營事業管理法或公營事業移轉民營條例，所稱之公營事業[8]。

肆、相關實務見解——公營事業之被告當事人能力

依公司法組成之公營事業機構，雖非行政程序法第2條第 2項所稱之行政機關，惟依大法官釋字第269號解釋意旨，依法設立之團體，倘經政府機關就特定事項依法授與公權力者，以行使該公權力爲行政處分之特定事件爲限，有行政訴訟之被告當事人能力[9]。

第二項 行政主體

行政主體爲行政法律關係之權利義務者，享有權利與負擔義務，以達成行政之任務，其不以組織體或公法人爲限，自然人或私法人亦可爲行政主體[10]。

例題2

國家表演藝術中心之設置，以提升國家表演藝術水準及國際競爭力爲宗旨，試問：(一)國家表演藝術中心，是否爲行政法律關係之行政主體？(二)國家表演藝術中心就表演藝術之行銷及推廣，倘致人民自由或權利遭受損害，或其設施因設置或管理有欠缺，致人民生命、身體或財產受損

---

[7] 經濟部2003年10月2日經人字第09200594960號函。

[8] 銓敘部1996年6月5日（85）臺中法二字第1306195號函。

[9] 最高行政法院97年度判字第153號行政判決。

[10] 李震山，行政法導論，三民書局股份有限公司，2002年10月，修訂4版2刷，頁104。

害，其是否可為國家賠償之義務主體？(三)國家表演藝術中心對其主管機關所為之行政處分，是否提起訴願？

壹、定　義

　　所謂行政主體，係指為履行國家統治權能，而於公法上得享受權利與負擔義務，並設立機關或人員以執行特定公共事務，以達成行政上之任務。例如，國家、地方自治團體或其他行政主體[11]。再者，為行政主體所設立「人」與「物」結合之組織體，以提供特定公共目的之服務者，而與公眾或特定人間發生法律上之利用關係，此稱營造物[12]。例如，監所、要塞或堡壘[13]。

貳、行政法人（93律師）

一、公法人

　　為執行特定公共事務，於國家及地方自治團體以外，得設具公法性質之行政法人，其設立、組織、營運、職能、監督、人員進用及其現職人員隨同移轉前、後之安置措施及權益保障等，應另以法律定之（中央行政機關組織基準法第37條）。所謂行政法人，係指國家及地方自治團體以外，由中央目的事業主管機關，為執行特定公共事務，依法律設立之公法人（行政法人法第2條第1項）。行政法人應制定個別組織法律設立之；其目的及業務性質相近，可歸為同一類型者，得制定該類型之通用性法律設立之（第3項）。

---

[11] 王保鍵，圖解行政法，五南圖書出版股份有限公司，2011年8月，頁46。
[12] 王保鍵，圖解行政法，五南圖書出版股份有限公司，2011年8月，頁46。
[13] 李震山，行政法導論，三民書局股份有限公司，2002年10月，修訂4版2刷，頁101至102。

二、特定公共事務

　　特定公共事務應符合下列規定：(一)具有專業需求或須強化成本效益及經營效能者；(二)不適合由政府機關推動，亦不宜交由民間辦理者；(三)所涉公權力行使程度較低者（行政法人法第2條第2項）。對於行政法人之行政處分不服者，得依訴願法規定，向監督機關提起訴願（行政法人法第39條）。例如，為辦理國家戲劇院、國家音樂廳、衛武營國家藝術文化中心、臺中國家歌劇院之經營管理、表演藝術文化與活動之策劃、行銷、推廣及交流，以提升國家表演藝術水準及國際競爭力，特設國家表演藝術中心（下稱本中心），並制定本條例（國家表演藝術中心設置條例第1條）。本中心為行政法人；其監督機關為文化部（國家表演藝術中心設置條例第2條）。對於本中心之行政處分不服者，得依訴願法規定，向監督機關提起訴願（國家表演藝術中心設置條例第42條）。

參、私人行政主體（101、100、92、91律師；97司法官）

一、公權力行使

　　受託行使公權力之個人或團體，而於委託範圍內，視為行政機關，此為行政委託（行政程序法第2條第3項）。受託行使公權力之個人或團體，稱為準行政機關。行政機關得依法規，將其權限之一部分，委託民間團體或個人辦理（行政程序法第16條第1項）。前項情形，應將委託事項及法規依據公告，並刊登政府公報或新聞紙（第2項）。

(一)私立學校

　　私立學校係依私立學校法，經主管教育行政機關許可設立，並製發印信授權使用，在實施教育之範圍，有錄取學生、確定學籍、獎懲學生、核發畢業或學位證書等權限，係屬由法律在特定範圍，授與行使公權力之教育機構，而於處理該等事項時，具有與機關相當之地位[14]。

---

[14] 大法官釋字第269號、第382號、第462號解釋。

(二)扣繳義務人

稅法上所謂扣繳義務人，係指應爲納稅義務人計算，自其向納稅義務人給付之金額中，扣留納稅義務人應繳之稅款，而向稅捐稽徵機關繳納之公法上行爲義務，故扣繳義務人，係受稅捐機關公法上之法定委託而行使公權力（所得稅法第88條）。準此，依法定委託關係，扣繳義務人有依法扣繳納稅義務人所得之公權力。

(三)汽車檢驗廠商

汽車修理業、加油站具備完善之汽車安全檢驗設備，經公路主管機關查驗合格發給證照者，得受委託爲汽車定期檢驗。公路主管機關依前開規定，委託廠商辦理汽車定期檢驗，應支付委託費用，其費用由汽車檢驗費扣抵（公路法第63條第3項、第4項）。

(四)大學評鑑

教育部爲促進各大學之發展，應組成評鑑委員會、委託學術團體或專業評鑑機構，定期辦理大學評鑑，並公告其結果，作爲政府教育經費補助及學校調整發展規模之參考；其評鑑辦法，由教育部定之（大學法第4條第2項）。準此，教育部依據大學法、大學評鑑辦法及行政程序法規定，委託財團法人高等教育評鑑中心基金會辦理大學評鑑事項，該基金會就委託範圍內，屬於公權力受託人，視爲行政機關。

(五)公辦民營（91司法官）

公共設施營運民營化，其本質屬行政私法行爲，委託事項不涉及公權力，不適用行政程序法第16條之行政委託。例如，市政府將其市立醫院委託財團法人之私立醫院經營，該私立醫院教受委託經營期間，對外行文雖以市立醫院爲之，然該私立醫院就市立醫院之人事、財務、經營及管理有自主決策權。

二、行政爭訟之主體

依法受中央或地方機關委託行使公權力之團體或個人，以其團體或個

人名義所爲之行政處分，其訴願之管轄，向原委託機關提起訴願（訴願法第10條）。準此，依法設立之團體，經政府機關就特定事項依法授與公權力者，以行使該公權力爲行政處分之特定事件爲限，有行政訴訟之被告當事人能力[15]。

三、行政助手

　　所謂行政助手者，係指行政機關執行特定行政任務，委託自然人協助執行，並依行政機關指示完成工作。行政助手之行爲效果，雖歸屬委託之行政機關，然行政助手無法行使公權力，其與公權力受託人有別。例如，受警察機關委託民間拖吊業者實施違規車輛之拖吊，其爲行政助手，倘因拖吊行爲造成遭拖吊車輛之損害，自應成立國家賠償責任，由遭拖吊車輛之所有人向委託之警察機關行使賠償請求權。

四、國家賠償之適用

　　受委託行使公權力之團體，其執行職務之人於行使公權力時，視同委託機關之公務員。受委託行使公權力之個人，其於執行職務行使公權力時亦同（國家賠償法第4條第1項）。前項執行職務之人有故意或重大過失時，賠償義務機關對受委託之團體或個人有求償權（第2項）。

肆、例題解析——行政法人

一、公法人地位

　　爲辦理國家戲劇院、國家音樂廳、衛武營國家藝術文化中心、臺中國家歌劇院之經營管理、表演藝術文化與活動之策劃、行銷、推廣及交流，以提升國家表演藝術水準及國際競爭力，特設國家表演藝術中心（下稱本中心），並制定本條例（國家表演藝術中心設置條例第1條）。本中心爲

---

[15] 大法官釋字第269號解釋。

行政法人；其監督機關為文化部（國家表演藝術中心設置條例第2條）。
準此，本中心係由法律設立之行政法人，屬公法人之性質。

二、國家賠償責任

　　本中心之業務範圍如下：(一)國家兩廳院、衛武營國家藝文中心、臺
中國家歌劇院（以下簡稱各場館）之營運管理；(二)受委託辦理展演設施
之營運管理；(三)表演藝術之行銷及推廣；(四)表演藝術團隊及活動之策
劃；(五)國際表演藝術文化之合作及交流；(六)其他有關本中心事項。國
家賠償法於其他公法人準用之（國家賠償法第14條）。國家表演藝術中
心為公法人，其在法定任務範圍內，因執行職務行使公權力時，有故意或
過失不法侵害人民自由或權利者，或怠於執行職務，自應負損害賠償責任
（國家賠償法第2條第1項、第2項）。或其設施因設置或管理有欠缺，致
人民生命、身體或財產受損害者，應負損害賠償責任（國家賠償法第3條
第1項）。準此，本中心符合上揭之賠償責任要件時，其成為國家賠償之
義務主體。

三、訴願人

　　人民對於中央或地方機關之行政處分，認為違法或不當，致損害其權
利或利益者，得依本法提起訴願。但法律另有規定者，從其規定（訴願法
第1條第1項）。各級地方自治團體或其他公法人，對上級監督機關之行
政處分，認為違法或不當，致損害其權利或利益者，亦同（第2項）。本
中心為行政法人；其監督機關為文化部（國家表演藝術中心設置條例第2
條）。對於本中心之行政處分不服者，得依訴願法規定，向監督機關提起
訴願（國家表演藝術中心設置條例第42條）。

伍、相關實務見解——行政機關之地位

　　行政程序法所稱行政機關，係指代表國家、地方自治團體或其他行政

主體表示意思，從事公共事務，具有單獨法定地位之組織。而受託行使公權力之個人或團體，其於委託範圍內，視為行政機關；將公權力授與民間團體行使之方式有直接由法律授與者，亦有由行政機關以行政處分或行政契約方式授與者，受託行使公權力之個人或團體於受託行使公權力之範圍，具有與行政機關相當之地位，就該公法上特定事項所作成，而對外直接發生法律效果之單方行為，不論用語或形式，均屬行政處分，受處分之相對人認為該行政處分違法或不當，自得對之提起行政爭訟。例如，公立學校為各級政府依法令設置實施教育之機構，具有機關之地位，而私立學校係依私立學校法，經主管教育行政機關許可設立，並製發印信授權使用，在實施教育之範圍內，有錄取學生、確定學籍、獎懲學生、核發畢業或學位證書等權限，係屬由法律在特定範圍內，授與行使公權力之教育機構，私立學校在處理錄取學生、確定學籍、獎懲學生、核發畢業或學位證書等事項，具有與機關相當之地位[16]。

第三項　管轄權

行政機關對事件管轄權之有無，應依職權調查；其認無管轄權者，應即移送有管轄權之機關，並通知當事人（行政程序法第17條第1項）。而人民於法定期間內提出申請，依前項規定移送有管轄權之機關者，視同已在法定期間內，向有管轄權之機關提出申請（第2項）。

例題3

　　縣政府發函將空白建築執照交各鄉鎮公所，由其審查後，以縣政府名義核發，並經公告及刊登政府公報。嗣後發現所核發之該建築執照違法，縣政府乃發函該鄉公所，請其辦理撤銷，該鄉公所遂以其機關之名義，撤

---

[16] 最高行政法院101年度判字第862號行政判決。

銷前已核發之建築執照。試問原告對該撤銷建築執照之處分書聲明不服，應以縣政府或鄉公所為被告？

壹、管轄劃分

一、管轄類型

　　行政機關之管轄權，依其組織法規或其他行政法規定之（行政程序法第11條第1項）。行政機關之管轄權如後：(一)所謂事務管轄，係指依事務性質而定機關之權限，如教育部主管教育行政事務；(二)所謂土地管轄，係指依地域限制而定機關之權限，如臺北市國稅局以臺北市為其轄區；(三)所謂對人管轄，係指依權力所及之人而定機關之權限，如機關對所屬員工；(四)所謂層級管轄，係指同一種類之事務，分屬於不同層級之機關管轄，如縣市政府建設局。準此，行政機關之管轄權，應明確規定於組織法規或其他行政法規，以確定其權限行使之界限。

二、管轄恆定

　　所謂管轄恆定原則，係指行政機關管轄權，非依法規不得設定或變更（行政程序法第11條第5項）。準此，行政機關之權限，均以法規為依據，不得任意設定或變更，亦不許當事人依協議而予更動[17]。

三、喪失管轄權

　　行政機關因法規或事實之變更而喪失管轄權時，雖應將案件移送有管轄權之機關，並通知當事人。然經當事人及有管轄權機關之同意，亦得由原管轄機關繼續處理該案件（行政程序法第18條）。準此，有管轄權之機關，除依行政程序法第18條規定喪失管轄權外，不因其將權限之一部

---

[17] 最高行政法院104年度判字第517號行政判決。

委任或委託其他機關辦理，而發生喪失管轄權之效果。縱其未將委任或委託之權限收回，仍得自行受理人民之申請案，並爲准駁之決定[18]。

四、職務協助（94檢察事務官）

行政機關爲發揮共同一體之行政機能，應於其權限範圍內互相協助（行政程序法第19條第1項）。行政機關執行職務時，有下列情形之一者，得向無隸屬關係之其他機關請求協助：(一)因法律上之原因，不能獨自執行職務者；(二)因人員、設備不足等事實上之原因，不能獨自執行職務者；(三)執行職務所必要認定之事實，不能獨自調查者；(四)執行職務所必要之文書或其他資料，爲被請求機關所持有者；(五)由被請求機關協助執行，顯較經濟者；(六)其他職務上有正當理由，須請求協助者（第2項）。準此，職務協助不涉及權限之變更，無須法律授權，亦不發生變更或移轉事件管轄權之效果。

貳、例題解析——管轄機關之認定

原行政處分機關之認定，以實施行政處分時之名義爲準。但上級機關本於法定職權所爲之行政處分，交由下級機關執行者，以該上級機關爲原行政處分機關（訴願法第13條）。而主管建築機關在中央爲內政部；在直轄市爲工務局；在縣市爲工務局或建設局。非縣市政府所在地之鄉、鎮，適用本法之地區，非供公眾使用之建築物或雜項工作物，得委由鄉、鎮、縣轄市公所依規定核發執照。鄉、鎮、縣轄市公所核發執照，應每半年彙報縣市政府備案（建築法第2條、第27條）。縣政府發函鄉公所，將非縣政府所在地之建築執照申請案件委由各鄉公所核發，系爭建築執照既以縣政府名義爲之，其原處分機關應爲縣政府。至於嗣後撤銷建築執照之處分，係縣政府本於法定職權，決定應撤銷前開建築執照，交由下級機關

---

[18] 最高行政法院96年度判字第1916號行政判決。

鄉公所辦理撤銷，核諸前揭規定，應以縣政府為原處分機關，原告對該撤銷處分不服，自應以縣政府為被告[19]。

參、相關實務見解——管轄之行政機關

汽車燃料使用費之徵收，依公路法第3條及第27條規定可知，中央主管機關為交通部，其依據公路法第27條、行政程序法第15條、汽車燃料使用費用徵收及分配辦法規定，公告委任其所屬公路總局辦理汽車燃料使用費徵收之事項，交通部公路總局為辦理徵收委任事項，係以交通部公路總局名義為徵收機關，製作汽車燃料使用費繳款書，並蓋用徵收機關長官即交通部公路總局局長之印章，依行政程序法第96條第1項第4款、訴願法第8條、第4條第6款規定意旨觀之，應以受委任機關交通部公路總局為行政處分機關，其上級機關交通部為訴願管轄機關，不服者提起撤銷訴訟時，應以交通部公路總局為被告[20]。

第二節　行政機關

所謂行政機關，係指代表國家、地方自治團體或其他行政主體表示意思，從事公共事務，具有單獨法定地位之組織，故行政機關應具有獨立之組織與特定之管轄（行政程序法第2條第2項）。受託行使公權力之個人或團體，於委託範圍內，視為行政機關（第3項）。

行政機關	層級
中央行政機關	行政院、立法院、司法院、考試院及監察院及其所屬機關
地方行政機關	直轄市政府、縣市政府、鄉鎮市公所
視為行政機關	受託行使公權力之個人或團體，其於委託範圍內，視為行政機關。

---

[19] 各級行政法院93年度法律座談會法律問題第2則。
[20] 最高行政法院94年10月份庭長法官聯席會議。

第一項　中央行政機關

中央行政機關或國家行政機關，係為處理國家或中央之行政事務所設置，我國中央行政機關依據所屬關係分為院、部或委員會、署或局、分署或分局等四個層級。

例題4

人民不服國家通訊傳播委員會之行政處分，為此所提之訴願。試問：(一)應由行政院或由國家通訊傳播委員會管轄？(二)國家通訊傳播委員會對於人民不服該會之行政處分所提起之訴願案件，未送由行政院受理訴願，有無牴觸訴願法所定之訴願管轄規定？

壹、行政機關之認定

行政程序法第2條第2項規定之行政機關，應具有獨立編制、獨立預算、依法設置及對外行文等要件[21]。換言之，除本法或其他法律另有規定外，應適用行政程序法之機關，係採廣義說與實質說，而不拘泥於機關之形式外觀，不限於行政院暨其所屬各機關，其他具單獨法定地位，實質上行使行政權具行政作用之組織，而從事公共事務、行使公權力時，亦屬行政程序法之行政機關[22]。例如，公立學校係各級政府依法令設置實施教育之機構，具有機關之地位[23]。

---

[21] 最高行政法院105年度裁字第1124號行政裁定。
[22] 法務部2010年9月20日法律決字第0999039415號函。
[23] 最高行政法院101年度判字第862號行政判決。

貳、中央機關之層級

一、中央一級機關

我國中央一級機關有行政院、立法院、司法院、考試院及監察院,各為我國最高之行政、立法、司法、考試及監察機關(憲法第53條、第62條、第77條、第83條、第90條)。

二、行政院與所屬機關

(一)中央行政機關組織基準法

我國為建立中央行政機關組織共同規範,提升施政效能,特制定本法(中央行政機關組織基準法第1條)[24]。本法適用於行政院及其所屬各級機關。但國防組織、外交駐外機構、警察機關組織、檢察機關、調查機關及海岸巡防機關組織,法律另有規定者,從其規定(中央行政機關組織基準法第2條第1項)。行政院為一級機關,其所屬各級機關依層級為二級機關、三級機關、四級機關。但得依業務繁簡、組織規模定其層級,明定隸屬指揮監督關係,不必逐級設立(第2項)。

(二)名 稱

中央行政機關名稱定名如下:1.一級機關定名「院」,如行政院;2.二級機關定名「部」,如法務部;3.二級機關或獨立機關定名「委員會」,如公平交易委員會、國家通訊委員會;4.三級機關定名「署」或「局」,如內政部警政署;5.四級機關定名「分署」或「分局」,如法務部行政執行分署(中央行政機關組織基準法第6條第1項)。

(三)人事決定權 (97、96律師)

行政院為國家最高行政機關(憲法第53條),基於行政一體,就所

---

[24] 中央行政機關組織基準法之法源,係依據中華民國憲法增修條文第3條第3項規定:國家機關之職權、設立程序及總員額,得以法律為準則性之規定。第4項規定:各機關之組織、編制及員額,應依前項法律,基於政策或業務需要決定之。

有行政院所屬機關之整體施政表現負責密切關係。故我國以行政院作爲國家最高行政機關之憲法架構，雖賦予獨立機關獨立性與自主性之同時，仍應保留行政院院長對獨立機關重要人事有一定之決定權限，以落實行政一體及責任政治。例如，國家通訊傳播委員會委員、公平交易委員會委員。準此，依據公務員懲戒法第4條第2項規定，行政院院長於獨立機關委員有違法、失職情事，而情節重大，得依職權先行停止其職務，此爲行政院院長得行使之人事監督權[25]。

參、例題解析──訴願管轄

一、國家通訊傳播委員會之地位

所謂獨立機關，指依據法律獨立行使職權，自主運作，除法律另有規定外，不受其他機關指揮監督之合議制機關（中央行政機關組織基準法第3條第2款）。除國防組織及檢察機關組織，法律另有規定者，從其規定外，同法適用於行政院及其所屬各級機關（中央行政機關組織基準法第2條第1項）。準此，國家通訊傳播委員會雖屬獨立機關，然其非國防組織或檢察機關組織，屬行政院所屬各級機關，其層級相當於部、委員會之二級機關。不服國家通訊傳播委員會之行政處分者，其他法律無特別規定時，依訴願法第4條第7款規定[26]，而非同條第8款規定[27]。

二、獨立機關之目的

不服行政處分之相對人，應繕具訴願書經由原行政處分機關即國家通訊傳播委員會，向訴願管轄機關行政院提起訴願[28]。申言之，承認獨立機

---

[25] 大法官釋字第613號解釋。
[26] 訴願法第4條第7款規定：不服中央各部、會、行、處、局、署之行政處分者，向主管院提起訴願。
[27] 訴願法第4條第8款規定：不服中央各院之行政處分者，向原院提起訴願。
[28] 最高行政法院97年12月份第3次庭長法官聯席會議（一）。

關之存在，其主要目的僅在法律規定範圍，排除上級機關在層級式行政體制下，所為對具體個案決定之指揮與監督，使獨立機關不受政治干擾，依專業自主決定之空間，其屬功能上獨立，非組織獨立。基於行政一體原則，國家通訊傳播委員會仍受行政院之指揮監督，是不服國家通訊傳播委員會所為處分，應向行政院提起訴願[29]。

肆、相關實務見解——行政機關與內部單位（96、94律師；95、89司法官）

一、行政機關

　　行政機關依據單獨組織法規設置，具有獨立之人員編制、預算及地位，並有印信，得以自己名義獨立對外代表行政主體為意思表示（行政程序法第2條第2項；中央行政機關組織基準法第3條第1款）。例如，經濟部國際貿易局（經濟部國際貿易局組織條例第1條）、臺北市大安區戶政事務所（臺北市各區戶政事務所組織規程第1條）、內政部營建署墾丁國家管理處（國家公園管理處組織準則第1條）[30]、財團法人高等教育評鑑中心基金會（大學法第5條第2項；行政程序法第2條第3項）。

二、內部單位

　　所謂內部單位，係指基於組織之業務分工，而於機關內部設立之組織（中央行政機關組織基準法第3條第4款）[31]。例如，訴願審議委員會（訴願法第52條第1項、第2項）、內政部民政司、行政院環境保護署環境影響評估委員會、大學教師評審委員會。

---

[29] 大法官釋字第613號解釋。
[30] 最高行政法院78年度判字第19號行政判決。
[31] 最高行政法院94年6月份庭長法官聯席會議。

第二項　地方行政機關

　　地方行政機關組織準則依地方制度法第62條第1項、第2項及第4項規定訂定之（地方行政機關組織準則第1條）。地方自治團體為執行其自治事項，得由法律概括授權並經地方議會或地方行政機關，訂定發布自治條例或自治規則[32]。

例題5

　　緣臺北市政府決定延期辦理里長選舉，中央主管機關內政部則認其決定違背地方制度法第83條第1項規定，經報行政院依同法第75條第2項予以撤銷。試問臺北市政府不服該撤銷，是否得向司法院聲請解釋？

壹、定義與層級

一、定　義

　　所謂地方行政機關，係指直轄市政府、縣市政府、鄉鎮市公所及其所屬機關。而不包括學校、醫院、所屬事業經營、公共造產性質機關或機構（地方行政機關組織準則第2條）。中央與地方權限劃分，係基於憲法或憲法特別授權之法律加以規範，凡憲法上之各級地域團體符合下列條件者：(一)享有就自治事項制定規章，並執行之權限；(二)具有自主組織權，始得為地方自治團體性質之公法人[33]。

---

[32] 大法官釋字第628號解釋。
[33] 大法官釋字第467號解釋。

二、層　級

(一)直轄市政府

直轄市政府所屬機關以分二層級為限，其名稱如下：1.一級機關使用局、處、委員會之名稱，處限於輔助兼具業務性質之機關使用，如臺中市政府勞工局；2.二級機關使用處、大隊、所、中心之名稱，如臺中市南屯區公所（地方行政機關組織準則第5條第1項第1款）。所謂委員會，係以協調統合業務或處理特定事務，並採合議制方式運作者為限，如臺中市選舉委員會（第2項）。

(二)縣市政府

縣市政府所屬機關以分二層級為限，其名稱如下：1.一級機關使用局之名稱，如彰化縣文化局；2.二級機關使用隊、所之名稱，如南投縣家畜疾病防治所（地方行政機關組織準則第5條第1項第2款）。

(三)鄉鎮市公所

鄉、鎮、市公所之所屬機關以一層級為限，其名稱為隊、所、館（地方行政機關組織準則第5條第1項第3款）。如南投市清潔隊、南投市公園路燈管理所或南投市圖書館。

貳、地方自治

一、憲法保障之制度

直轄市、縣市、鄉鎮市得就其自治事項或依法律及上級法規之授權，制定自治法規。自治法規經地方立法機關通過，並由各該行政機關公布者，稱自治條例；自治法規由地方行政機關訂定，並發布或下達者，稱自治規則（地方制度法第25條）。準此，地方自治為憲法所保障之制度，其基於住民自治之理念與垂直分權之功能，地方自治團體設有地方行政機關及立法機關，首長與民意代表均由自治區域內之人民依法選舉產生，分別綜理地方自治團體之地方事務，或行使地方立法機關之職權，地方行政

機關與地方立法機關間，依法有權責制衡之關係。中央政府或其他上級政府對地方自治團體辦理自治事項、委辦事項，依法僅得按事項之性質，爲適法或適當與否之監督。地方自治團體在憲法及法律保障之範圍內，享有自主與獨立之地位，國家機關自應予以尊重。

二、中央與地方權限劃分

　　立法院所設各種委員會，依憲法第67條第2項規定，雖得邀請地方自治團體行政機關有關人員到會備詢，然基於地方自治團體具有自主、獨立之地位，暨中央與地方各設有立法機關之層級體制，地方自治團體行政機關公務員，除法律明定應到會備詢者外，得衡酌到會說明之必要性，決定是否到會。故地方自治團體行政機關之公務員未到會備詢時，立法院不得據此爲刪減或擱置中央機關對地方自治團體補助款預算之理由，以確保地方自治之有效運作，並符合憲法所定中央與地方權限劃分之均權原則[34]。

參、例題解析——行政爭訟（102司法官；94律師）

一、聲請大法官會議解釋

　　臺北市政府因決定延期辦理里長選舉，中央主管機關內政部認其決定違背地方制度法第83條第1項規定，經報行政院依同法第75條第2項予以撤銷。臺北市政府不服該撤銷，乃依同條第8項規定逕向司法院聲請解釋。因臺北市爲憲法第118條所保障實施地方自治之團體，且本件涉及地方與中央權限劃分及紛爭解決機制之釐清與確立，非純屬機關爭議或法規解釋之問題，亦涉及憲法層次之民主政治運作基本原則與地方自治權限之交錯，自得向司法院大法官會議聲請解釋。

---

[34] 大法官釋字第498號解釋。

二、適法性之監督

　　直轄市議員、直轄市長、縣市議員、縣市長、鄉鎮市民代表、鄉鎮市長及村里長任期屆滿或出缺應改選或補選時，倘因特殊事故，得延期辦理改選或補選（地方制度法第83條第1項）。所謂特殊事故者，在概念上無從以固定之事故項目加以涵蓋，而係泛指不能預見之非尋常事故，致不克按法定日期改選或補選；或如期辦理有事實足認將造成不正確之結果、發生立即嚴重之後果或將產生與實現地方自治之合理及必要之行政目的不符等情形者。特殊事故不以影響及於全國或某一縣市全部轄區為限，即僅於特定選區存在之特殊事故，倘符合比例原則之考量時，亦屬之。上開不確定法律概念，係賦予該管行政機關相當程度之判斷餘地。因地方自治團體處理其自治事項與承中央主管機關之命辦理委辦事項不同：(一)自治事項者中央之監督僅能就適法性為之，其情形與行政訴訟中之法院行使審查權相似（訴願法第79條第3項）；(二)承中央主管機關之命者，後者除適法性之外，亦得就行政作業之合目的性等實施全面監督。本件屬地方自治事項，涉及不確定法律概念，上級監督機關為適法性監督之際，固應尊重該地方自治團體所為合法性之判斷，然其判斷有恣意濫用及其他違法情事，上級監督機關得依法撤銷或變更。

三、行政處分

　　憲法設立釋憲制度之本旨，係授予釋憲機關從事規範審查（憲法第78條）。除由大法官組成之憲法法庭，審理政黨違憲解散事項外，尚不及於具體處分行為違憲或違法之審理（憲法增修條文第5條第4項）。行政院撤銷臺北市政府延期辦理里長選舉之決定，涉及中央法規適用在地方自治事項時具體個案之事實認定、法律解釋，屬法效性之意思表示，其係行政處分，臺北市政府有所不服，屬與中央監督機關間公法上之爭議，其屬行政處分是否違法之審理問題，為確保地方自治團體之自治功能，該爭議之解決，自應循行政爭訟程序處理。倘臺北市認行政院之撤銷處分，侵

害其公法人之自治權或其他公法上之利益，自得由該地方自治團體，依訴願法第1條第2項、行政訴訟法第4條提起救濟請求撤銷，先後經訴願受理機關及行政法院，就上開監督機關所為處分之適法性問題，為終局之判斷[35]。

肆、相關實務見解——直轄市政府應負擔全民健康保險費補助款

一、全民健康保險為社會保險

國家為謀社會福利，應實施社會保險制度，係以實施社會保險制度作為謀社會福利之主要手段（憲法第155條）。而社會福利之事項，乃國家實現人民享有人性尊嚴之生活所應盡之照顧義務，除中央外，其與居民生活關係更為密切之地方自治團體自應共同承擔。應予補助之全民健康保險費，除由雇主及中央政府負擔外，亦由地方政府負擔，自符合憲法規定意旨（全民健康保險法第27條）。人民有依法律納稅之義務（憲法第19條）。其所稱人民，包括自然人、法人及非法人組織之營利事業。渠等對於中央政府或地方政府均有依法律納稅之義務。就地方政府而言，渠等乃其地區內之居民或住民，地方政府對於彼等有徵稅之權力，亦有對於其等提供公共服務之義務，或為履行照顧之義務而分擔全民健康保險部分保險費，以共同承擔社會福利政策之執行。故不得將納稅者，排除其享受公共服務或由地方政府分擔社會保險部分保險費之權利。法人等營利事業之成員，其與法人等營利事業間實質上存在共生共榮關係，其為營利事業創造利潤，即為政府增加稅收，營利事業所在地之地方政府，對營利事業之營業額徵收或因之而受分配稅收統籌分配款，倘不對營利事業之成員及其眷屬分擔保險費，而由其他未對營利事業之營業額徵收或因之而受分配稅收統籌分配款之地方政府負擔，造成權利與義務失衡情形，則有違公平正義原則。準此，法人等營利事業為投保單位，其成員為投保對象，加退保等

---

[35] 大法官釋字第527號、第553號解釋。

保險相關事宜，均經由投保單位向保險人為之，且投保單位須分擔保險費。

二、營利事業之投保單位

　　法人等營利事業之投保單位流動性，較自然人為低，選擇較穩定者為準，易於計算，行政上經濟效益較佳，且符合納稅與享受公共服務配合原則，權責機關基於社會保險制度實際運作、專業智能及中央與地方財政分配等考量因素，而在多種解釋可能性中，選擇一妥適之解釋，行政法院在作行政處分合法審查時，除其有逾越職權或濫用權力外，基於憲政體制之權力分立原則，不得任意否定其選擇決定之妥適性。準此，直轄市政府負擔保險費補助款，合於憲法規定中央與地方共同建立社會安全制度之意旨，亦無違法之情形，更無侵害直轄市政府財政自主權，故衛生福利部中央健康保險署以投保單位在直轄市政府，作為直轄市政府應負擔保險費補助款之認定依據，自無不合[36]。

第三節　公務員

　　公務員之定義有最狹義、廣義及最廣義三種。最廣義之公務員者，係指依法令服務於國家、地方自治團體所屬機關而具有法定職務權限，暨其他依法令從事於公共事務，而具有法定職務權限者（刑法第10條第2項第1款）。其包含受國家、地方自治團體所屬機關依法委託，從事與委託機關權限有關之公共事務者（第2款）。

---

[36] 最高行政法院96年5月份庭長法官聯席會議，最高行政法院庭長法官聯席會議決議彙編，2010年3月，頁179至182。

公務員權義	內容	法律依據
公務員權利	俸給權、退休金權、撫卹金權、參加公務員保險權、職務上費用償付請求權、考績權、身分保障權	公務人員俸給法、公務人員退休資遣撫卹法、公教人員保險法、公務人員考績法
公務員義務	行政中立、服從義務、守密義務、不為一定行為之義務	公務人員行政中立法、公務人員保障法、公務員服務法
公務員責任	民事責任、刑事責任、行政責任	民法、國家賠償法、刑法、貪污治罪條例、公務員懲戒法、公務人員考績法

第一項　公務員之權利

　　公務員與人民，除同享憲法所保障之基本權利外[37]，公務員基於職位所生之權利，可分經濟上之權利與身分上之權利[38]。而公務人員保障法就公務人員之權益救濟，採用基礎與經營關係理論，適用復審制與申訴制之雙軌併行制。因2017年6月27日之立法院第9屆第3會期第1次臨時會第3次會議通過制定公務人員退休資遣撫卹法，該法第95條規定，本法除第7條第4項及第69條自公布日施行外，其餘條文自2018年7月1日施行。自2018年7月1日起，原公務人員退休法及原公務人員撫卹法不再適用。有關人事行政之定性如附表所示。

---

[37] 大法官釋字第430號解釋：憲法第16條規定人民有訴願及訴訟之權，人民之權利或法律上利益遭受損害，不得僅因身分或職業關係，即限制其依法律所定程序提起訴願或訴訟。因公務員身分受有行政處分得否提起行政爭訟，應視其處分內容而定。

[38] 李震山，行政法導論，三民書局股份有限公司，2002年10月，修訂4版2刷，頁175、180至181。

人事行政行為一覽表
公務人員保障暨培訓委員會2020年9月22日109年第12次委員會議通過

機關行政行為類型			定性
壹、考試分發	一、報到	核定延期報到	行政處分
貳、任免銓審遷調	一、試用	(一)核定免予試用	行政處分
		(二)評定試用成績不及格	
		(三)試用成績及格日期	
	二、提敘	銓敘部銓審結果－申請年資部分採計／不採計	行政處分
	三、借調	(一)他機關借調本機關現職人員，占他機關職缺工作	行政處分
		(二)他機關借調本機關現職人員，占本機關職缺工作	管理措施
	四、兼職	(一)本機關指派現職人員兼任他機關職務或工作	管理措施
		(二)本機關現職人員申請兼任他機關職務或工作	行政處分
	五、留職停薪	核定留職停薪	行政處分
	六、復職	核定復職	行政處分
	七、陞遷─內陞	(一)依積分高低順序或資格條件造列名冊	內部準備程序
		(二)排定陞遷候選人員之名次或遴用順序	
		(三)圈定人選	
		(四)發布人事命令	行政處分
		(五)銓敘審定	
	八、陞遷─外補	(一)公開甄選	內部準備程序
		(二)依積分高低順序或資格條件造列名冊	
		(三)圈定人選	
		(四)核定指名商調	行政處分
		(五)新機關發布人事命令	行政處分
		(六)銓敘審定	

機關行政行為類型			定性
九、陞遷—遷調相當職務		(一)發布人事命令	管理措施
		(二)銓敘審定	行政處分
十、調任		(一)將主管人員調任同官等、官階（職等）及同一陞遷序列之非主管職務	管理措施
		(二)將所屬人員調任不同官等、官階（職等）或不同陞遷序列之職務	行政處分
		(三)銓敘審定	
參、組織編制職務管理	一、組織修編—重新審查任用資格及俸級	(一)發布人事命令	行政處分
		(二)銓敘審定	
	二、職務歸系變更—重新檢討調整歸系	(一)發布人事命令	行政處分
		(二)銓敘審定	
	三、工作指派	(一)工作項目／地點異動	管理措施
		(二)職責程度異動	
肆、訓練進修	一、在職訓練	薦派或遴選參訓人員	管理措施
	二、升官等訓練	(一)召開甄審會審核資歷	內部準備程序
		(二)機關報送遴選結果	行政處分
		(三)本會核定參訓人選	
		(四)評定訓練結果不合格	
	三、進修	(一)核定現職人員之進修（全時／公餘／部分辦公時間）	管理措施
		(二)全時進修—通知限期繳納應賠償金額（進修期間所領俸薪給、補助）	行政處分
伍、服務差勤	一、值日管理	(一)編排值班（勤、日、夜）表	管理措施
		(二)核定值班（勤、日、夜）費	行政處分
	二、請假	核定請假	管理措施

機關行政行為類型			定性
三、國內出差審核登記及差旅費核發	(一)核定出差		管理措施
	(二)核定差旅費		行政處分
四、公出登記管理	核定公出		管理措施
五、強制休假補助費核發	(一)核定休假日數		行政處分
	(二)核定休假補助費		
六、未休假加班費	核定未休假加班費		行政處分
七、休假保留日數	核定保留尚未休畢休假日數		行政處分
八、曠職	(一)曠職通知書		內部準備程序
	(二)曠職核定／登記		行政處分
陸、考核獎懲	一、平時成績紀錄	記錄平時考核優劣事蹟	管理措施
	二、平時考核懲處	(一)口頭警告	如有法律或法律授權規範為據者，改認行政處分；其餘維持管理措施
		(二)書面警告	
		(三)申誡以上之懲處	行政處分
	三、平時考核敘獎	(一)嘉獎以上之獎勵	行政處分
		(二)不予敘獎	
	四、年終（另予）考績（成）	(一)考列甲等／乙等－核發考績（成）通知書／檢察官職務評定良好通知書	行政處分
		(二)考列丙等／丁等－核發考績（成）通知書／檢察官職務評定未達良好通知書／丁等免職令	行政處分
		(三)核發考績（成）獎金	
		(四)核發年終工作獎金－減發／不發獎金	
		(五)銓敘審定	

機關行政行為類型			定性
五、專案考績（成）	五、專案考績（成）	(一)一次記二大功—核發獎勵令／專案考績（成）通知書	行政處分
		(二)一次記二大過—核發免職令／專案考績（成）通知書	行政處分
		(三)銓敘審定	
	六、懲戒	(一)核定職務當然停止	行政處分
		(二)核定先行停職	
	七、因考績／懲戒規定復職	補發停職期間未發之本俸（年功俸）	行政處分
柒、待遇保險	一、按月核發俸給	核發俸給	行政處分
	二、核定兼職費	(一)同意／不同意支給兼職費	行政處分
		(二)向兼職人員追繳兼職費超過標準部分	
	三、核定結婚、生育、喪葬、子女教育補助	(一)核定補助	行政處分
		(二)追繳補助	
	四、核定加班與費用	(一)核定加班	管理措施
		(二)核定加班費	行政處分
	五、因公傷病補助及慰問金	(一)核定醫療補助	行政處分
		(二)核定慰問金	
捌、退休撫卹	一、公務人員退休	(一)審核不予受理退休案情形—核定自願退休	行政處分
		(二)審核不予受理退休案情形—核定命令退休	
		(三)採計及取捨退撫新制實施前、後年資；併計年資	
		(四)核定不符辦理優惠存款要件（請領公保養老給付）	
		(五)審定退休	
		(六)停發／追繳退休金	

機關行政行為類型			定性
	二、公務人員撫卹	(一)核定撫卹	行政處分
		(二)核定延長給卹	
	三、退休公務人員遺屬一次金與遺屬年金	核定遺族提出遺屬一次金及遺屬年金之申請	行政處分
	四、公務人員資遣	(一)認定不符資遣條件	行政處分
		(二)審定資遣年資及給與	
	五、退休人員及撫卹遺族照護事項	三節慰問金─停發	行政處分
玖、服務保障	一、核定因公涉訟輔助	(一)核定輔助費	行政處分
		(二)請當事人限期繳還輔助費用	
	二、離職	核發離職／服務證明書	行政處分
拾、其他	一、性別工作平等	機關組成性騷擾處理委員會作成性騷擾成立與否之決定	行政處分
	二、職場霸凌	機關依員工職場霸凌防治及處理作業規定作成申訴成立與否之決定	管理措施

註：所謂內部準備程序，係指尚在機關內部準備作業，仍不得為救濟之標的。

例題6

　　公務人員依據公務人員保險法參加公務人員保險，復依全民健康保險法規定，應強制參加全民健康保險，而公務人員原有參加公保之義務。試問使公務人員再依全民健保法，強制納保與負繳納保費之義務，是否有違憲？

例題7

　　公務員遭記大過、記過處分、申誡懲處、考績評定、乙等、曠職等人事處分，依公務人員保障法所定申訴、再申訴程序尋求救濟，經公務人員保障暨培訓委員會（下稱保訓會）為再申訴決定。試問公務員不服再申訴決定，據此提起行政訴訟，行政法院應如何處理？

例題8

　　地方法院候補、試署法官或地方候補或試署檢察署檢察官，提送法院裁判或檢察書類審查，經評定為成績不及格。試問書類成績不及格者，得否向保訓會提起復審救濟？

壹、公務員之定義

一、最狹義公務員

　　公務人員依官等及職等任用之。官等分委任、薦任、簡任（公務人員任用法第5條第2項）。公務人員任用法所稱公務人員，指各機關組織法規中，除政務人員及民選人員外，定有職稱及官等、職等之人員，為最狹義之公務員（公務人員任用法施行細則第2條第1項）。例如，臺中市文化局薦任課員。

二、廣義公務員

　　公務員服務法於受有俸給之文武職公務員，暨其他公營事業機關服務人員，均適用之，為廣義之公務員（公務員服務法第24條）。例如，台灣中油股份有限公司、台灣電力股份有限公司、台灣糖業股份有限公司及

台灣自來水股份有限公司等服務人員。

三、最廣義公務員

依法令服務於國家、地方自治團體所屬機關而具有法定職務權限，以及其他依法令從事於公共事務，而具有法定職務權限者。暨受國家、地方自治團體所屬機關依法委託，從事與委託機關權限有關之公共事務者，均為公務員，此為最廣義之公務員（刑法第10條第2項）。準此，依據最廣義公務員之範圍，公務員與國家產生法律關係之方式有三：依法任用或聘用、依法選舉及經民意機關同意任命[39]。例如，行政院院長、立法委員。

貳、經濟上之權利

一、俸給權

公務人員之俸給，分本俸（年功俸）及加給，均以月計之（公務人員俸給法第3條第1項）。詳言之：(一)所謂本俸，係指各職等人員依法應領取之基本給與（公務人員俸給法第2條第1款）；(二)所謂年功俸係指各職等高於本俸最高俸級之給與（第2款）。所謂加給，係指本俸、年功俸以外，因所任職務種類、性質與服務地區之不同，而另加之給與（第5款）。

(一)加給類型

公務員加給類型如後：1.職務加給，係對主管人員或職責繁重或工作具有危險性者加給之；2.技術或專業加給，係對技術或專業人員加給之；3.地域加給，係對服務邊遠或特殊地區與國外者加給之（公務人員俸給法第5條）。準此，公務人員原支給之專業加給，係以激勵現職人員為核發意旨。而地域加給係服務處所，因地理環境、交通狀況、艱苦程度及經濟條件等因素，對於任職人員於該服務處所服勤，所為之津貼，均具有服勤

---

[39] 李惠宗，行政法要義，元照出版有限公司，2007年2月，3版1刷，頁156。

工作，始應支給之特性，應以有擔任職務之事實為要件，倘實際上未能服勤工作，自不得發給專業及地域加給[40]。

(二)法定加給之性質

　　公務人員依其職務種類、性質與服務地區，所應得之法定加給，非依法令不得變更（公務人員保障法第15條）。因公務人員之法定加給，屬公法上財產請求權，性質上非如人身自由絕對不可拋棄，故其他法律並無禁止公務人員拋棄法定加給之請求權者，則可自願性拋棄該公法上財產請求權[41]。

二、退休金權（95律師）

　　公務人員之退休，分自願退休、屆齡退休及命令退休（公務人員退休資遣撫卹法第16條第1項）。例如，國家對於公務員有給予俸給、退休金等維持其生活之義務，此為公務人員之公法上財產請求權，倘有爭議時，得循行政訴訟救濟之。而軍人為公務員之一種，自有依法領取退伍金、退休俸之權利，或得依法以其軍中服役年資與任公務員之年資合併計算為其退休年資；其中對於軍中服役年資之採計，並不因志願役或義務役及任公務員之前、後服役而有所區別[42]。退撫基金，應由政府與公務人員共同按月撥繳退撫基金費用設立之，並由政府負最後支付保證責任（公務人員退休資遣撫卹法第6條、第7條第1項）。而公務人員或其遺族請領退撫給與之權利，不得作為扣押、讓與或供擔保之標的（公務人員退休資遣撫卹法第69條第1項）。公務人員或其遺族請領退撫給與及優存利息等權利，應於行政程序法所定公法上請求權時效內為之（公務人員退休資遣撫卹法第73條第1項）。公法上之請求權，請求權人為行政機關時，除法律另有規定外，因5年間不行使而消滅；而請求權人為人民時，除法律另有規定

---

[40] 臺中高等行政法院94年度訴字第389號判決。
[41] 法務部2009年3月30日法律字第0980004970號函。
[42] 大法官釋字第455號解釋。

外，因10年間不行使而消滅（行政程序法第131條第1項）。公法上請求權，因時效完成而當然消滅（第2項）。前項時效，因行政機關為實現該權利所作成之行政處分而中斷（第3項）。

三、撫卹金權

公務人員病故、或意外死亡或因公死亡，給與遺族撫卹金（公務人員退休資遣撫卹法第51條第1項、第52條第1項）。例如，因辦公往返，猝發疾病、發生意外或危險以致死亡。故公務人員中午返家用膳後，倘在合理時間，以適當交通方法，其於直接前往辦公處之上班必經路線發生意外以致死亡，得予辦理因公死亡撫卹[43]。再者，縱使公務人員自殺死亡，其遺族仍得申請撫卹金（公務人員退休資遣撫卹法第52條第2項）[44]。而請領撫卹金之權利，自請求權可行使之日起，因10年間不行使而當然消滅（公務人員退休資遣撫卹法第73條第1項；行政程序法第131條第1項後段）。請領撫卹金之權利及未經遺族具領之撫卹金，不得作為扣押、讓與或供擔保之標的（公務人員退休資遣撫卹法第69條第1項）。

四、參加公務員保險權

(一)保險項目

公務員保險包括失能、養老、死亡、眷屬喪葬、生育及育嬰留職停薪等項目（公教人員保險法第3條）。被保險人在保險有效期間，發生失能、養老、死亡、眷屬喪葬、生育或育嬰留職停薪之保險事故時，應予現金給付；其給付金額之計算標準，依下列規定：1.養老給付及死亡給付：按被保險人發生保險事故當月起，前10年投保年資之實際保險俸（薪）額平均計算（以下簡稱平均保俸額）。但加保未滿10年者，按其實際投保年資之保險俸（薪）額平均計算；2.育嬰留職停薪津貼：按被保

---

[43] 銓敘部2000年5月24日（89）退四字第1904188號。
[44] 臺北高等行政法院89年度訴字第2871號行政判決。

險人育嬰留職停薪當月起，往前推算6個月保險俸（薪）額之平均數60%計算；3.失能給付、生育給付及眷屬喪葬津貼：按被保險人發生保險事故當月起，往前推算6個月保險俸（薪）額之平均數計算。但加保未滿6個月者，按其實際加保月數之平均保險俸（薪）額計算（公務人員保險法第12條第1項）。

(二)保險對象

除法定機關編制內之有給專任人員、公立學校編制內之有給專任教職員外，依私立學校法規定，辦妥財團法人登記，並經主管教育行政機關核准立案之私立學校編制內，有給專任教職員，亦爲公務人員保險之保險對象（公教人員保險法第2條）。

五、職務上費用償付請求權

公務人員經指派於上班時間以外執行職務者，服務機關應給予加班費、補休假、獎勵或其他相當之補償（公務人員保障法第23條）。例如，村里長非屬公務人員，其事務補助費之性質，係村里長處理村里事務之公款而非薪資，故事務補助費不適用加班費之規定[45]。再者，服務機關得本於業務之需要或財政負擔之能力，就條文規定之補償方式，選擇一項或數項，同時或先後爲之，應不受當事人聲明意願之拘束，俾兼顧機關業務推行之彈性[46]。而公務人員執行職務墊支之必要費用，得請求服務機關償還之（公務人員保障法第24條）。

六、考績權（97、90司法官）

(一)類 型

公務人員考績區分年終考績、另予考績及專案考績等類型（公務人員考績法第3條）。年終考績以100分爲滿分，分甲、乙、丙、丁四等（公

---

[45] 內政部2011年11月23日內授中民字第1000722891號函。
[46] 臺中高等行政法院96年度訴字第150號行政判決。

務人員考績法第6條第1項）。年終考績獎懲如後：1.甲等可晉本俸一級，並給與一個月俸給總額之一次獎金；已達所敘職等本俸最高俸級或已敘年功俸級者，晉年功俸一級，並給與1個月俸給總額之一次獎金；已敘年功俸最高俸級者，給與2個月俸給總額之一次獎金（公務人員考績法第7條第1項第1款）；2.乙等可晉本俸一級，並給與半個月俸給總額之一次獎金；已達所敘職等本俸最高俸級或已敘年功俸級者，晉年功俸一級，並給與半個月俸給總額之一次獎金；已敘年功俸最高俸級者，給與一個半月俸給總額之一次獎金（第2款）；3.丙等則留原俸級（第3款）；4.丁等應免職（第4款）。

(二)救　濟

　　依公務人員考績法所為之免職處分（公務人員考績法第7條第1項第4款），因改變公務員身分關係，直接影響人民服公職之權利，依大法官釋字第243號解釋，得許受處分之公務員提起行政訴訟。對於未改變公務員身分之其他考績結果有所不服，不許以行政訴訟請求救濟。再者，公務人員基於已確定之考績結果，依據法令規定為財產上之請求而遭拒絕者，影響人民之財產權，參酌大法官釋字第187號及第201號解釋，得依法提起訴願或行政訴訟[47]。

參、身分上之權利

一、身分之保障（104、102、90檢察事務官；90津師；88司法官）

　　為保障公務人員之權益，特制定本法。本法未規定者，適用其他有關法律之規定（公務人員保障法第1條）。公務人員權益之救濟，依本法所定復審、申訴、再申訴之程序行之，故人事行政行為與救濟，應優先適用公務人員保障法，倘公務人員提起訴願，應不予受理（公務人員保障法第4條第1項；行政程序法第3條第3項第7款）。公務人員提起之復審、再申訴事件，由公務人員保障暨培訓委員會審議決定（公務人員保障法第4

---

[47] 大法官釋字第266號解釋。

條第2項）。公務人員身分、官職等級、俸給、工作條件、管理措施等有關權益之保障，適用本法之規定（公務人員保障法第2條）。公務人員保障法第77條第1項所指之管理措施，原告僅得依申訴、再申訴程序尋求救濟，不得提起行政訴訟。再者，公務人員之身分應予保障，非依法律不得剝奪。基於身分之請求權，其保障亦同（公務人員保障法第9條）。

二、工作條件之保障

(一)事前建制

公務人員執行職務之安全應予保障。各機關對於公務人員之執行職務，應提供安全及衛生之防護措施；其有關辦法，由考試院會同行政院定之（公務人員保障法第19條）。例如，行政院2000年11月9日臺89院人政給字第211130號函：2001年1月1日起擴大辦理公務人員健康檢查，檢查對象為中央各機關編制內40歲以上之公務人員；檢查次數以每2年檢查1次；檢查經費機關補助以新臺幣3,500元為限，所需經費均在各機關原有預算額度內勻支。公務人員因機關提供之安全及衛生防護措施有瑕疵，致其生命、身體或健康受損時，得依國家賠償法請求賠償（公務人員保障法第21條第1項）。公務人員因公受傷、殘廢或死亡者，應發給慰問金。但該公務人員有故意或重大過失情事者，得不發或減發慰問金（第2項）。

(二)事後協助

公務人員依法執行職務涉訟時，其服務機關應延聘律師為其辯護及提供法律上之協助（公務人員保障法第22條第1項）。前項情形，其涉訟係因公務人員之故意或重大過失所致者，其服務機關應向該公務人員求償（第2項）。所謂依法執行職務涉訟者，係指依法令規定執行職務而牽涉於民、刑事案件者而言，倘執行職務顯然違反法令規定者，應不包括在內[48]。例如，行政機關之公務人員奉派擔任活動之工作人員，其於活動結束後駕車返回行政機關途中，發生車禍而涉訟，應先視其是否依法為執行

---

[48] 最高行政法院88年度判字第3649號行政判決。

職務之前提，倘屬單純於下班途中發生車禍者，不適用服務機關應延聘律師為其辯護及提供法律上之協助。反之，在活動結束後，駕車載活動用品返回行政機關途中，屬依法執行職務者。

三、保障救濟程序

(一)復審程序

公務人員對於服務機關或人事主管機關所為之行政處分，認為違法或顯然不當，致損害其權利或利益者，得依本法提起復審。非現職公務人員基於其原公務人員身分之請求權遭受侵害時，亦同（公務人員保障法第25條第1項）。復審之提起，應自行政處分達到之次日起，30日內為之（公務人員保障法第30條第1項）。前項期間，以原處分機關收受復審書之日期為準（第2項）。復審人誤向原處分機關以外機關提起復審者，以該機關收受之日，視為提起復審之日（第3項）。保訓會復審決定依法得聲明不服者，復審決定書應附記如不服決定，得於決定書送達之次日起2個月內，依法向其服務機關所在地之高等行政法院請求救濟（公務人員保障法第72條第1項）。是復審程序等同於訴願程序。

(二)申訴程序

1.公務人員

公務人員對於服務機關所為之管理措施或有關工作條件之處置認為不當，致影響其權益者，得依本法提起申訴、再申訴（公務人員保障法第77條第1項）。例如，得對記過或年終考績提起申訴、再申訴。公務人員提起申訴，應於前項之管理措施或處置達到之次日起，30日內為之（公務人員保障法第78條第1項）。公務人員離職後，接獲原服務機關之管理措施或處置者，得依前開規定提起申訴、再申訴（公務人員保障法第77條第2項）。提起申訴，應向服務機關為之。不服服務機關函復者，得於復函送達之次日起30日內，向保訓會提起再申訴（公務人員保障法第81條第2項）。再申訴事件審理中，保訓會得依職權或依申請，指定副主任

委員或委員1人至3人，進行調處（公務人員保障法第85條第1項）。準
此，機關內部所發之職務命令或所提供之福利措施，僅得依公務人員保障
法所定申訴、再申訴程序尋求救濟[49]。公務人員保障暨培訓委員會係再申
訴事件之最終審理機關，經該會為再申訴決定，事件即告確定，不得對之
提起行政訴訟，表示不服。

2.公立學校教師

公立高中以下學校或主管機關對所屬（轄）教師所為之年終成績考核
或平時考核獎懲，並非基於契約關係所為之意思表示，而係行政機關依公
法上之強制規定，就具體事件所為之公權力措施而對外直接發生法律效
果之單方行政行為，核屬行政程序法第92條第1項之行政處分。是公立高
中以下學校對所屬教師年終成績考核，考列為教師成績考核辦法第4條第
1項第2款之決定，或依同辦法第6條第1項第6款規定所為申誡之懲處，將
對教師之考核獎金、名譽、日後介聘或升遷調動等權利或法律上利益產生
不利之影響，均屬侵害教師權益之具體措施。準此，教師因學校上開具體
措施認其權利或法律上利益受侵害，自得以同辦法第16條第3項規定之考
核機關為被告，依法向行政法院提起撤銷訴訟，以落實大法官釋字第736
號解釋理由書所揭示有權利即有救濟之憲法原則[50]。

肆、例題解析

一、全民健康保險之合憲性

國家為謀社會福利，應實施社會保險制度；國家為增進民族健康，
應普遍推行衛生保健事業及公醫制度（憲法第155條、第157條）。而國
家應推行全民健康保險，復為憲法增修條文第10條第5項所明定。1994年

---

[49] 公務人員考績法第13條規定：平時成績紀錄及獎懲，應為考績評定分數之重要
依據。平時考核之功過，除依前條規定抵銷或免職者外，曾記二大功人員，
考績不得列乙等以下；曾記一大功人員，考績不得列丙等以下；曾記一大過人
員，考績不得列乙等以上。

[50] 最高行政法院108年3月份第1次庭長法官聯席會議。

8月9日公布、1995年3月1日施行之全民健康保險法係為實現上開憲法規定而制定。同法第11條之1、第69條之1及第87條有關強制納保、繳納保費，係基於社會互助、危險分攤及公共利益之考量，符合憲法推行全民健康保險之意旨；同法第30條有關加徵滯納金之規定，係促使投保單位或被保險人履行其繳納保費義務之必要手段。上開全民健康保險法條文與憲法第23條亦無牴觸。準此，依法參加公保之人員須強制其加入全民健康保險，係增進公共利益所必要，難謂有違信賴保護原則[51]。

二、人事行政爭訟

大法官釋字第187號、第201號、第243號、第266號、第298號、第312號、第323號、第338號解釋，認須足以改變公務員身分關係，或於公務員權利有重大影響之處分，或基於公務員身分所產生之公法上財產上請求權，始得依公務人員保障法所定復審、再審議程序請求救濟，復審人對保訓會於復審程序進行中所為之程序上處置不服者，應併同復審決定提起行政訴訟。即保訓會復審決定依法得聲明不服者，復審決定書應附記如不服決定，得於決定書送達之次日起2個月內，依法向該管司法機關請求救濟（公務人員保障法第60條、第72條第1項）。而未改變公務員身分之記大過、記過處分、申誡懲處、考績評定、乙等、曠職等人事處分，依公務人員保障法所定申訴、再申訴程序尋求救濟，均得循行政爭訟救濟，以落實憲法權益之保障[52]。

三、復審標的

公務人員認機關所為之管理措施有不當者，得依申訴管道提起救濟，惟對於再申訴決定，不得以同一事由提起再申訴，或向該管司法機關請求救濟。就非影響公務員身分關係之不利益處分，公務員不得以訴訟請求救

---

[51] 大法官釋字第472號解釋。
[52] 大法官釋字第736號、第785號解釋。

濟。故公務人員倘有不服，應認係屬機關之管理措施範圍，僅得依公務人員保障法規定提起申訴、再申訴，不得以復審之程序請求救濟，倘依復審程序提起救濟，於法即有未合[53]。準此。試署、候補法官或檢察官提送裁判或檢察書類審查，經評定為成績不及格，對其現有身分、工作條件、官職等級、俸給等權益，仍維持現狀，未改變其候補、試署法官或檢察官身分，亦未對其服公職之權利有重大影響，即非得提起復審與行政爭訟之範圍，故書類成績不及格者，向保訓會提起復審，應不予受理（公務人員保障法第61條第1項第7款）。

伍、相關實務見解——撫卹事由

公務人員撫卹事由分非因公死亡及因公死亡，其給卹標準不相同。各主管機關人事機構出具因公死亡證明書時，應詳載事實，並檢具證明文件，切實執行事前審核工作，以貫徹依法行政原則（公務人員退休資遣撫卹法第52條、第54條、第57條）[54]。

第二項　公務員之義務

法律關係之權利與義務有相對性，故公務員享有權利，自應負擔應有義務。公務員之義務甚夥，其主要有行政中立、服從、守密及不作為等義務。如有違反者，則有行政、民事或刑事責任。

例題9

　　甲職司警察工作，將個人之車籍、戶籍、口卡、前科、通緝、勞保等資料及入出境紀錄，明知涉個人隱私或攸關國家之政務或事務，竟洩漏予徵信公司。試問甲應負何民事責任與刑事責任？理由為何？

---

[53] 臺中高等行政法院96年度訴字第101號行政判決。
[54] 銓敘部部退四字2012年7月23日第1013616305號。

例題10

　　受休職懲處1年期間之公務員甲，其於未受俸給之休職期間，因生活困難。試問：(一)得否赴民間機構或人民團體任職工作？(二)得否至公立學校擔任兼任教師？

例題11

　　公務員兼任教學或研究工作，其於上班期間，應經服務機關許可；而機關首長應經上級主管機關許可。試問是否包括非上班時間在內，亦應經服務機關之許可？

例題12

　　甲、乙及丙為高等法院之法官，合議審判公務員A之貪瀆案件，審判長甲與受命法官乙雖認公務員A之犯行應成立詐欺，惟陪席法官丙主張應依檢察官起訴貪污治罪條例第4條第1項第5款之對於違背職務行為收受賄賂罪論斷。經高等法院合議結果公務員A判處詐欺罪後。試問法官丙向新聞媒體公開其主張應判貪瀆之心證，其有無洩密行為？

壹、行政中立

　　公務人員應嚴守行政中立，依據法令執行職務，忠實推行政府政策，服務人民（公務人員行政中立法第3條）。公務人員雖得加入政黨或其他政治團體。然不得兼任政黨或其他政治團體之職務，不得介入黨政派系紛爭，不得兼任公職候選人競選辦事處之職務（公務人員行政中立法第5

條）。例如，各機關首長或主管人員於選舉委員會發布選舉公告日起至投票日止之選舉期間，除應禁止政黨、公職候選人或其支持者之造訪活動外，並應於辦公、活動場所之各出入口明顯處所，張貼禁止競選活動之告示[55]。

貳、服從義務（90司法官）

公務人員對於長官監督範圍內所發之命令，有服從義務，倘認爲該命令違法，應負報告之義務。該管長官如認其命令並未違法，而以書面下達時，公務人員即應服從。其因此所生之責任，由該長官負之。但其命令有違反刑事法律者，公務人員無服從之義務（公務人員保障法第17條第1項）。以兼顧公務人員服從義務與所負責任之衡平，保障其權益。前項情形，該管長官非以書面下達命令者，公務人員得請求其以書面爲之，該管長官拒絕時，視爲撤回其命令（第2項）[56]。

參、守密義務

公務員有絕對保守政府機關機密之義務，對於機密事件無論是否主管事務，均不得洩漏，退職後亦同（公務員服務法第4條第1項）。公務員未得長官許可，不得以私人或代表機關名義，任意發表有關職務之談話（第2項）。例如，有上級機關之獨立機關，獨立機關之首長，未得上級機關首長之許可，逕行以代表該機關之名義，發表逾越其職務分際之談話，應有公務員服務法第4條第2項之適用[57]。

---

[55] 行政院人事行政局2009年10月5日局企字第0980064803號。
[56] 大法官釋字第187號解釋。
[57] 2009年5月15日公務員懲戒委員會法律座談會決議第95案。

肆、不爲一定行爲之義務

一、不得經營商業或投機事業

　　公務員不得經營商業或投機事業。但投資於非屬其服務機關監督之農、工、礦、交通或新聞出版事業，爲股份有限公司股東，兩合公司之有限責任股東，或非執行業務之有限公司股東，而其所有股份總額未超過其所投資公司股本總額10%者，不在此限（公務員服務法第13條第1項）。公務員非依法不得兼公營事業機關或公司代表官股之董事或監察人（第2項）。所謂經營商業，應包括實際發生營業行爲及申請執照之行爲在內。例如，因家族企業因素而沿襲家族既有之安排，擔任公司董事並持有逾10%股份，應於出任公務員後，辭卸董事職務，並出脫或降低持股至10%以下[58]。

二、兼職之禁止

(一)兼任公職或業務

　　公務員除法令所規定外，不得兼任他項公職或業務。其依法令兼職者，不得兼薪及兼領公費（公務員服務法第14條第1項）。例如，獎勵金之發給，係由公立醫療機構，按照醫師之職位類別及經評定之服務成績等事項，在相關醫療基金預算範圍內，予以計算核發，乃公立醫療機構爲使醫師專勤服務，就具體事件，所爲發生決定發給獎勵金之授益行政處分。醫師爲此簽署之服務切結承諾，其性質係重述公務人員任用後「禁止兼職義務」，並非當屬對等平行關係之承諾意思表示，不成立公法契約[59]。

(二)兼任非營利之職務

　　公務員兼任非以營利爲目的之事業或團體之職務，受有報酬者，應經服務機關許可。機關首長應經上級主管機關許可（公務員服務法第14條

---

[58] 公務員懲戒委員會101年度鑑字第12201號裁判。
[59] 高雄高等行政法院93年度訴字第900號行政判決。

之2第1項）。前項許可辦法，由考試院定之（第2項）。例如，公務人員兼任社區管理委員會主任委員，依公務員服務法第14條第1項、第14條之2及第14條之3規定，均須經服務機關審酌實際情形及相關規定許可[60]。

(三)兼任教學或研究工作

公務員兼任教學或研究工作或非以營利爲目的之事業或團體之職務，應經服務機關許可。機關首長應經上級主管機關許可（公務員服務法第14條之3）。例如，法官助理之工作內容，係協助法官辦理訴訟案件資料之蒐集、程序重點之分析等，其工作之性質，屬協助公權力行使之相關事務，足見司法院所屬各級法院聘用法官助理，係依聘用人員聘用條例所聘用，且其所訂之聘用契約性質爲公法契約，屬受有俸給之文職人員，自有兼任教學工作之適用[61]。

三、利益迴避之義務

公務員於其離職後3年內，不得擔任與其離職前5年內之職務直接相關之營利事業董事、監察人、經理、執行業務之股東或顧問（公務員服務法第14條之1）。利益迴避之義務在於維護公務員公正廉明之重要公益，而對離職公務員選擇職業自由予以限制，其目的洵屬正當；其所採取之限制手段與目的達成間具實質關聯性，係爲保護重要公益所必要，並未牴觸憲法第23條規定，其與憲法保障人民工作權之意旨尚無違背[62]。例如，爲肅清司法風紀，避免司法人員離職後轉任律師，利用人際關係之方便，從事不法行爲，其執行律師業務之區域應有限制之必要。故司法人員自離職之日起3年內，原則上不得在其離職前3年內，曾任職務之法院或檢察署執行律師職務（律師法第28條）。例外情形，係因停職、休職或調職等原因，離開上開法院或檢察署已滿3年者，不受限制（但書）。

---

[60] 銓敘部2008年10月28日部法一字第0972992460號函。
[61] 臺中高等行政法院95年度訴字第52號行政判決。
[62] 大法官釋字第637號解釋。

伍、例題解析

一、刑事與民事責任

(一)洩漏國防以外之秘密罪

刑法第132條第1項規定應秘密者，係指文書、圖畫、消息或物品等與國家政務或事務上具有利害關係，而應保守之秘密者而言。個人之車籍、戶籍、口卡、前科、通緝、勞保等資料及入出境紀錄或涉個人隱私或攸關國家之政務或事務，均屬應秘密之資料，公務員自有保守秘密之義務。準此，甲職司警察工作，明知而故意洩漏予徵信公司，除侵害個人法益外復侵害國家之法益，應論以刑法第132條第1項規定，洩漏中華民國國防以外應秘密之消息罪[63]。

(二)侵害人格權

隱私權為人格權之一環，在權利受損時得請求損害賠償。人格權受侵害時，得請求法院除去其侵害；有受侵害之虞時，得請求防止之（民法第18條第1項）。前項情形，以法律有特別規定者為限，得請求損害賠償或慰撫金（第2項）。不法侵害他人之隱私，被害人雖非財產上之損害，亦得請求賠償相當之金額。其名譽被侵害者，並得請求回復名譽之適當處分（民法第195條第1項）[64]。

二、公務員兼職之限制

公務員服務法第14條規定公務員除法令所規定外，不得兼任他項公職或業務，旨在要求公務員集中全力，專心從事其職務，期能提高行政效率，不負國民之付託。受休職懲處之公務員雖具有公務員之身分，然已不執行公務員之職務，不發生專心從事職務之問題，故於休職期間，除不

---

[63] 最高法院91年度台上字第3388號刑事判決。

[64] 鄭雅玲，論個人資料保護法對金融機構稽核之影響，國立中正大學法律系研究所，2015年7月，頁29。

得在其他機關任職外（公務員懲戒法第14條第1項）。準此，在民間機構工作，而與公務員服務法第14條規定，並無違背；且因休職期間停發薪水，倘不許於民間機構工作，將影響其生計。因休職期間仍具公務員身分，故工作性質足以影響公務員之榮譽者或公立學校兼任教師，自不得為之[65]。

三、兼任教學或研究工作

公務人員上班期間外出兼課，每週以4小時為限；至於下班時間、國定紀念日及星期例假日外出兼課，是否應受每週4小時之限制，除服務機關事前指派特定任務或應付緊急危難臨時特別召集應到勤外，在不必要之情況，通常率由各員自行支配[66]。在於強調公務員外出兼課每週以4小時為限，暨下班或例假日時之兼課時數，應由各員自行支配。因公務員兼任教學或研究工作，有可能影響其本身職務之執行，故不論在上班時間或下班時間，均應報經服務機關之許可，使服務機關可掌握所屬公務員之勤惰情形[67]。

四、法院評議之守密

高等法院審判案件，以法官3人合議行之（法院組織法第3條第2項）。裁判之評議，於裁判確定前均不公開（法院組織法第103條）。評議時各法官之意見應記載於評議簿，並應於該案裁判確定前嚴守秘密。案件之當事人、訴訟代理人、辯護人或曾為輔佐人，得於裁判確定後聲請閱覽評議意見。但不得抄錄、攝影或影印（法院組織法第106條）。準此，甲、乙及丙為高等法院之法官，合議審判公務員A涉犯貪污治罪條例第4條第1項第5款之罪，對於違背職務行為收受賄賂罪之貪瀆案件，審判長

---

[65] 公務員懲戒法規疑義解答彙編，2004年11月，頁79。
[66] 銓敘部1980年6月2日（69）臺楷典三字第23207號函。
[67] 公務員懲戒法規疑義解答彙編，2004年11月，頁128至130。

甲與受命法官乙雖認公務員A之犯行應成立詐欺，惟陪席法官丙主張應依檢察官起訴法條論罪。經高等法院合議結果認公務員A判處詐欺罪後，案件尚未確定前，法官丙竟向新聞媒體公開其主張應判貪瀆之心證，法官丙未盡保密義務而有洩密行為甚明。

陸、相關實務見解——公務人員投資之限制

公務人員經選任、登記為私人公司之董監事，屬違反公務員服務法第13條第1項本文規定，公務員不得經營商業或投機事業，不論其是否實際參與經營活動。況出資逾資本一定比例，具有相當決策權限，自非屬單純投資之股東，即已實際參與公司業務之經營。準此，公務員未任公職前，所為之投資經營商業行為，應於任公職時，立即辦理撤股、撤資及撤銷公司職務登記，並依同項但書規定，降低持股比率至未超過10%，不得以不知法律規定為由，而免除責任[68]。

第三項　公務員之責任

公務員違法侵害人民之自由或權利者，除依法律受懲戒外，應負刑事及民事責任。被害人民就其所受損害，並得依法律向國家請求賠償（憲法第24條）。準此，公務人員處理公務事項而有違失時，其將發生民事責任、刑事責任及行政責任。

例題13

甲公司員工及其眷屬參加甲公司為舉辦員工旅遊活動，甲公司與乙旅行社訂立旅行合約，由乙旅行社為甲公司員工及眷屬承辦「日月潭之旅」旅遊活動。因旅遊所在地之南投縣政府就其所管理之日月潭風景區，

---

[68] 公務員懲戒委員會100年度鑑字第12103號裁判。

未盡管理責任，除怠於其取締違法之職務，任由未經檢驗合格、救生設備嚴重欠缺之無照遊艇，在日月潭風景區內公然載客經營遊湖業務，除違規於夜間航行外，亦未依法於日月潭風景區，設置任何救難機構及醫療急救設施，致甲公司員工與其眷屬於夜間，在日月潭搭乘遊艇翻覆，有多人罹難。試問南投縣政府是否應負國家賠償責任？理由為何？

壹、民事責任

一、故意侵權行為

公務員因故意違背對於第三人應執行之職務，致第三人受損害者，負賠償責任。其因過失者，以被害人不能依他項方法受賠償時為限，負其責任（民法第186條第1項）。公務員之侵權行為責任，應以民法第186條之規定為據。故其因過失違背對於第三人應執行之職務，致第三人之權利受有損害者，被害人須以不能依他項方法受賠償時為限，始得向公務員個人請求損害賠償。因國家賠償法為民法之特別法，被害人得依國家賠償法規定，以公務員因過失違背對於第三人應執行之職務，致其權利受損害，得請求國家賠償其損害[69]。準此，公務員因故意違背對於人民應執行之職務，致人民受損害者，人民可同時依據民法與國家賠償法規定，向公務員、國家請求賠償。

二、國家賠償之求償權

公務員於執行職務行使公權力時，因故意或過失不法侵害人民自由或權利者，國家應負損害賠償責任。公務員怠於執行職務，致人民自由或權利遭受損害者亦同（國家賠償法第2條第2項）。前項情形，公務員有故意或重大過失時，賠償義務機關對之有求償權（第3項）。例如，政府機

---

[69] 最高法院87年度台上字第473號民事判決。

關依政府採購法所為招標、審標、決標行為,為執行公權力之行為,有國家賠償法之適用,倘承辦公務員有故意或重大過失時,賠償義務機關對之有求償權[70]。

貳、刑事責任

公務員假借職務上之權力、機會或方法,以故意犯瀆職罪章以外各罪者,加重其刑至1/2。但因公務員之身分已特別規定其刑者,不在此限,此為準職務犯(刑法第134條)。舉例說明如後:(一)國小教師於教學之際,毆打學生成傷,自係假借職務上之權力故意犯刑法第277條第1項之傷害罪;(二)公務員犯貪污治罪條例之罪者,依本條例處斷(貪污治罪條例第2條)。貪污治罪條例為刑法之特別法,此為職務犯,應優先適用。

參、行政責任

一、司法懲戒

(一)懲戒事由與處分

公務員有下列各款情事之一者,有懲戒之必要者,應受懲戒:1.違法執行職務、怠於執行職務或其他失職行為;2.非執行職務之違法行為,致嚴重損害政府之信譽(公務員懲戒法第2條)。凡與職務有關,當為而不為,不當為而為之或為而不當,均為失職行為[71]。公務員之懲戒處分如下:1.免除職務;2.撤職;3.剝奪、減少退休(職、伍)金;4.休職;5.降級;6.減俸;7.罰款;8.記過;9.申誡(公務員懲戒法第9條第1項)。前項第3款之處分,以退休(職、伍)或其他原因離職之公務員為限(第2項)。第1項第7款得與第3款、第6款以外之其餘各款併為處分(第3項)。第1項第4款、第5款及第8款之處分於政務人員不適用之(第

---

[70] 臺灣高等法院暨所屬法院95年法律座談會彙編,2007年1月,頁57至73。
[71] 公務員懲戒法規疑義解答彙編,2004年11月,頁74至75。

4項）。準此，簡任職以上者，應由懲戒法院依正式懲戒程序為之（憲法第77條）。

(二)正當法律程序

憲法第16條規定人民有訴訟之權，保障訴訟權之審級制度，得由立法機關視各種訴訟案件之性質定之。公務員因公法上職務關係，有違法失職之行為，應受懲戒處分者，憲法明定為司法權之範圍；懲戒法院對懲戒案件之議決，公務員懲戒法規定為終局之決定。懲戒處分影響憲法上人民服公職之權利，懲戒機關之成員屬憲法上之法官，其機關應採法院之體制（憲法第82條），且懲戒案件之審議，應本正當法律程序之原則，對被付懲戒人予以充分之程序保障。例如，採取直接審理、言詞辯論、對審及辯護制度，並予以被付懲戒人最後陳述之機會，以保障人民訴訟權之本旨[72]。

(三)免議之議決

國家對公務員違法失職行為，雖應予懲罰，惟為避免對涉有違失之公務員應否予以懲戒，長期處於不確定狀態，懲戒權於經過相當期間不行使者，即不應再予追究，以維護公務員權益及法秩序之安定。準此，懲戒案件自違法失職行為終結之日起，至移送懲戒法院之日止，已逾10年者，公務員懲戒法院應為免議之議決（公務員懲戒法第20條、第56條第3款）[73]。

二、行政懲處

(一)懲處類型

各機關辦理公務人員平時考核，其懲處類型分為申誡、記過、記大過（公務人員考績法第12條第1項第1款）。公務人員考績區分如下：1.年

---

[72] 大法官釋字第446號、第396號、第162號解釋。
[73] 大法官釋字第583號解釋。

終考績，係指各官等人員，於每年年終考核其當年1至12月任職期間之成績；2.另予考績，係指各官等人員，而於同一考績年度內，任職不滿1年，而連續任職已達6個月者辦理之考績；3.專案考績，係指各官等人員，平時有重大功過時，隨時辦理之考績（公務人員考績法第3條）。年終考績以100分為滿分，分甲、乙、丙、丁四等（公務人員考績法第6條第1項）。

(二)踐行正當法律程序（89檢察事務官）

人民有服公職之權利，旨在保障人民有依法令從事於公務之權利（憲法第18條）。其範圍不僅涉及人民之工作權及平等權，國家應建立相關制度，用以規範執行公權力及履行國家職責之行為，亦應兼顧對公務人員之權益之保護。中央或地方機關依公務人員考績法或相關法規規定，對公務人員所為免職之懲處處分，為限制人民服公職之權利，實質上屬於懲戒處分，其構成要件應由法律定之，始符憲法第23條之意旨。各機關辦理公務人員之專案考績，一次記二大過者免職（公務人員考績法第12條第1項第2款）。因懲處處分之構成要件，法律以抽象概念表示者，其意義須非難以理解，且為一般受規範者所得預見，並可經由司法審查加以確認，始符法律明確性原則。對於公務人員之免職處分，係限制憲法保障人民服公職之權利，自應踐行正當法律程序。例如，作成處分應經機關內部組成立場公正之委員會決議，處分前應給予受處分人陳述及申辯之機會，處分書應附記理由，並表明救濟方法、期間及受理機關等，設立相關制度予以保障（行政程序法第102條）。再者，服務機關對於專案考績應予免職之人員，在處分確定前得先行停職（公務人員考績法第18條）。受免職處分之公務人員得依法提起行政爭訟，免職處分自應於確定後，始得執行[74]。換言之，公務員受停職處分時，應停止其職務，使不得連續服勤，不受考績評比，導致無法晉級，較諸受降低官等或審定之級俸處分，對公

---

[74] 大法官釋字第491號解釋。

務員所生損害並無差異，其在憲法所保障服公職之權利有重大影響；況停止其薪給，致不能按時領受俸給，其公法上之財產請求權亦遭受損害[75]。

三、懲戒處分與刑事裁判（97檢察事務官）

同一行為，在刑事偵查或審判中者，不停止懲戒程序。但懲戒處分應以犯罪是否成立為斷，懲戒法院合議庭認有必要時，得裁定於第一審刑事判決前，停止審理程序（公務員懲戒法第39條第1項）。因懲戒處罰不以公務員成立犯罪為必要，僅須有違法、廢弛職務或其他失職行為，即得對之為懲戒處罰。例如，監獄衛生科科長兼藥師，負責監收容人藥品之申購、驗收及管理等職責，其協助驗收藥品不實，損害收容人用藥權益、未依實際需求申購藥品，且管理鬆散，浪費公帑，均有違公務員服務法第5條及第7條所定，公務員應謹慎、執行職務，應力求切實之旨，應予以懲戒[76]。

四、司法懲戒與行政懲處（90律師）

懲戒與懲處本質上有相似處，基於一行為不二罰之原則，對於公務員之同一違法行為，不得同時處以懲處與懲戒，僅能處罰一次。基於司法決定有優先行政決定之效力，應以懲戒處分為主[77]。

肆、例題解析——國家向公務員之求償權

法律規定之內容，非僅屬授予國家機關推行公共事務之權限，而其目的係為保護人民生命、身體及財產等法益，且法律對主管機關應執行職務

---

[75] 行政法院85年度判字第1036號行政判決。
[76] 公務員懲戒委員會101年度鑑字第12336號裁判。
[77] 大法官釋字第491號解釋：中央或地方機關依公務人員考績法或相關法規之規定對公務人員所為免職之懲處處分，為限制人民服公職之權利，實質上屬於懲戒處分。

行使公權力之事項規定明確，該管機關公務員依此規定，對可得特定之人所負作爲義務已無不作爲之裁量餘地，因故意或過失怠於執行職務，致特定人之自由或權利遭受損害，得向國家請求損害賠償[78]（國家賠償法第2條第2項後段）。準此，被害人可向南投縣政府行使國家賠償請求權。倘執掌該職務之公務員有故意或重大過失時，賠償義務機關對之有求償權（國家賠償法第2條第3項）。

伍、相關實務見解——懲戒法院審理結果

被付懲戒人數違失行爲經移送懲戒法院審理結果，僅其中一行爲具有違失，應受懲戒，倘其餘移送部分，查無證據證明有何違失，判決書就查無違失部分，僅記載併此敘明即可[79]。

第四節　公　物

公物以不融通物爲原則，其所有權專屬於國家，故主管機關或管理機關，對於公用財產不得爲任何處分或擅爲收益（國有財產法第28條本文）[80]。例外情形，係爲融通物，得爲私人所有。

公物	內容
公物之特性	公物以不融通物為原則
公物之類型	公共用物、行政用物、特別用物、營造物用物
公物之成立	公物之設定、物供公眾使用
公物之消滅	廢止處分、型態喪失

---

[78] 大法官釋字第469號解釋。

[79] 2011年5月19日公務員懲戒委員會法律座談會決議第104案。

[80] 最高法院88年度台上字第1777號民事判決：國家由於預算支出所取得之財產，為國有財產，其由機關、部隊使用之國有財產為公用財產，公用財產雖以各直接使用機關為管理機關，然管理機關對於公用財產不得為任何處分。

第一項 公物之特性

所謂公物者，係指直接供一般人民通常利用或許可利用之公共財產。公物具有限制融通性、強制執行、取得時效及公用徵收等特徵，是私人物品與公物不同。

例題14

甲之所有A土地，坐落在桃園國際機場內，該土地由民航局占用。試問：(一)甲之A土地性質為何？(二)甲之債權人得否持執行名義，拍賣A土地滿足其債權？

壹、融通性之限制

公物應直接供公眾使用，其融通性受有限制，故公物管理機關不得將之私有化。私有公物雖得移轉所有權，惟就公物既存之權利，其在防礙公物固有目的之範圍內，仍不得行使之[81]。

貳、強制執行之限制

一、公用財產

(一)禁止執行之財產

債務人管有之公用財產，為其推行公務所必需或其移轉違反公共利益者，屬非融通物之性質，債權人不得為強制執行。此為禁止執行之財產之範圍（強制執行法第122條之3第1項）。關於是否為公用財產，執行法院有疑問時，應詢問債務人之意見或為其他必要之調查（第2項）。

---

[81] 李惠宗，行政法要義，元照出版有限公司，2007年2月，3版1刷，頁217。

(二)類　型

國有財產區分為公用財產與非公用財產兩類（國有財產法第4條第1項）。所謂公用財產係指：1.公務用財產：各機關、部隊、學校、辦公、作業及宿舍使用之國有財產，均屬公務用財產。而營造物所有之財產，亦屬公務用財產；2.公共用財產：國家直接供公用使用之國有財產。例如，道路、橋樑、廣場及河川等；3.事業用財產：國營事業機關使用之財產[82]。但國營事業為公司組織者，僅指其股份而言，其事業使用之財產不屬公用財產。而非公用財產，係指公用財產以外，可供收益或處分之一切國有財產（第2項）。準此，非公用財產，係指公用財產以外，可供收益或處分之一切國有財產，均得強制執行之客體（第3項）[83]。

二、非公用財產

債務人管有之非公用財產，暨不屬於債務人管有之公用財產，縱使為其推行公務所必需或其移轉違反公共利益者，仍得為強制執行，不受國有財產法、土地法及其他法令有關處分規定之限制（強制執行法第122條之4）。例如，議會對外聯絡之公務電話或公務車，為議會公務用財產，為其推行公務所必須，依強制執行法第122條之3第1項規定，債權人不得強制執行。倘公務電話或公務車數量逾公務需求時，執行法院自得斟酌全部或一部確為公務所必需，依實際情形予以准許或不予准許[84]。

---

[82] 所謂國營事業者，係指國家對公眾服務，或提供物質，以收取費用為手段，並以私經濟經營方式所設置之組織體，其通常採公司之組織型態。

[83] 林洲富，實用強制執行法精義，五南圖書出版股份有限公司，2022年1月，16版1刷，頁405。

[84] 楊與齡主編，強制執行法實例問題分析，許澍林，對公法人財產之執行，五南圖書出版股份有限公司，2002年7月，初版2刷，頁345。

參、取得時效之限制

　　公有公用物或公有公共用物，具有不融通性，不適用民法上取得時效之規定。在通常情形，公物失去公用之型態時，如湖泊淤積為平地，不復具有公物之性質，不妨認為已經廢止公用，得為取得時效之標的。例外情形，係其中經政府依土地法編定之公用道路或水溝，縱因人為或自然因素，失去其公用之型態，在廢止而變更為非公用地前，難謂已生廢止公用之效力，自無民法上取得時效規定之適用[85]。

肆、公用徵收之限制

　　所謂公用徵收，係指對私有物因公益特別犧牲，以補償為代價而剝奪私人所有權之制度。故公共用之公物，除先廢止其公用外，應不得對公共用公物進行徵收。例如，將原屬道路之土地，改為公園、圖書館用地或學校[86]。

伍、例題解析──私有公物之強制執行

　　公用物屬於私有者，倘附以仍作公用之限制，不妨礙原來公用之目的，亦得作為交易之標的物。準此，甲之所有A土地坐落在機場內，該土地雖由民航局占用。然甲之債權人亦得持執行名義拍賣A土地。執行法院在拍賣公告應載明：拍賣之土地由民航局占用，拍賣後不點交等情。使A土地拍賣後，可照舊供機場使用，自得查封拍賣[87]。

陸、相關實務見解──執行公庫預算

　　債務人應給付之金錢，列有預算項目而不依前項規定辦理者，執行

---

[85] 最高法院72年度台上字第5040號民事判決。
[86] 李惠宗，行政法要義，元照出版有限公司，2007年2月，3版1刷，頁218。
[87] 最高法院65年度台抗字第172號民事裁定。

法院得適用第115條第1項、第2項規定，逕向該管公庫執行之（強制執行法第122條之2第2項）。所謂編列預算項目，僅限於同一會計科目下之預算，即不同會計科目下之預算金額，不得挪用。例如，某工程款請求權，即僅就該工程款會計科目下之預算金額執行，不得就其他會計科目執行。未編列預算之債權，並非當然駁回其強制執行，係不得就編列其他預算項目之公庫存款執行。而個別債權在同一會計科目下編有預算，即按債權比例分配[88]。

第二項　公物之類型

公物或公共設施，係指由國家、地方自治團體或其他公法人管理，直接供公共或公務目的使用之有體物或其他物之設備。縱使非屬政府機關所有，倘由政府機關管理者，亦屬公共設施，如既成道路[89]。申言之，供公共使用或供公務使用之設施，事實上處於國家或地方自治團體管理狀態者，均有國家賠償法第3條之適用，並不以國家或地方自治團體所有為限，以符合國家賠償法之立法本旨[90]。

例題15

甲之所有土地為既成道路，其已供公眾通行多年。試問：(一)甲之所有土地，有何法律關係？(二)甲是否得以所有權人之身分，將該既成道路，以竹柱、鐵線築為圍籬，阻礙他人通行？

---

[88] 98年度民事執行實務問題研究專輯第27則，98年度民事執行實務問題研究專輯，頁102至105。

[89] 法務部2004年8月16日法律字第0930700390號函。

[90] 最高法院94年度台上字第2327號民事判決。

例題16

> 　　行政機關出租公有市場予乙使用，乙不依約給付租金或依約使用。試問行政機關應向普通法院或行政法院起訴，向乙請求積欠之租金或返還承租之攤位？

壹、公共用物

　　所謂公共用物，係指行政主體直接提供公眾使用之物。例如，道路、橋樑。政府機關對公共設施之設置，一般人民雖可享受反射利益，然人民對於該公共設施之設置是否妥適，無公法上請求權可資行使，以求保護其反射利益[91]。

貳、行政用物

　　所謂行政用物或公務用物，係指行政主體為達國家行政或財務等目的，供機關內部使用之物，亦稱行政財產。例如，公務大樓、職務宿舍、軍隊之裝備。

參、特別用物

　　所謂特別用物，係指應經主管機關許可後，始得使用之物。例如，山坡地供農業使用者，應實施土地可利用限度分類，並由中央或直轄市主管機關完成宜農、牧地、宜林地、加強保育地查定。土地經營人或使用人，不得超限利用（山坡地保育利用條例第16條第1項）。

---

[91] 最高行政法院76年度判字第503號行政判決。

肆、營造物用物

　　所謂營造物,係指行政主體為達特定目的,而與公眾或特定人發生法律上之利用關係,所提供之公物。而營造物為人與物結合而成之組織,非單純由物組成[92]。例如,博物館、圖書館、學校、機場、港口及其設備。

伍、例題解析

一、公用地役關係

(一)私有公共用物

　　行政主體得依法律規定或以法律行為,對私人之動產或不動產取得管理權或他物權,使該項動產或不動產成為他有公物,以達行政之目的。該私人雖保有其所有權,然其權利之行使,應受限制,不得與行政目的相違反。故私人土地成為道路供公眾通行,既已歷數十年,自應認為已因時效完成,而有公用地役關係之存在。該道路之土地,即成為他有公物中之公共用物。私人固保有其所有權,惟其所有權之行使應受限制,不得違反供公眾通行之目的。倘私人擅自將已成之道路廢止,改闢為其他使用,行政主體得以行政處分,命該私人回復原來道路使用[93]。準此,甲之所有土地既成為公眾通行之道路,其土地之所有權,縱未為移轉登記,而為私人所保留,仍不容私人在該道路上,起造任何建築物而妨害交通。是甲雖有其所有權,然其所有權之行使,應受限制,不得違反供公眾通行之目的。甲擅自將既成道路,以竹柱、鐵線築為圍籬,阻礙交通,意圖收回路地自用,為法所不許[94]。

(二)特別犧牲

　　憲法第15條關於人民財產權應予保障之規定,旨在確保個人依財產

---

[92] 最高法院96年度台上字第5853號刑事判決。
[93] 最高行政法院45年度判字第8號行政判決。
[94] 最高行政法院61年度判字第435號行政判決。

之存續狀態，行使其自由使用、收益及處分之權能，並免於遭受公權力或第三人之侵害，俾能實現個人自由、發展人格及維護尊嚴。倘因公用或其他公益目的之必要，國家機關雖得依法徵收人民之財產，然應給予相當之補償，始符憲法保障財產權之意旨。既成道路符合一定要件而成立公用地役關係者，其所有權人對土地既已無從自由使用收益，形成因公益而特別犧牲其財產上之利益，國家自應依法律規定，辦理徵收給予補償，各級政府因經費困難，不能對既成道路全面徵收補償，有關機關應訂定期限，籌措財源逐年辦理或以他法補償[95]。申言之，國家雖應就存有公用地役關係之私人土地，予以適當補償，然並非在國家為補償前，社會公眾不得依據原先供公眾通行之範圍內，繼續通行該私人土地[96]。因公用地役權之存在與國家給予相當補償，兩者間並無對價關係。故私人不得主張國家未給予相當補償前，拒絕公眾通行私人土地[97]。

二、私法利用之性質

　　公用財產應依預定計畫及規定用途或事業目的使用；其事業用財產，仍適用營業預算程序（國有財產法第32條第1項）。故行政機關在不違反公用財產之目的而與第三人締結私法上利用關係，為法所准許。準此，行政機關或地方自治團體出租公有市場，性質上屬民法租賃之法律關係，其雙方因該租賃契約所生之爭執，應屬民事審判之範圍，不得提起訴願或行政訴訟救濟[98]。故行政機關出租公有市場予乙使用，乙不依約給付租金或依法使用。行政機關應向普通法院起訴，依據租賃之私法關係，向甲請求積欠之租金或返還租賃物。

---

[95] 大法官釋字第400號解釋。
[96] 最高行政法院107年度判字第176號行政判決。
[97] 林洲富，民法案例研究—實體法與程序法之交錯運用，五南圖書出版股份有限公司，2015年9月，3版1刷，頁149。
[98] 最高行政法院74年度判字第372號行政判決。

陸、相關實務見解——使用道路許可

　　基於對道路之公共用物，依公物之性質開放通行，固為行政程序法第92條第2項之一般處分；然屬應經主管機關許可，人民得作特殊使用者，其為同法條第1項之普通行政處分，即公物管理機關以特許方式核准特殊使用，其屬公物利用關係，應歸於公法上之法律關係[99]。

第三項　公物之成立與消滅

　　公物之形成原因有二：公物之設定與物供公眾使用。公物之形成，是否應經設定程序，需視該物之性質而定[100]。而公共用物之消滅原因亦有二：廢止處分與型態喪失。

例題17

　　臺北市政府為興辦臺北市立師大附設國小新建工程，需用甲所有坐落大安區金華段之6筆土地，經報奉行政院核准徵收後，臺北市政府公告徵收，並完成徵收補償之法定程序。試問甲以徵收補償發給完竣屆滿1年，未依徵收計畫開始使用，向臺北市政府聲請照徵收價額收回上開土地，是否有理？

壹、物權上之行政處分

　　有關公物之設定、變更、廢止或其一般使用者，相對人雖非特定，然依一般性特徵可得確定其範圍者，即為一般處分，因以物為對象，亦稱

---

[99] 最高行政法院91年度7月份庭長法官聯席會議決議。

[100] 李震山，行政法導論，三民書局股份有限公司，2002年10月，修訂4版2刷，頁175、148。

為物權上之行政處分（行政程序法第92條第2項）。準此，最常見之公物設定方式，是以行政處分為之。而公物經設定後，除法律有特別規定，不得任意變更其用途，或應經一定程序者外，原則上均可變更為其他公物[101]。

貳、公物之消滅

一、廢止處分

由行政機關以廢止公用之意思處理，可分明示或默示為之，以明示意思表示者，該意思表示屬行政處分之性質，該廢止之處分，自得為行政爭訟之標的。

二、型態喪失

原先提供公用之型態業已改變，舉例說明如後：(一)橋樑被洪水沖毀，不重新興建；或河川淤塞、湖泊乾涸。該等型態之喪失，在人為或自然公物均有可能發生，其屬法律事實[102]；(二)既成道路而成立公用地役關係者，須為不特定之公眾通行所必要，而非僅為通行之便利或省時，並應於公眾通行之初，土地所有權人無阻止之情事，更須歷經之年代久遠而未曾中斷。所謂年代久遠者，雖不必限定其期間，仍應以時日長久，一般人無復記憶其確實之起始，僅能知其梗概為必要。而成立公用地役關係之既成道路，因地理環境或人文狀況改變，而中斷供不特定之公眾通行，不符成立公用地役關係之要件，公用地役關係即應消滅，始符合法律保障人民財產權之意旨[103]。

---

[101] 李震山，行政法導論，三民書局股份有限公司，2002年10月，修訂4版2刷，頁175、149。
[102] 李惠宗，行政法要義，元照出版有限公司，2007年2月，3版1刷，頁221。
[103] 最高法院103年度台上字第2376號民事判決。

參、例題解析——公物之廢止

一、土地徵收

　　人民依法取得之土地所有權，應受法律之保障與限制（憲法第143條第1項）。土地徵收係國家因公共事業之需要，對人民受憲法保障之財產權，經由法定程序予以強制取得，相關法律所規定之徵收要件及程序，應符合憲法第23條所定必要性之原則。私有土地經徵收後，自徵收補償發給完竣屆滿1年，未依徵收計畫開始使用者，原土地所有權人得於徵收補償發給完竣屆滿1年之次日起5年內，向直轄市或縣市地政機關，聲請照徵收價額收回其土地（土地法第219條第1項第1款）。原係防止徵收機關為不必要之徵收，或遷延興辦公共事業，特為原土地所有權人保留收回權。是需用土地機關未於上開期限內，依徵收計畫開始使用徵收之土地者，倘係因可歸責於原土地所有權人或為其占有該土地之使用人之事由所致，即不得將遷延使用徵收土地之責任，歸由徵收有關機關負擔（土地法第219條第3項）。反之，其不能開始使用不可歸責於原土地所有權人或使用人之事由所致，原土地所有權人得聲請收回其土地[104]。

二、聲請收回土地

　　臺北市政府為興辦臺北市立師大附設國小新建工程，需用甲所有坐落大安區金華段之6筆土地，經核准徵收與公告徵收後，並完成徵收補償之法定程序。倘臺北市政府於徵收補償發給完竣屆滿1年，未依徵收計畫開始使用，其不能開始使用不可歸責於原土地所有權人或使用人，甲得於徵收補償發給完竣屆滿1年之次日起5年內，向臺北市政府地政處聲請，照徵收價額收回被徵收之土地。

---

[104] 大法官釋字第534號解釋。

肆、相關實務見解——巷道爭議事件

　　所謂行政處分，係指行政機關就公法上具體事件所爲之決定或其他公權力措施，而對外直接發生法律效果之單方行政行爲。決定或措施之相對人雖非特定，而依一般性特徵可得確定其範圍者，爲一般處分，適用有關行政處分之規定。有關公物之設定、變更、廢止或其一般使用者，亦同（行政程序法第92條）。而行政處分對相對人授益之同時，對第三人產生負擔之結果者，此爲第三人效力處分。第三人雖非行政處分之受處分人，然主張其權利或法律上之利益因處分而受侵害，其爲法律上之利害關係人，得依訴願法第1條第1項規定提起訴願，並因不服訴願結果，續依行政訴訟法第4條第1項規定，提起撤銷訴訟。例如，上訴人主張被上訴人核發給參加人之建造執照，將其房屋出入口封死，危害其安全，顯屬違法，其屬對他人之授益處分，主張自己權利或法律上利益受侵害，自得提起訴願及撤銷訴訟，以資救濟[105]。

---

[105] 最高行政法院99年度判字第212號行政判決。

行政作用法

關鍵詞：行政立法、公權力、授權命令、信賴保護、補償損失、
　　　　雙階理論、執行名義

所謂行政作用，係指行政主體為達行政目的，本於行政權所為之一切行為。申言之：(一)行政行為，可分公法行為與私法行為；(二)公法行為，可分非權力行為與權力行為；(三)權力行為，可分內部關係與外部關係；(四)非權力行為，可分精神行為與物理行為；(五)內部關係與外部關係，有抽象及具體之區分[1]。本章計有37則例題，用以分析行政作用法之原理與適用。

第一節　行政命令

所謂行政命令，係指行政機關行使公權力而單方面訂定，具有抽象與一般性拘束力之規範[2]。就我國行政命令所應處理之類型而言，其包括：(一)授權對外之法規命令；(二)職權對外之職權命令；(三)授權對內之行政規則；(四)職權對內之行政規則[3]。

行政命令	定義	法律依據
法規命令	1.行政機關依據法律授權，單方訂定具有一般性、抽象性、對外性及未來性之拘束規範 2.受法律優位與法律保留之限制 3.事前立法監督，事後司法審查	行政程序法第150條
行政規則	1.行政機關或長官依據權限或職權，單方訂定具有一般性、抽象性、對內性及未來性之拘束規範 2.受法律優位之拘束 3.事後司法審查	行政程序法第159條
職權命令	行政機關依其職權，就執行法律有關之細節性、技術性事項，訂定命令，為具體之規範	中央法規標準法第5條第2款

---

[1] 李震山，行政法導論，三民書局股份有限公司，2002年10月，修訂4版2刷，頁221至222。
[2] 王保鍵，圖解行政法，五南圖書出版股份有限公司，2017年3月，頁106。
[3] 大法官釋字第443號解釋；最高法院97年度台上字第1026號民事判決。

第一項　法規命令

行政機關依據法律授權，有訂定法規命令之權力，就此訂定法規範之行為，稱為「行政立法行為」，亦稱「授權命令」或「委任命令」，效力與其母法相等。

例題1

中央主管機關得選擇特定行業，公告規定其定型化契約應記載或不得記載之事項（消費者保護法第17條第1項）。違反前項公告之定型化契約，其定型化契約條款無效（第2項）。試問消費者保護法第17條第1項所定「定型化契約記載事項」，其性質為何？

壹、定　義（104司法官）

所謂法規命令，係指行政機關基於法律授權，對多數不特定人民就一般事項所作抽象之對外發生法律效果之規定（行政程序法第150條第1項）。申言之，行政機關依據法律授權，單方訂定具有一般性、抽象性、對外性及未來性之拘束規範[4]。法規命令之內容應明列其法律授權之依據，並不得逾越法律授權之範圍與立法精神（第2項）。例如，營造業之管理規則，由內政部定之，概括授權訂定營造業管理規則（建築法第15條第2項）。此項授權條款雖未就授權之內容與範圍為規定，惟依法律整體解釋，應可推知立法者有意授權主管機關，就營造業登記之要件、營造業及其從業人員準則、主管機關之考核管理等事項，依其行政專業之考

---

[4] 李震山，行政法導論，三民書局股份有限公司，2002年10月，修訂4版2刷，頁221。

量，訂定法規命令，以資規範[5]。

一、符合立法意旨與不得逾越母法

以法律授權主管機關發布命令為補充規定者，內容須符合立法意旨，且不得逾越母法規定之範圍，否則與法律保留原則有違。其在母法概括授權下所發布者，是否超越法律授權，不應拘泥於法條所用之文字，而應就該法律本身之立法目的及整體規定之關聯意義，為綜合判斷[6]。

二、再授權之禁止

法律授權主管機關依一定程序訂定法規命令，以補充法律規定不足者，該機關即應予以遵守，不得捨法規命令不用，而發布規範行政體系內部事項之行政規則，替代法規命令。倘法律並無轉委任之授權，該機關即不得委由其所屬機關逕行發布相關規章，此為「再授權之禁止」[7]。

貳、核定與發布

一、完成訂定程序

法規命令依法應經上級機關核定者，應於核定後始得發布（行政程序法第157條第1項）。數機關會同訂定之法規命令，依法應經上級機關或共同上級機關核定者，應於核定後始得會銜發布（第2項）。法規命令之發布，應刊登政府公報或新聞紙（第3項）。所謂刊登政府公報或新聞紙者，依其文義解釋，不包括於網際網路發布[8]。詳言之，有關法規命令之發布，應以刊登政府公報或新聞紙方式為之，不得僅於各行政機關之網站公布，俾免影響該法規命令之效力。是僅在網站上公告，未刊登政府公報

---

[5] 大法官釋字第394號、第522號解釋。
[6] 大法官釋字第612號解釋。
[7] 大法官釋字第524號解釋。
[8] 法務部2011年3月30日法律決字第1000000424號函。

或新聞紙，不能認已踐行發布程序，欠缺法規命令之生效要件，其未發生效力[9]。

二、內部作業計畫（92司法官）

行政機關內部作業計畫，經公告或發布實施，性質上為法規之一種；雖未經公告或發布，然具有規制不特定人權利義務關係之效用，並已為具體行政措施之依據者，則屬對外生效之規範，其與法規命令或行政規則相當[10]。

參、司法審查

法官於審判案件時，對於各機關就其職掌所作有關法規釋示之行政命令，有為認定事實之依據，或應據為裁判之基礎，固未可逕行排斥而不用。然各種有關法規釋示之行政命令，範圍廣泛，為數甚多。其中是否與法意偶有出入，或有憲法第172條之情形，未可一概而論[11]。法官依據法律，獨立審判，為其應有之職責（憲法第80條）。在其職責範圍內，認定事實與適用法律。準此，就當事人對法規命令有爭執者，法官有為正確闡釋之必要時，自得本於公正誠實之篤信，表示合法適當之見解[12]。

肆、例題解析——法規命令之要件

行政程序法第150條第1項所稱「法規命令」，應具備「行政機關基於法律授權訂定」及「對多數不特定人民就一般事項所作抽象之對外發生法律效果之規定」等要件。而中央主管機關得選擇特定行業，公告規定其

---

[9] 最高行政法院104年度4月份第1次庭長法官聯席會議（一）；最高行政法院105年度判字第160號行政判決。

[10] 大法官釋字第542號解釋。

[11] 憲法第172條規定：命令與憲法或法律牴觸者無效。

[12] 大法官釋字第137號解釋。

定型化契約應記載或不得記載之事項（消費者保護法第17條第1項）。其目的在於導正不當之交易習慣及維護消費者之正當權益，係由中央主管機關依據上開規定授權公告特定行業之契約，應記載或不得記載之事項，倘該特定行業之定型化契約有違反者，其條款為無效。準此，該項公告係對多數不特定人民，就一般事項所作抽象之對外發生法律效果，其屬實質意義之法規命令[13]。

伍、相關實務見解——主管機關認定法律概念之效力

法律將事務授權事務之主管機關發布法規命令，法律之主管機關及法規命令之主管機關雖不相同，然各就其權限範圍內之事項，在該法律未就某法律概念之認定為規定時，在符合法律意旨之範圍內，各本於業務之考量，由法律之主管機關基於職權就法律概念之認定，作成解釋性行政規則，或由法規命令之主管機關於法規命令內，就法律概念之認定為規定。因適用之事項及範圍不同，致認定之標準有所不同，均屬合法。例如，內政部函釋就其權限範圍內之都市更新條例，關於「都市更新事業計畫完成日」所為釋示，其與財政部發布之投資抵減辦法有關「都市更新事業計畫完成日」規定，雖對於相同之法律概念「都市更新事業計畫完成日」為不同之認定，均屬依法有據[14]。

第二項　行政規則

行政機關基於行使裁量權之需要，得根據其行政目的之考量，而訂定裁量基準，此裁量基準固由行政機關本於職權自行決定，無須立法者另行授權，然應遵循立法者授權裁量之意旨[15]。

---

[13] 法務部2006年9月21日法律字第0950035512號函。
[14] 最高行政法院102年度判字第495號行政判決。
[15] 最高行政法院93年度判字第1127號行政判決。

例題2

　　行政訴訟繫屬中，行政機關發布有利於當事人之解釋函令，並於函令中說明該令發布後，而尚未確定案件亦有適用。經行政法院審查該函令結果，認有違反相關法律規定。試問行政機關之解釋函令，在行政法院審理中之具體個案，是否應受行政機關解釋拘束？

例題3

　　公平交易委員會為審理事業對他人散發侵害智慧財產權警告函案件，依據公平交易法第45條規定，發布「審理事業發侵害著作權、商標權或專利權警告函案件處理原則」，用以處理事業對他人散發侵害智慧財產權警告函之行為，有無濫用權利，致生公平交易法所禁止之不公平競爭行為[16]。試問上開處理原則之性質為何？法院是否受其拘束？

例題4

　　經濟部為協助智慧財產局辦理專利申請程序、專利要件審查等業務之目的，而訂頒專利審查基準。試問：(一)專利審查基準之內容，是否對外發生效力？(二)法院是否受專利審查基準之拘束？理由為何？

---

[16] 公平交易法第45條規定：依照著作權法、商標法、專利法或其他智慧財產權法規行使權利之正當行為，不適用本法之規定。

壹、定義與類型

一、定　義

　　所謂行政規則,係指上級機關對下級機關,或長官對屬官,依其權限或職權為規範機關內部秩序及運作,所為非直接對外發生法規範效力之一般、抽象之規定(行政程序法第159條第1項)。換言之,行政機關或長官依據權限或職權,單方訂定具有一般性、抽象性、對內性及未來性之拘束規範。

二、類　型

　　行政規則之類型如後:(一)關於機關內部之組織、事務之分配、業務處理方式、人事管理等一般性規定(行政程序法第159條第2項第1款);(二)為協助下級機關或屬官統一解釋法令、認定事實及行使裁量權,而訂頒之解釋性規定及裁量基準(第2款)。例如,解釋性行政規則,原則上僅係對內生效,具有內部規範之性質,而不直接對外發生效力,是其僅以所屬機關為適用對象,而生內部之拘束力,因臺北市政府與行政院非相互隸屬之機關,故不具有法律上拘束力[17]。

貳、下達之拘束力

　　行政規則應下達下級機關或屬官,始生拘束力(行政程序法第160條第1項)。行政機關訂定第159條第2項第2款之行政規則,應由其首長簽署,並登載於政府公報發布之(第2項)。因解釋性與裁量性之行政規則,會產生間接對外效力或外部化現象,得作為司法審查之對象[18]。自應由其首長簽署與登載於政府公報,俾於人民知悉[19]。有效下達之行

---

[17] 臺北市政府法規委員會2005年3月1日北市法二字第09430276600號函。

[18] 劉宗德,行政法原理原則與爭訟實務1,100年培訓高等行政法院暨地方法院行政訴訟庭法官理論課程,司法院司法人員研習所,2011年1月17日,頁30。

[19] 王保鍵,圖解行政法,五南圖書出版股份有限公司,2011年8月,頁112。

政規則，具有拘束訂定機關、其下級機關及屬官之效力（行政程序法第161條）。而行政規則得由原發布機關廢止之（行政程序法第162條第1項）。行政規則之廢止，適用第160條規定（第2項）。再者，因解釋性行政規則內容之解釋，並不具創設性，法官不受其拘束。僅是下級機關或屬官受其拘束，依解釋性行政規則作成與人民有關之行政行為，對人民有所影響，為使人民有所預見，行政程序法乃要求於下達下級機關或屬官生效後，固應登載於政府公報發布。惟此解釋性行政規則之發布，並非其成立或生效要件。準此，解釋性行政規則未依行政程序法第160條第2項登載於政府公報，並不影響其效力[20]。

參、例題解析

一、司法審查

法官於審判案件時，對於行政機關依職掌所為法規釋示之行政命令，得依據法律表示適當之不同見解。倘解釋函令經法官審查結果，認定違反相關法律規定，法院自得不予適用[21]。

二、解釋性行政規則

主管機關基於職權因執行特定法律之規定，得為必要之釋示，以供本機關或下級機關所屬公務員行使職權時之依據。故行政院公平交易委員會1997年5月14日（86）公法字第01672號函發布「審理事業發侵害著作權、商標權或專利權警告函案件處理原則」，係行政院公平交易委員會本於公平交易法第45條規定，所為之解釋性行政規則，用以處理事業對他人散發侵害智慧財產權警告函之行為，有無濫用權利，致生公平交易法第20條、第21條、第24條、第25條等規定，所禁止之不公平競爭行為[22]。

---

[20] 最高行政法院104年度判字第239號行政判決。
[21] 大法官釋字第216號解釋。
[22] 大法官釋字第407號、第548號解釋。

三、行政自我拘束原則

專利審查基準為專利主管機關經濟部，為協助下級機關即智慧財產局或屬官辦理專利申請程序、專利要件審查之統一解釋法令、認定事實等，而訂頒之解釋性規定及裁量基準性質之行政規則。對此解釋性規定及裁量基準，其係基於行政自我拘束原則而間接對外發生效力。再者，法院為司法機關，自得依據法律表示其確信合法之見解[23]。倘與有解釋性規定及裁量基準之行政規則不同，自不受拘束[24]。

肆、相關實務見解——基於執行法律之職權訂定解釋性行政規則

公平交易法第25條屬補充條款，係以不確定法律概念定之，主管機關基於執行法律之職權，就此等概念，得訂定必要之解釋性行政規則，以為行使職權、認定事實、適用法律之準據。且依同法第42條規定，足徵法律就此之處罰，已有明文就違反同法第25條規定之事業，明定得以處罰，故主管機關依該條概括規定，訂定加盟資訊揭露處理原則，以作為適用之範圍，即依法有據。況交易資訊透明化，本質在於公開交易資訊，使處於交易弱勢地位之交易相對人，可藉由主管機關矯正事業不正競爭手段之方式，衡平雙方交易地位[25]。

第三項　職權命令

法規命令應有法律明確授權，而職權命令無需法律明確授權，兩者在本質上有所差異。無法律授權之職權命令，僅能用在授益行政或給付行政，不得運用在侵害行政、負擔行政或不利益行政[26]。

---

[23] 最高行政法院100年度判字第1490號行政判決。
[24] 最高行政法院100年度判字第1490號行政判決。
[25] 最高行政法院101年度判字第686號行政判決。
[26] 劉宗德，行政法原理原則與爭訟實務1，100年培訓高等行政法院暨地方法院行

例題5

> 　　人民團體法第3條規定人民團體在全國、省、縣之主管機關；第5條規定人民團體以行政區域為組織區域；第12條將人民團體之名稱、組織區域等，分別列為章程應記載之事項。至於人民團體名稱應如何訂定，並無明文規定。內政部依據職權訂定「社會團體許可立案作業規定」，規範人民團體應冠以所屬行政區域名稱。試問內政部之規定，有無侵害人民依憲法第14條所保障之結社自由或逾越人民團體法之限度？

壹、定　義

　　所謂職權命令，係指行政機關依法定職權，不經立法授權，而對多數不特定人民，就一般事項所作抽象之對外發生法律效果規定。行政機關僅就與執行法律之細節性、技術性次要事項，依其法定職權發布命令為必要之規範，其不得逾越母法之限度或增加法律未規定之限制。申言之，職權命令之發布機關，依組織法規定有管轄權，其為執行某特定法律所必要，且內容限於細節性與技術性事項，不涉及重大權利或義務之規定[27]。倘行政機關係依其職權執行法律，而就執行法律有關之細節性、技術性事項，訂定命令，為具體之規範，俾為執行法律所必要之準據者，自屬職權命令[28]。再者，職權命令不得就法律保留事項為規定，倘應以法律規定者，應以法律定之，或法律明確授權法規命令為之，故職權命令之內容，不得牴觸法律或法規命令（中央法規標準法第5條第2款）。

政訴訟庭法官理論課程，司法院司法人員研習所，2011年1月17日，頁30。

[27] 林三欽，行政命令與爭訟實務，100年培訓高等行政法院暨地方法院行政訴訟庭法官理論課程，司法院司法人員研習所，2011年2月21日，頁13。

[28] 大法官釋字第443號、第479號解釋；最高法院98年度台上字第3493號刑事判決。

貳、例題解析——職權命令之限制

一、憲法之結社自由

　　憲法第14條之結社自由規定，在使人民利用結社之形式，以形成共同意志，追求共同理念，進而實現共同目標，為人民應享之基本權利。結社自由不僅保障人民得自由選定結社目的以集結成社、參與或不參與結社團體之組成與相關事務，並保障由個別人民集合而成之結社團體，就其本身之形成、存續、命名及與結社相關活動之推展，免於受不法之限制。結社團體在保障下，得依多數決之整體意志，自主決定包括名稱選用在內之各種結社相關之事務，並以有組織之形式，表達符合其團體組成目的之理念。就人民團體名稱而言，係在表彰該團體之存在，作為與其他團體區別之標識，並得以其名稱顯現該團體之性質及成立目的，使其對內得以凝聚成員之認同，對外以團體之名義經營其關係、推展其活動。倘人民團體對其名稱，無自主決定之自由，其自主決定事務之特性將無從貫徹，而其對成員之招募與維持及對外自我表現之發揮，亦受不利之影響。準此，人民團體之命名權，無論其為成立時之自主決定權或嗣後之更名權，均為憲法第14條結社自由所保障之範疇。對團體名稱選用之限制，應符合憲法第23條所定要件，以法律或法律明確授權之命令，始得為之。

二、人民團體法

　　人民團體法第3條規定人民團體在全國、省、縣之主管機關，第5條規定人民團體以行政區域為組織區域。至於人民團體名稱應如何訂定，同法並無明文規定。同法第12條雖將人民團體之名稱、組織區域等，分別列為章程應記載之事項。然探究其立法意旨，關於人民團體組織區域規定，無非在確立人民團體之主管機關及辦理法人登記之管轄法院，不在限制以章程上所記載之組織區域，為人民團體實際對內或對外活動之範圍。人民團體之組織區域與名稱分別代表不同之意義，兩者並無必然之關聯。行政機關依其職權執行法律，雖得訂定命令對法律為必要之補充，惟其僅

能就執行母法之細節性、技術性事項加以規定，不得逾越母法之限度。準此，內政部訂定「社會團體許可立案作業規定」，規範人民團體應冠以所屬行政區域名稱，侵害人民依憲法第14條所保障之結社自由[29]。

參、相關實務見解——區域計畫法

內政部基於職權所訂定縣市綜合發展計畫實施要點，其性質為職權命令，不具拘束人民權利義務之外部法規範效力。準此，縣市政府依上開計畫實施要點所制定「縣市綜合發展計畫」，僅係地方政府施政之參考計畫，非屬中央法規或地方自治法規所為之土地利用或環境保護計畫，不具外部法規範效力[30]。

第二節　行政處分

行政處分為具體行政作用中最主要者，依據行政程序法第92條規定，分為個別處分與一般處分。受處分之相對人或法律利害關係人，不服不利之行政處分，均得對之提起訴願。

行政處分	定義	法律依據
個別處分	行政機關就公法上具體事件所為之決定或其他公權力措施而對外直接發生法律效果之單方行政行為	訴願法第3條第1項；行政程序法第92條第1項
一般處分	行政機關之決定或措施之相對人雖非特定，而依一般性特徵可得確定其範圍者	訴願法第3條第2項；行政程序法第92條第2項
	公物之設定、變更、廢止或其一般使用者	

---

[29] 大法官釋字第479號解釋。
[30] 最高行政法院103年度判字第59號行政判決。

第一項　行政處分之概念

　　我國行政處分之概念，依據行政程序法第92條與訴願法第3條規定，向來為我國行政作用與行政爭訟之焦點所在。準此，行政處分係行政法之重要概念及法律要件與效果。行政處分以書面為之者，應記載行政程序法第96條第1項第1款至第6款所示事項。所謂合法行政處分，係指由有管轄之行政機關，得對以行政處分為規制之事項，以正確之程序及依規定之方式作成，在內容上無瑕疵之行政處分[31]。

例題6

　　人民請求行政機關釋示法令疑義，行政機關基於人民所陳法令上之疑義，以通知表示其意見為解釋或解答。試問人民不服行政機關之意見，是否得據此提起訴願救濟？

例題7

　　甲廠商參與丁政府機關採購案之投標，因丁政府機關發現甲廠商與其他投標廠商乙、丙之押標金，均由相同銀行匯入丁政府機關指定帳戶，且通匯序號連號，丁政府機關遂認本件有政府採購法第50條第1項第5款規定，不同投標廠商間之投標文件內容有重大異常關聯之情形。乃依投標須知規定，認甲、乙、丙等廠商有影響採購作業公正之違反法令行為情形，而沒收其押標金各新臺幣10萬元，並取消其次低標之決標保留權，甲與乙、丙等廠商就沒收其押標金部分均不服，分別循序提出異議、申訴，遞遭駁回，逐提起行政訴訟。試問行政法院就取消其次低標之決標保留權與沒收其押標金爭議，有無審判權？

---

[31] 最高行政法院106年度判字第286號行政判決。

例題8

　　甲所有土地經地政機關公告土地現值，甲認為地政機關公告土地現值有誤，影響其應繳之地價稅與土地增值稅。試問甲得否對土地現值公告，提起行政救濟途徑表示不服？

壹、定義與要件

一、定　義

(一)個別處分

　　所謂行政處分者，係指行政機關就公法上具體事件所為之決定或其他公權力措施而對外直接發生法律效果之單方行政行為（訴願法第3條第1項；行政程序法第92條第1項）。其為行政機關最常作成之行政行為，舉例說明如後：

1.主管機關核備

　　私立學校董事會應於當屆董事任期屆滿2個月前，開會選舉下屆董事，並應於選舉後30日內，檢具全體董事當選人名冊，報請法人主管機關核定；董事應經法人主管機關核定後，始得行使職權（私立學校法第21條第1項）。準此，改選董事及推選董事長應報請主管機關核備後，始得行使職權，主管機關核備與否，將影響私立學校法定程序是否完成，故主管教育行政機關對改選董事核備與否之行為，性質為行政處分[32]。

2.管理保險醫事服務機構

　　中央健保局單方面認定特約醫事服務機構有無該特定情事，單方面宣告停止特約之效果，係基於其管理保險醫事服務機構之公權力而發，應認為行政處分，而非合約一方履行合約內容之意思表示[33]。

---

[32] 最高行政法院95年7月份庭長法官聯席會議（一）。
[33] 最高行政法院95年7月份庭長法官聯席會議（二）。

3.特別公課（101、94津師；92司法官）

所謂特別公課，係指國家為一定政策目標之需要，對於有特定關係之國民所課徵之公法上負擔，並限定其課徵所得之用途。特別公課與稅捐、行政罰不同，稅捐係以支應國家普通或特別施政支出為目的，以一般國民為對象。特別公課之性質雖與稅捐或行政罰有異，惟特別公課係對義務人課予繳納金錢之負擔，故其徵收目的、對象或用途，應由法律予以規定，其由法律授權命令訂定者，倘授權符合具體明確之標準，亦為憲法之所許。例如，工程受益費、空氣污染防制費、原住民族工作權保障法第12條第3項之代金[34]。人民對於特別公課之行政處分不服時，應循行政爭訟程序救濟。再者，公法上之請求權，請求權人為行政機關時，除法律另有規定外，因5年間不行使而消滅；而於請求權人為人民時，除法律另有規定外，因10年間不行使而消滅（行政程序法第131條第1項）。公法上請求權，因時效完成而當然消滅（第2項）。前項時效，因行政機關為實現該權利所作成之行政處分而中斷（第3項）[35]。

4.成立公寓大廈管理委員會之備查

人民向行政機關陳報之事項，倘僅供行政機關事後監督之用，不以之為該事項之效力要件者，稱為備查，並未對受監督事項之效力產生影響，其性質應非行政處分。查公寓大廈管理委員會之成立，係依公寓大廈管理條例第28條第1項、第26條第1項、第53條、第55條第1項規定，經由召集區分所有權人會議，並依同條例第31條所定人數及區分所有權比例之出席、同意而決議為之，屬於私權行為，其依公寓大廈管理條例施行細則第8條及公寓大廈管理組織申請報備處理原則第3點、第4點規定，程序申請報備或報請備查，係為使主管機關知悉，俾便於必要時，得採行其他監督方法之行政管理措施，核與管理委員會是否合法成立無涉。準此，申請案件文件齊全者，由受理報備機關發給同意報備證明，僅係對管理委員會檢

---

[34] 大法官釋字第426號解釋；最高行政法院107年度判字第23號行政判決。
[35] 大法官釋字第474號解釋。

送之成立資料作形式審查後，所爲知悉區分所有權人會議決議事項之觀念通知，對該管理委員會之成立，未賦予任何法律效果，並非行政處分；同理，主管機關所爲不予報備之通知，對於該管理委員會是否合法成立，不生任何影響，其非行政處分[36]。

5.祭祀公業管理人之備查

祭祀公業管理人選任屬團體自治事項，行政權原則上不介入。是管理人選任後，雖應向主管機關申請備查，然綜覽祭祀公業條例，尚無以備查之介入，始令其對外發生一定法律上效果之規定或意旨。準此，新任管理人申請備查，僅係供主管機關事後監督之用，是否准予備查，因無法律效果，其非行政處分[37]。

6.人民團體選任職員簡歷冊之核備

人民團體中職員或理監事，透過會員選舉產生（人民團體法第17條）。屬於私權行爲，並爲團體自治之核心事項。有所異動時，依人民團體法第54條應將職員簡歷冊報請主管機關「核備」，徵諸其立法意旨，係爲使主管機關確實掌握團體動態，並利主管機關建立資料，核與異動原因或選舉，是否因違法而無效或得撤銷無涉。準此，報請案件文件齊全者，經主管機關核備時，僅係對資料作形式審查後，所爲知悉送件之人民團體選任職員簡歷事項之觀念通知，對該等職員之選任，未賦予任何法律效果，並非行政處分[38]。

(二)一般處分（90司法官）

行政機關決定或措施之相對人雖非特定，然依一般性特徵可得確定其範圍者，爲一般處分，適用有關行政處分之規定。有關公物之設定、變更、廢止或其一般使用者，亦同（訴願法第3條第2項；行政程序法第

---

[36] 最高行政法院103年9月份第1次庭長法官聯席會議；最高行政法院106年度判字第554號行政判決。
[37] 最高行政法院105年1月份第1次庭長法官聯席會議。
[38] 最高行政法院105年1月份第2次庭長法官聯席會議。

92條第2項）。因一般處分之特性與普通行政處分不同，實難命行政機關作成一般處分前，應賦予可得確定其範圍之多數人陳述意見之機會，是一般處分無須聽取當事人陳述[39]。再者，就一般處分之救濟途徑有：1.保全程序（訴願法第93條；行政訴訟法第116條）；2.提起訴願（訴願法第1條）；3.提起行政訴訟請求撤銷原處分與原決定，並請求回復原狀（行政訴訟法第4條、第196條）；4.請求國家賠償（國家賠償法第2條、第3條）。而一般處分可分為人與物等類型。前者，對人之一般處分，如命某些人於一定期間內，遷移在某山坡地上非法濫葬之墳墓；後者，係對物之一般處分，如道路用地之設定或廢止[40]、營造物之利用規則。

1.標線之劃設（101、93、91司法官；92檢察事務官）

禁制標線之劃設，雖非針對特定人，然係以該標線效力所及「行經該路段之用路人」為規範對象，可得確定特定路段之用路人，並係針對「該用路事實」所為之規範，其為對人之一般處分。準此，交通主管機關依道路交通標誌標線號誌設置規則，在各地點設置交通標誌、標線、號誌，非屬法規命令，係性質為行政處分[41]。

2.禁止停車管制

臺北市政府為舉辦國際花卉博覽會，公告臺北市區某路段在博覽會期間，不得停放任何車輛，違者將加強取締，係針對非特定相對人，依一般性特徵可得確定其範圍者。準此，該公告之法律性質為一般處分。

3.申請許可

某市政府擬在該市興建科學園區，經行政院環境保護署依據環境影響評估法第7條、第8條作成第一階段之審查結果，倘為通過之情形，即對當地居民關於第二階段實質參與之程序，作成否准之一般處分。反之，結論不通過，屬拒絕開發單位之申請許可地位遭受拒絕，其審查結果具有行

---

[39] 最高行政法院105年度判字第13號行政判決。
[40] 李震山，行政法導論，三民書局股份有限公司，2002年10月，修訂4版2刷，頁287。
[41] 最高行政法院98年度裁字第622號行政裁定。

政處分之性質。

4.設置陸橋（96律師）

行政機關於道路上設置陸橋，以供不特定之公眾使用，因物之公法性質或公用關係，其就權利義務受影響之人而言，其為物之一般處分，得作為行政爭訟之客體[42]。

二、要　件

(一)法定定義

審究行政程序法與訴願法就行政處分之法定定義，行政處分之要件如後：(一)行政機關所為之行為；(二)公法上之行政行為；(三)行使公權力之單方行為。例如，行政機關代表國庫出售或出租公有財產，並非行使公權力對外發生法律上效果之單方行政行為，即非行政處分，而屬私法上契約行為，倘當事人對之爭執，自應循民事訴訟程序解決[43]；(四)具體案件之行政行為；(五)對外直接發生法律效果。例如，土地登記之內容，雖屬私權事項，然地政機關之登記行為或拒絕登記，其為行政行為，土地所有人請求更正土地分割登記即變更原土地登記之內容，地政機關通知予以拒絕，此項拒絕通知為行政處分，土地所有人對之不服，自得提起行政爭訟，受理訴願機關應就該項拒絕土地所有人請求之原處分，是否合法適當，予以審查決定[44]。

(二)行使公權力之單方行政行為

行政機關行使公權力，就特定具體之公法事件所為對外發生法律上效果之單方行政行為，均屬行政處分，不因其用語、形式及是否有後續行為或記載不得聲明不服之文字而有異。倘行政機關以通知書名義製作，直接影響人民權利義務關係，且實際上已對外發生效力者，不因仍有後續處分

---

[42] 最高行政法院96年度裁字第1587號行政裁定。
[43] 大法官釋字第448號解釋。
[44] 最高行政法院56年度判字第97號行政判決。

行為或附記不得提起訴願，而視其爲非行政處分[45]。

三、陳述意見之機會（100、91、90司法官；102、94檢察事務官；109高考三級法制）

行政機關作成限制或剝奪人民自由或權利之行政處分前，除已依第39條規定，通知處分相對人陳述意見，或決定舉行聽證者外，應給予該處分相對人陳述意見之機會。但法規另有規定者，從其規定（行政程序法第102條）[46]。行政程序法第103條第1款至第8款有規範，行政機關得不給予陳述意見之事由：(一)大量作成同種類之處分；(二)情況急迫，倘予陳述意見之機會，顯然違背公益者；(三)受法定期間之限制，如予陳述意見之機會，顯然不能遵行者；(四)行政強制執行時，所採取之各種處置；(五)行政處分所根據之事實，客觀上明白足以確認者；(六)限制自由或權利之內容及程度，顯屬輕微，而無事先聽取相對人意見之必要者；(七)相對人於提起訴願前，依法律應向行政機關聲請再審查、異議、複查、重審或其他先行程序者；(八)爲避免處分相對人隱匿、移轉財產或潛逃出境，依法律所爲保全或限制出境之處分。

四、行政處分與事實行爲之區別（87律師）

行政處分與事實行爲最大之區別，在於是否發生法律效果。所謂事實行爲，係指不發生法律效果之行政行爲。舉例說明如後：(一)高速公路照相測速，尚未發生法律之效果，其僅爲事實行爲，依據照相測速之結果，主管機關作成處以罰鍰之決定，始爲行政處分[47]；(二)地政機關就人民間有關土地登記無效或撤銷之民事糾紛，函覆人民應向法院提起民事訴訟解

---

[45] 最高行政法院48年度判字第96號行政判決；大法官釋字第423號、第710號解釋。

[46] 大法官第491號解釋。

[47] 李惠宗，行政法要義，元照出版有限公司，2007年2月，3版1刷，頁317。

決，俟獲有勝訴判決後，再據以辦理登記等情，其屬觀念通知之事實行為，而非行政處分。

貳、類　型

一、多階段行政處分（99檢察事務官；89律師）

所謂多階段行政處分，係指行政處分之作成，應經二個以上機關本於各自職權先後參與者。此具有行政處分性質者，原則上為最後階段之行政行為，即直接對外發生法律效果部分。倘人民對多階段行政處分有不服，固不妨對最後作成行政處分之機關提起訴訟，惟行政法院審查之範圍，包含各個階段行政行為是否適法[48]。例如，因欠稅由財政部依稅捐稽徵法、關稅法等規定，函請內政部入出境管理局限制出境，對限制出境處分不服者，應向行政院提起訴願（訴願法第4條第7款）[49]。而是否有限制出境之必要，係由財政部決定，內政部入出境管理局無從審查財稅機關決定之當否，是財政部函請該局限制出境，同時將副本送達原告時，應認為已發生法律上之效果，即為行政處分，得對之請求行政救濟[50]。

二、雙重效力行政處分

雙重效力行政處分有混合效力處分與第三人效力處分等類型。前者，係對同一相對人同時產生授益與負擔效果之行政處分。後者，可分有相對人負擔與第三人授益、相對人授益與第三人負擔。例如，建築法與環保法之鄰人訴訟、同業競爭訴訟[51]。

---

[48] 最高行政法院91年度判字第2319號行政判決。
[49] 行政院秘書處1987年10月30日臺76訴字第24810號函頒「限制入出境事件訴願管轄原則」。
[50] 最高行政法院83年3月份庭長法官聯席會議。
[51] 王保鍵，圖解行政法，五南圖書出版股份有限公司，2017年3月，頁123。

三、同一事件之多次意思表示（96司法官）

　　行政機關對於同一事件，多次為內容相同之意思表示，是否均為新處分，學說有重複處分與第二次裁決之區分。前者處分不生法效力；後者為新處分，得為行政爭訟之客體。詳言之：

(一)重複處分

　　所謂重複處分，係指行政機關在事實與法律等狀態，均未改變之情形，重複作成內容相同之行政處分，該處分不生法效力。申言之，係指已有行政處分存在，行政機關於原要件未改變之情事，而任意以作成內容相同之處分，該重複處分自不生任何法律效果[52]。準此，行政機關作成處分後，在答覆申請人時，再重申先前所為之確定處分，而未重為實質決定，性質僅屬觀念通知，而非行政處分，不得為行政爭訟之客體。

(二)第二次裁決（100、99律師）

1.行政機關重新為實體審查

　　所謂第二次裁決，係指行政機關重新為實體上審查，並有所處置，而未變更先前處分即所謂第一次裁決之事實及法律狀況而言。質言之，行政程序重新進行，係指行政機關基於行政處分之相對人或利害關係人之申請，就已確定之行政處分所規律之事項，重為實質審查，以達成適當之新決定之謂，且重新進行行政程序之目的，在於撤銷、廢止或變更原行政處分（行政程序法第128條）。其事由有：(1)具有持續效力之行政處分所依據之事實，事後發生有利於相對人或利害關係人之變更者（第1項第1款）；(2)發生新事實或發現新證據者，倘經斟酌可受較有利益之處分者為限（第2款）[53]；(3)其他具有相當於行政訴訟法所定再審事由，且足以影響行政處分者（第3款）。故行政機關決定重新進行程序後，第二次

---

[52] 法務部2004年12月1日法律字第0930044675號函。
[53] 最高行政法院105年度判字第526號行政判決。

程序隨即開始進行，行政機關應就原處分所規律之事項重新審查，並作成新處分，此為第二次裁決[54]。準此，第二次裁決之結果雖與第一次裁決相同，惟因發生公法上效果，故仍為新處分，自得為行政爭訟之客體。重複處分與第二次裁決之最大區別，係就同一原因事實有無重新審查，並作成新的價值判斷，第二次裁決有為新的價值判斷，得為行政爭訟之客體[55]。

2.重開行政程序之權利

行政程序法第128條規定，係針對於法定救濟期間經過後，已發生形式確定力之行政處分，為保護相對人或利害關係人之權利及確保行政之合法性所設之特別救濟程序，賦予行政處分之相對人或利害關係人於具有法定事由時，得向原處分機關請求重開行政程序權利之規範。申言之：(1)行政程序法第128條第1項第1款所謂行政處分所根據之事實或法律關係變更，係指當事人所爭議者係原為合法之行政處分，嗣於作成後，事實或法律狀況產生有利於己之改變；(2)第2款所謂新證據，係指行政處分作成時已存在，而為當時所不知或未援用者，新證據證明原行政處分所根據者，係不正確之事實，係自始違法之行政處分；(3)第3款所謂其他具有相當於行政訴訟法第273條第1項各款事由，可知涉及當事人爭議者，係行政處分之自始違法。準此，在進行已確定之行政處分有無違誤之實體判斷前，自應先審究請求重開，是否符合法定要件，倘不符合重開要件，即無進一步審理原處分之違法性之必要。且依行政程序法第128條所為之申請，應於法定救濟期間經過後3個月內為之；同法條第2項後段規定，係對於事由發生在後或知悉在後者，自法定救濟期間經過後已逾5年者，不得申請，其為申請除斥期間之限制[56]。

---

[54] 法務部2006年6月27日法律字第0950018233號函。
[55] 李惠宗，行政法要義，元照出版有限公司，2007年2月，3版1刷，頁326。
[56] 最高行政法院105年度判字第68號行政判決。

參、附　款

一、定　義

　　行政機關作成行政處分有裁量權時，其得爲附款，對行政處分之內容加以補充或限制。無裁量權者，以法律有明文規定，或爲確保行政處分法定要件之履行，而以該要件爲附款內容者爲限，始得爲之（行政程序法第93條第1項）。

二、類　型

(一)期　限

　　所謂期限者，係指以將來確定發生之事實爲內容，以限制行政處分之效力發生或消滅（行政程序法第93條第2項第1款）。以決定行政處分是否發生效力或效力消滅者區分，可分始期及終期。所謂始期，係指限制行政處分發生效力之期限，即於期限屆至時，發生效力。所謂終期，係指行政處分已成立生效，因期限屆滿，而使行政處分喪失效力，即於期限屆滿時，失其效力。

(二)條　件

　　所謂條件者，係指行政處分內部效力之發生或消滅，繫於將來不確定發生之事實（行政程序法第93條第2項第2款）。其分爲停止條件與解除條件等態樣。行政處分之內部效力因條件之成就而發生者，稱爲停止條件；行政處分之內部效力因條件之成就而消滅者，稱爲解除條件[57]。例如，公立學校教師因具有教師法第14條第1項各款事由之一，經學校教評會依法定組織（教師法第29條第2項）及法定程序決議通過，予以解聘、停聘或不續聘，並由公立學校依法定程序通知當事人者，應係公立學校依法律明文規定之要件、程序及法定方式，立於機關之地位，就公法上具體

---

[57] 法務部2007年8月9日法律字第0960027763號函。

事件，所為得對外發生法律效果之單方行政行為，具有行政處分之性質。而公立學校依法作成解聘、停聘或不續聘之行政處分，其應報請主管教育行政機關核准者，在主管機關核准前，係法定生效要件尚未成就之不利益行政處分，倘當事人以之作為訴訟對象提起撤銷訴訟，因欠缺法定程序要件，其訴訟不合法[58]。

(三)負　擔〔90律師〕

1.定義

所謂負擔者，係指附加在授益行政處分之特定行為、不作為或容忍，相對人負有作為、不作為或容忍之義務（行政程序法第93條第2項第3款）。例如，遺產稅應以現金繳納，納稅義務人以現金繳納確有困難時，得申請以實物抵繳，稅捐稽徵機關核定准許抵繳之行政處分，即發生延長繳納期限之效果，其屬授予利益且附有負擔之行政處分（遺產及贈與稅法第30條）。倘納稅義務人未於稅捐稽徵機關所定期限辦理實物抵繳完畢，稅捐稽徵機關得依行政程序法第123條第3款規定[59]。以職權為全部或一部之廢止，並溯及既往失其效力（行政程序法第125條）[60]。

2.準負擔

所謂負擔，係指行政機關作成授益處分同時，另片面課予相對人一定作為或不作為義務。我國行政實務上，授益處分有時可能著重於相對人出具切結書，承諾履行一定作為或不作為義務而後始決定作成。準此，授益處分之相對人，對行政機關負有切結書所宣示之義務，可認係一種負擔，而其存在，亦構成行政機關願意作成授益處分之關鍵考量因素。學說稱之為準負擔或處分外負擔，其與法條所稱之負擔，雖不相同，然確實發揮與負擔相同之功能，且無信賴保護之顧慮[61]。

---

[58] 最高行政法院98年7月份第1次庭長法官聯席會議。
[59] 行政程序法第123條第3款規定：授予利益之合法行政處分，其附負擔之行政處分，而受益人未履行該負擔者，得由原處分機關依職權為全部或一部之廢止。
[60] 最高行政法院97年度判字第1081號行政判決。
[61] 最高法院104年6月份第1次庭長法官聯席會議決議；最高行政法院104年度判字

(四)附保留

行政處分附保留者,可分保留行政處分之廢止權與保留負擔之事後附加或變更:1.保留行政處分之廢止權,係指行政處分保留特殊之解除條件,使行政處分效力之消滅,繫於行政機關未來是否行使所保留之廢止權(行政程序法第93條第2項第4款);2.保留負擔之事後附加或變更,係指行政機關於行政處分中,保留以後設定負擔,或補充、變更已設定負擔(行政程序法第93條第2項第5款)[62]。

三、不當聯結禁止原則

附款不得違背行政處分之目的,並應與該處分之目的具有正當合理之關聯(行政程序法第94條)。同理,人民之給付與行政機關之給付應相當,並具有正當合理之關聯(行政程序法第137條第1項第3款)。申言之,行政行為對人民課以一定之義務或負擔,或造成人民其他之不利益時,其所採取之手段與行政機關所追求之目的間,應有合理之聯結關係存在,倘欠缺此聯結關係,此項行政行為即非適法。例如,汽車行車執照須在一定期限內換發,主要目的在於掌握汽車狀況,以確保汽車行駛品質進而維護人民生命、身體及財產法益。而罰鍰不繳納涉及者為行政秩序罰之執行問題,故換發汽車行車執照與汽車所有人違規罰鍰未清繳,欠缺實質上之關聯,兩者不得相互聯結,故有關罰鍰繳清後,始得發給行車執照之規定,實有違不當聯結禁止原則[63]。

肆、例題解析

一、觀念通知

所謂觀念通知者,係指未對外直接發生法律效果之行政上事實行為,

第523號行政判決。

[62] 法務部2011年5月17日法律字第1000012331號函。

[63] 最高行政法院90年度判字第1704號行政判決。

其可分證明行為、確認行為、通知行為及受理行為。例如，主管機關依商業登記法第25條規定，提供查閱或抄錄登記簿，僅屬資訊公開之證明行為，並未對外發生法律效果，應不屬行政處分[64]。而依法核准商號設立登記、變更登記或註銷登記，應屬行政處分。準此，人民請求行政機關釋示法令疑義，行政機關基於人民所陳法令上之疑義，以通知表示其意見為解釋或解答，其性質為觀念通知，自不發生具體之法律上效果，非屬行政處分，人民不服行政機關之意見，不得提起訴願[65]。

二、政府採購法之爭議

(一)政府採購法

有不同投標廠商間之投標文件內容有重大異常關聯者，經機關於開標前發現者，其所投之標應不予開標；嗣於開標後發現者，應不決標予該廠商（政府採購法第50條第1項第5款）。機關對於廠商所繳納之押標金，應於決標後無息發還未得標之廠商。廢標時，亦同（政府採購法第31條第1項）。廠商有下列情形之一者，其所繳納之押標金，不予發還；其未依招標文件規定繳納或已發還者，並予追繳：1.以虛偽不實之文件投標；2.借用他人名義或證件投標，或容許他人借用本人名義或證件參加投標；3.冒用他人名義或證件投標；4.得標後拒不簽約；5.得標後未於規定期限內，繳足保證金或提供擔保；6.對採購有關人員行求、期約或交付不正利益；7.其他經主管機關認定有影響採購公正之違反法令行為（第2項）。廠商與機關間關於招標、審標、決標之爭議，得依本章規定提出異議及申訴（政府採購法第74條）。採購申訴審議委員會對申訴所作之審議判斷，視同訴願決定（政府採購法第83條）。

---

[64] 商業登記法第25條規定：商業負責人或利害關係人，得請求商業所在地主管機關就已登記事項發給證明書。

[65] 最高行政法院51年度判字第106號、59年度判字第211號行政判決。

(二)雙階理論

政府採購法其就採購爭議之性質,適用雙階理論。即將政府採購契約締結前採購決定程序之相關爭議定位為公法性質。而政府採購契約之履約、驗收或保固爭議,定位為私法上之爭議,應循民事爭訟途徑解決[66]。是立法者已就政府採購法中廠商與機關間關於招標、審標、決標之爭議,規定屬於公法上爭議,其訴訟事件自應由行政法院審判。機關依政府採購法第50條第1項第5款取消廠商之次低標決標保留權,同時依據投標須知,以不同投標廠商間之投標文件內容,有重大異常關聯情形,認廠商有同法第31條第2項第8款所定,有影響採購公正之違反法令行為情形,不予發還其押標金。倘廠商對不予發還押標金行為有爭議,即為關於決標之爭議,屬公法上爭議。廠商雖僅對機關不予發還押標金行為不服,而未對取消其次低標之決標保留權行為不服,惟此乃廠商對機關所作數不利於己之行為,所為一部不服,並不影響該不予發還押標金行為之爭議,為關於決標爭議之判斷。準此,廠商不服機關不予發還押標金行為,經異議及申訴程序後,提起行政訴訟,行政法院自有審判權[67]。至於有關採購契約履約問題,而不予發還押標金所生之爭議,屬私權爭執,非公法上爭議,行政法院自無審判權,而本件係廠商與機關間關於決標之爭議,屬公法上爭議[68]。故政府機關依政府採購法所為招標、審標、決標行為,為執行公權力之行為,有國家賠償法之適用[69]。

三、一般處分

土地現值經公告後,即成為課稅與核定徵收補償地價之依據,將直接

---

[66] 江嘉琪,政府採購法與爭訟實務,100年培訓高等行政法院暨地方法院行政訴訟庭法官理論課程,司法院司法人員研習所,2011年3月14日,頁41。最高行政法院95年度判字第1996號行政判決。

[67] 最高行政法院97年5月份第1次庭長法官聯席會議(二)決議。

[68] 最高行政法院2004年2月份庭長法官聯席會議決。

[69] 臺灣高等法院暨所屬法院95年法律座談會彙編,2007年1月,頁57至73。

影響人民財產利益之負擔及損失之塡補，可認為其屬於發生具體法律效果
之行政行為。就此行政行為作用之對象而言，雖非針對人民擁有之個別土
地現值有所決定，而係決定各該地價區段之土地現值之，然各該地價區段
內個別地號土地，歸屬何人所有，均可透過登記簿冊查得，是以其發生效
力之範圍，係由一般性特徵可得確定其範圍者，依行政程序法第92條第
2項前段規定，土地現值公告之法律性質，應為行政處分之一般處分。準
此，地政機關公告土地現值時，權利受影響之人民得於公告時起或知悉時
起，在法定期間內，循行政救濟途徑表示不服[70]。

伍、相關實務見解

一、附負擔之授益處分

　　經濟部工業局於2000年1月11日在核定興辦工業人所提報擴展計畫
書，並發給工業用地證明書之核准函說明欄記載：毗連用地應確實依所提
報擴展計畫書規劃及配置使用，不得移作他用，否則應予註銷，並恢復其
原來變更用地前之土地編定等內容。其中前段「應確實依所提報擴展計畫
書規劃及配置使用，不得移作他用」，雖是重申1999年12月31日修正公
布之促進產業升級條例第53條第1項、第6項、第59條第1項前段、第61條
第1項及1996年5月23日修正發布之非都市土地使用管制規則第32條，有
關毗連用地應按照核定計畫完成使用，不得違反使用或不依核定計畫使
用之規定。然後段「否則應予註銷，並恢復其原來變更用地前之土地編
定」，並非法令規定違反前段所舉法定義務之效果，是經濟部工業局作成
上開發給工業用地證明書核准函之授益處分，同時結合處分相對人「應按
照核定計畫完成使用，不得違反使用或不依核定計畫使用」作為及不作為
義務，以之作為決定「核准增加使用毗連用地，設置污染防治設施」前提
要件，在處分相對人違反此作為及不作為義務時，處分機關得廢止該授益

---

[70] 最高行政法院96年度判字第1926號行政判決。

處分。準此，此授益處分為附負擔之行政處分[71]。

二、教育行政機關就私立學校報請對教師不續聘之核准處分

　　教師有教師法第14條第1項第8款規定情事而不續聘者，應經教師評審委員會審議通過，並由學校報請主管教育行政機關核准，始得為之。教師與學校間係聘任契約關係，學校為公立學校，該契約關係為公法關係；如為私立學校者，契約關係為私法關係。主管教育行政機關就私立學校報請對教師不續聘之核准，具有使不續聘行為發生法律效力之作用，性質上為形成私法效果之行政處分，雖係以私立學校為相對人，然使原獲聘任教師之工作權利受有損害，受不續聘之教師，除得對私立學校所為不續聘之措施，提起申訴、再申訴外，亦可對主管教育行政機關所為核准不續聘之行政處分提起申訴、再申訴、行政撤銷訴訟，或訴願及行政撤銷訴訟；倘不願申訴，亦得逕提起訴願、行政撤銷訴訟，以求救濟。此乃教師法特別規定之救濟途徑，並賦予教師就不同救濟方法之自由選擇權[72]。

第二項　行政處分之效力

　　行政處分之效力可分存續力、拘束力及執行力。是行政處分未經撤銷、廢止或失效者，有拘束國家機關、相對人及利害關係人之效力，負有作為或不作為義務之相對人，其不履行義務時，得強制相對人履行。

例題9

　　當事人依行政訴訟法第116條第3項規定，向行政法院聲請停止執行之案件。試問行政法院得否以「原行政處分之合法性顯有疑義」為由，裁定停止執行？

---

[71] 最高行政法院103年2月份第2次庭長法官聯席會議。
[72] 最高行政法院105年度判字第150號行政判決。

壹、存續力

　　書面之行政處分自送達相對人及已知之利害關係人起；書面以外之行政處分自以其他適當方法通知或使其知悉時起，依送達、通知或使知悉之內容對其發生效力（行政程序法第110條第1項）。一般處分自公告日或刊登政府公報、新聞紙最後登載日起發生效力。而處分另訂不同日期者，從其規定（第2項）。行政處分未經撤銷、廢止或未因其他事由而失效者，其效力繼續存在。無效之行政處分自始不生效力（第3項）。例如，有效之行政處分，因其本身即屬財產變動之法律上原因，且行政處分除非達於無效程度而自始無效外，縱屬違法，該行政處分經撤銷、廢止或因其他事由失效前，行政處分之效力，仍繼續存在，故以該行政處分為依據之財產變動，並非無法律上原因，自不構成公法上不當得利[73]。

貳、拘束力

　　行政處分之效力在存續中，對國家機關、相對人及利害關係人有拘束力。其中之國家機關，不包含法院。因依據憲法或法律規定，法院對行政處分有司法審查權。準此，行政處分對法院並無拘束力。

參、執行力

　　行政處分有效成立後，即具有執行力，在行政爭訟開始後，以不停止執行為原則，停止執行為例外，訴願法與行政程序法均有明文規定。茲就訴願程序與行政訴訟程序，分論如後：

一、訴　願

　　原行政處分之執行，除法律另有規定外，不因提起訴願而停止（訴願法第93條第1項）。原行政處分之合法性顯有疑義者，或原行政處分之執

---

[73] 最高行政法院105年度判字第344號行政判決。

行將發生難以回復之損害,且有急迫情事,並非為維護重大公共利益所必
要者,受理訴願機關或原行政處分機關得依職權或依申請,就原行政處
分之全部或一部,停止執行(第2項)。例如,建築物建造在排水設施上
方,不僅影響社區之排水設施而危及居民生命、身體與財產安全,且影響
處分核准建造物之基礎結構,雖不利於公共利益,然衡酌處分立即執行及
公共利益之影響,處分之停止執行,反有利於公共利益[74]。

二、行政訴訟

(一)停止要件

原處分或決定之執行,除法律另有規定外,不因提起行政訴訟而停止
(行政訴訟法第116條第1項)。行政訴訟繫屬中,行政法院認為原處分
或決定之執行,將發生難於回復之損害,且有急迫情事者,得依職權或依
聲請裁定停止執行。但於公益有重大影響,或原告之訴在法律上顯無理由
者,不得為之(第2項)。行政訴訟起訴前,倘原處分或決定之執行,將
發生難於回復之損害,且有急迫情事者,行政法院得依受處分人或訴願人
之聲請,裁定停止執行。但於公益有重大影響者,不在此限(第3項)。

(二)難於回復之損害

所謂難於回復之損害者,係指其損害不能回復原狀,或不能以金錢賠
償,抑是依一般社會通念上,倘加以執行者,將致回復困難之程度。準
此,損害得以金錢填補,則非所謂難於回復之損害[75]。例如,原處分或決
定之執行所受損害,在性質上雖有以金錢為填補之可能,然原處分或決定
之法律效果不明確,而有致損害難以計算,或甚為複雜之情形;或受處分
人之營運資金之調度,將因而陷入困難,造成無法彌補之重大損失時,依
一般通念即可認達到回復困難之程度[76]。

---

[74] 最高行政法院103年度裁字第1043號行政裁定。
[75] 最高行政法院99年度裁字第1404號行政裁定。
[76] 最高行政法院103年度裁字第293號行政裁定。

肆、行政處分之構成要件效力

行政處分之構成要件效力或要件事實效力,係指有效之行政處分,應為所有之國家機關所尊重,並以之為既存之構成要件事實,作為其本身決定之基礎。換言之,前處分所確認或據以成立之特定要件事實,倘成為後處分法規範基礎構成要件之一部者,後為決定之行政機關,對此先決問題,應以前處分之事實認定為準,不得另為不同之認定。準此,後處分所依據之法規範基礎,其構成要件之一部或全部,已經前處分透過法律涵攝,確認有構成要件事實存在為前提。反之,後處分所需具備之構成要件事實,不在前處分所需具備之構成要件事實中,前處分之事實認定及法律涵攝,對後處分而言,並無構成要件效力可言[77]。

伍、例題解析——停止執行之要件

採不停止執行之立法例,對公益有無重大影響而有質疑時,原則上應推定對公益有重大影響而不停止執行,偏向公益之保護[78]。而當事人依據行政訴訟法第116條第3項之起訴前聲請停止執行要件,並未有「原行政處分合法性顯有疑義」規定,故行政法院僅須就原處分或決定之執行,是否將發生難以回復之損害,且有急迫情事者,而於公益無重大影響等要件,予以審查即可,故未符合上開要件者,即應予駁回。

陸、相關實務見解——暫時權利保護制度

一、保全急迫性與本案請求勝訴蓋然率

暫時權利保護制度包括停止執行、假扣押或假處分,其審理程序之共同特徵,均為要求法院在有時間壓力之情況,進行較為簡略之調查程序,

---

[77] 最高行政法院105年度判字第205號行政判決。
[78] 胡方新,行政訴訟暫時權利保護與爭訟實務,100年培訓高等行政法院暨地方法院行政訴訟庭法官理論課程,司法院司法人員研習所,2011年5月9日,頁11。

依當事人提出之有限證據資料，以權宜性與暫時性決定，判斷是否先賦予當事人適當之法律保護，避免未來之保護緩不濟急。準此，行政訴訟繫屬中，行政法院認為原處分或決定之執行，將發生難於回復之損害，且有急迫情事者，得依職權或依聲請裁定停止執行，但於公益有重大影響或抗告人之訴在法律上顯無理由者，不得為之（行政訴訟法第116條第2項）。其構成要件之詮釋，得將「保全急迫性」與「本案請求勝訴蓋然率」，作為是否允許停止執行之衡量因素，並具有互補功能，當本案請求勝訴機率較大時，保全急迫性之標準即減低；反之保全急迫性之情況較明顯，本案請求勝訴機率值可降低。

二、難以回復損害之範圍

難以回復之損害，固應考慮未來可否以金錢賠償，然不應僅以「能否用金錢賠償損失」當成唯一之判準。損失之填補，雖可以金錢為之，惟其金額過鉅，或計算有困難時，為避免未來國家負擔過重之金錢支出或延伸耗費社會資源之不必要爭訟，自應考慮此等後果，是否有必要列為「難以回復損害」範圍[79]。

第三項　違法行政處分之處理

行政處分之瑕疵，依其情節、公益及私益等因素，有瑕疵之補正、行政處分之轉換、撤銷行政處分及自始不生效力等類型，該等行政處分之處理與效力，有所差異。

---

[79] 最高行政法院95年度裁字第2380號、97年度裁字第4594號行政裁定。

例題10

　　甲通過公務人員考試，經分發至某行政機關實習，實習期間6個月，甲於行政機關之公務人員試用期滿前辭職，行政機關於次年對甲辦理另予考績。因公務人員續任職已達6個月而未滿1年者，始得另予考績。試問該行政機關是否應依職權撤銷對甲另予考績之處分？審酌之因素為何？

例題11

　　法務部行政執行署臺中分署以執行命令，扣押義務人甲對於第三人A公司之薪資債權。詎第三人A公司具狀陳稱：其營業地址設於臺北市大安區，有營利事業登記證可證，法務部行政執行署臺中分署，並無執行之權限，依行政執行法第9條第1項規定聲明異議，申請法務部行政執行署臺中分署撤銷該執行命令。試問A公司之主張，是否有理由？

壹、行政處分之補正

一、定　義

　　所謂行政處分之補正，係指行政處分之瑕疵，僅屬輕微者，行政機關得以行政程序法第114條之補正方式，使之成為合法有效之行政處分，無須撤銷或變更原處分，以維持原處分之效力。

二、瑕疵之補正

　　違反程序或方式規定之行政處分，除依第111條規定而無效者外，因下列情形而補正：(一)須經申請始得作成之行政處分，當事人已於事後提出者；(二)必須記明之理由，已於事後記明者；(三)應給予當事人陳述意見之機會，已於事後給予者；(四)應參與行政處分作成之委員會，已於事

後作成決議者；(五)應參與行政處分作成之其他機關，已於事後參與者（行政程序法第114條第1項）。前開(二)至(五)之補正行為，僅得於訴願程序終結前為之；得不經訴願程序者，僅得於向行政法院起訴前為之（第2項）。

貳、行政處分之轉換

一、定　義

　　所謂行政處分之轉換，係指行政機關得將違法行政處分轉換為與原處分具有相同實質及程序要件之其他行政處分。準此，對於違法之行政處分，行政機關固有義務，本於職權而撤銷有瑕疵之處分，惟對公益有害或受益人之信賴值得保護時，則不得撤銷，行政機關仍可將違法之行政處分，轉換為合法之行政處分。

二、轉換之限制

　　行政機關於轉換前，應給予當事人陳述意見之機會，除非有第103條之得不予陳述意見等事由者，可不賦予當事人陳述意見之機會（行政程序法第116條第3項）[80]。而行政處分有下列情形之一者，不得轉換：(一)違法行政處分，倘轉換結果對公益有重大危害者，或受益人無第119條所列信賴不值得保護之情形，而信賴授予利益之行政處分，其信賴利益顯然大於撤銷所欲維護之公益者，則不得轉換（行政程序法第116條第1項第1

---

[80] 行政程序法第103條規定：有下列情形之一者行政機關得不給予陳述意見之機會：1.大量作成同種類之處分；2.情況急迫，如予陳述意見之機會，顯然違背公益者；3.受法定期間之限制，如予陳述意見之機會，顯然不能遵行者；4.行政強制執行時所採取之各種處置；5.行政處分所根據之事實，客觀上明白足以確認者；6.限制自由或權利之內容及程度，顯屬輕微，而無事先聽取相對人意見之必要者；7.相對人於提起訴願前依法律應向行政機關聲請再審查、異議、復查、重審或其他先行程序者；8.為避免處分相對人隱匿、移轉財產或潛逃出境，依法律所為保全或限制出境之處分。

款、第117條但書）；(二)轉換不符作成原行政處分之目的者（行政程序
法第116條第1項第2款）；(三)轉換法律效果對當事人更為不利者（行政
程序法第116條第1項第3款）；(四)羈束處分不得轉換為裁量處分（行政
程序法第116條第2項）。

參、行政處分之撤銷

一、定　義（93律師）

　　所謂違法行政處分之撤銷，係指有瑕疵之行政處分，行政機關依聲請
或職權撤銷之，使其效力溯及既往失其效力。違法行政處分於法定救濟期
間經過後，原處分機關或其上級機關得依職權為全部或一部之撤銷（行政
程序法第117條本文）。所謂法定救濟期間經過後，係指行政處分因法定
救濟期間經過後，不能再以通常之救濟途徑，予以撤銷或變更，而發生形
式確定力者而言[81]。

二、撤銷之限制

(一)事　由（103檢察事務官；101高考法制）

　　違法之行政處分，有下列情形之一者，不得撤銷：1.撤銷對公益有重
大危害者；2.受益人無第119條所列信賴不值得保護之情形，而信賴授予
利益之行政處分，其信賴利益顯然大於撤銷所欲維護之公益者（行政程
序法第117條但書）。再者，信賴不值得保護之事由有：1.以詐欺、脅迫
或賄賂方法，使行政機關作成行政處分者；2.對重要事項提供不正確資料
或為不完全陳述，致使行政機關依該資料或陳述而作成行政處分者；3.明
知行政處分違法或因重大過失而不知者（行政程序法第119條）。例如，
在大陸地區通謀虛偽結婚，以不實之結婚證明辦理相關戶籍登記、入境等
手續，憑以進入臺灣地區，其所持之入境許可文件，雖係入出境主管機關

---

[81] 最高行政法院95年度判字第1750號行政判決。

所核發，形式上為合法，惟以詐欺方法而取得，其信賴有不值得保護之事由，自不具實質上之合法性，其屬非法進入臺灣地區，出境主管機關得撤銷入境許可之行政處分[82]。

(二)行使之期間（89司法官）

行政機關行使第117條之撤銷權，應自原處分機關或其上級機關知有撤銷原因時起2年內為之（行政程序法第121條第1項）。行政機關依行政程序法第117條規定自為違法行政處分之撤銷，其所行使者為撤銷權，其與同法第131條所規範之公法上請求權無涉，自無5年時效期間規定之適用，其亦與行政罰法關於裁罰權時效期間之規定無關[83]。

三、行政處分部分違法

行政法院審理認定行政處分　部分違法，除非除去違法部分，將造成整體行政處分不能成立者外，否則應單就違法得撤銷部分，加以撤銷之，而另行審理其餘部分。申言之，原告提起行政訴訟撤銷之訴，其訴之聲明雖係撤銷全部行政處分，然經行政法院審理後，認原行政處分部分違法而應撤銷，倘違法應撤銷部分，不致造成整體行政處分不能成立者，仍應就其他部分實體審究，並將審理結論，分別於主文諭知部分撤銷與部分其他審理結果[84]。

四、撤銷之效力

(一)溯及失效

違法行政處分經撤銷後，原則上溯及既往失其效力（行政程序法第118條本文）。例外情形，係為維護公益或為避免受益人財產上之損失，為撤銷之機關得另定失其效力之日期（但書）。例如，違法行政處分之撤

---

[82] 最高法院98年度台上字第1716號刑事判決。
[83] 最高行政法院96年度判字第1402號行政判決。
[84] 最高行政法院105年度判字第309號行政判決。

銷效果是否溯及既往，應視其對於社會秩序及當事人利益之影響而定，以兼顧既成之法律秩序與當事人權益之衡平。是違法行政處分，係提供連續之金錢或給付得分割之物，倘受益人已信任行政處分之存續，縱經斟酌對公益之影響，固得將之撤銷，惟受益人已使用所提供之給付而不存在者，自無須返還，以避免受益人之財產損失[85]。

(二)信賴保護之補償

授予利益之違法行政處分經撤銷後，倘受益人無第119條所列信賴不值得保護之情形，其因信賴該處分致遭受財產上之損失者，為撤銷之機關應給予合理之補償（行政程序法第120條第1項）。受補償額度不得逾受益人因該處分存續可得之利益（第2項）。關於補償之爭議及補償之金額，相對人有不服者，得向行政法院提起給付訴訟（第3項）。行政機關係因行政處分之相對人未履行核准函所附加之負擔，而依行政程序法第123條第3款規定，廢止授予利益之合法行政處分，而非撤銷授予利益之違法行政處分，為撤銷之機關不需給予合理補償[86]。再者，而受益人之信賴利益補償請求權，自行政機關告知其事由時起，因2年間不行使而消滅；自處分撤銷時起逾5年者，亦消滅之（行政程序法第121條第2項）。

肆、無效之行政處分

一、定 義

無效之行政處分應屬自始、當然、確定無效，既屬無效之行政處分，相對人自無從循撤銷訴訟之行政爭訟途徑求予撤銷，亦無起訴請求撤銷之必要。倘相對人認於起訴時原處分之效力仍屬存續，而違法侵害其權利，依據行政訴訟法第6條第1項前段規定，可向管轄行政法院提起確認行政處分無效之訴[87]。

---

[85] 最高行政法院89年度判字第1103號行政判決。
[86] 最高行政法院103年度判字第166號行政判決。
[87] 高雄高等行政法院89年度訴字第282號行政判決。

二、類　型

　　行政處分有下列情形之一者，無效：(一)不能由書面處分中得知處分機關者；(二)應以證書方式作成而未給予證書者；(三)內容對任何人均屬不能實現者；(四)所要求或許可之行為構成犯罪者；(五)內容違背公共秩序、善良風俗者；(六)未經授權而違背法規有關專屬管轄之規定或缺乏事務權限者；(七)其他具有重大明顯之瑕疵者（行政程序法第111條）。例如，觀光旅館業執照之發給，為交通部之職權，故該項執照之撤銷，應屬交通部之職權，而非該部所屬觀光局之職權。至交通部與所屬觀光局間，雖就觀光旅館業之處罰事務，定有授權由觀光局核定之項目，惟此核定僅係內部之事務分工，對外仍應以交通部名義作成處分，難認交通部觀光局憑此事由，得以自己之名義為撤銷觀光旅館業執照之處分。倘交通部觀光局以自己名義為撤銷觀光旅館業執照之處分，自屬缺乏事務權限之行政處分[88]。

三、重大明顯之瑕疵

　　行政程序法第111條關於行政處分無效判斷標準之規定，其中第7款所稱「其他具有重大明顯之瑕疵」，係指行政處分之瑕疵達於重大，且依一般人合理之判斷甚為明顯，而一目瞭然者而言。如同寫在額頭上，任何人一望即知者[89]。

(一)明顯瑕疵說與重大瑕疵說

　　基於維護法律安定性、國家本身所具有之公益性及國家權威，行政處分是否無效，除法律定有明文之情形外，應從嚴認定，兼採「明顯瑕疵說」與「重大瑕疵說」作為認定標準之理論基礎。準此，依行政程序法第111條規定，行政處分無效之原因，除該條第1款至第6款之例示規定外，

---

[88] 最高行政法院92年度判字第323號行政判決。
[89] 最高行政法院95年度裁字第1444號行政裁定。

尚有該條第7款「其他具有重大明顯之瑕疵者」概括規定，用以補充前6款所未及涵蓋之無效情形。而行政處分是否具有重大明顯之瑕疵，致罹於無效，並非依當事人之主觀見解，亦非依受法律專業訓練者之認識能力判斷，係依一般具有合理判斷能力者之認識能力決定，其簡易之標準，係普通社會一般人一望即知其瑕疵為判斷標準。換言之，瑕疵須「在某程度上猶如刻在額頭上般」明顯之瑕疵，倘行政處分之瑕疵未達到重大、明顯之程度，一般人對其違法性之存在與否，猶存懷疑，基於維持法安定性之必要，不應令該處分無效，其在被正式廢棄前，依然有效，僅係得撤銷之行政處分[90]。

(二)喪失法人人格

行政機關對於因變更登記而已喪失法人人格之公司，作為行政處分之客體，顯然欠缺處分之客體要件，在外觀上具有嚴重而顯著之瑕疵，應屬無效。反之，非屬任何人一望即知之重大明顯之瑕疵，縱行政處分有瑕疵，充其量僅為違法，不外為撤銷之原因，並非當然無效，自不得以確認之訴之訴訟型態，訴請確認行政處分無效。

(三)誤寫或誤算

行政處分之文字，僅有表示錯誤或漏未表示等誤寫、誤算或其他類此之顯然錯誤者，並不構成行政處分之無效，相對人不得對此等顯然錯誤，主張不生合法送達之效力[91]。行政機關得就誤寫或誤算部分，依職權更正之。

(四)合法行政處分之拘束

行政訴訟法之撤銷訴訟與確認行政處分無效訴訟，行政法院審查之對象雖均為行政處分，然撤銷之行政處分與無效之行政處分，兩者所具違法程度不同，倘撤銷訴訟判決先認行政處分為合法在案確定，在後確認行政

---

[90] 最高行政法院104年度裁字第646號行政裁定。
[91] 最高行政法院95年度裁字第1444號行政裁定。

處分無效之訴訟，受訴法院應受前訴確認效力之拘束[92]。

四、無效之效力（89司法官）

行政處分一部分無效者，其他部分仍爲有效。但除去該無效部分，行政處分不能成立者，全部無效（行政程序法第112條）。行政處分之無效，行政機關得依職權確認之（行政程序法第113條第1項）。行政處分之相對人或利害關係人，有正當理由請求確認行政處分無效時，處分機關應確認其爲有效或無效（行政程序法第113條第2項）。

伍、違法性判斷之基準時

基於權力分立原則，判斷行政處分之是否違法，應以處分時之法規範爲準據，倘處分所依據之法規範，事後縱有變更，除新法另有特別規定者外，依法規不溯及既往原則，應以處分時之法規範，作爲判斷行政處分，是否違法之依據[93]。例如，核准土地徵收處分是否違法，其判別之基準時，應以核准機關於核准時，所依據之法律以爲斷，縱核准當時所依據之法律事後變更，除法律有特別規定外，不因該項變更而受影響[94]。

陸、例題解析

一、撤銷違法之行政處分

各官等人員於同一考績年度內，任職連續任職已達6個月者而不滿1年者，辦理另予考績（公務人員考績法第3條第2款）。違法行政處分於法定救濟期間經過後，受益人縱無信賴不值得保護之情形，倘受益人信賴利益，顯然小於撤銷行政處分所欲維護之公益者，原處分機關仍得依職

---

[92] 臺中高等行政法院98年度訴字第334號行政判決。
[93] 最高行政法院84年度判字第443號行政判決。
[94] 最高行政法院79年度判字第1590號行政判決。

權撤銷違法之行政處分（行政程序法第117條規定）。甲通過公務人員考試，經分發至某行政機關實習，實習期間6個月，甲於試用期滿前辭職，自始不具參加另案考績之資格，該行政機關不得對甲另予考績。倘該違法之另予考績，不予撤銷，未來類此公務人員加以援引辦理，勢必無法維護公務人員制度之公平、合理與正確，而嚴重破壞國家公務人員銓審制度及法律秩序。準此，爲建立全體公務人員銓審制度所欲維護之公益，顯然大於甲因違法另予考績所獲得獎金之私益爲大，故該行政機關應依職權撤銷原處分[95]。

二、違反土地管轄之效力

行政處分違反土地管轄之規定者，除依第111條第6款規定而無效者外，有管轄權之機關如就該事件仍應爲相同之處分時，原處分無須撤銷（行政程序法第115條）。而無管轄權之行政執行處所核發之執行命令，並非當然無效，僅當事人或利害關係人得聲明異議，請求撤銷。準此，第三人雖以其登記營業地址，非位於行政執行處轄區爲由，主張行政執行處核發薪資債權之扣押命令，逾越管轄範圍，聲明異議請求撤銷上開扣押命令。然聲明異議爲無理由，第三人仍應依據行政執行處之執行命令配合扣款[96]。

柒、相關實務見解——撤銷權除斥期間之起算點

第117條之撤銷權，應自原處分機關或其上級機關，知有撤銷原因時起2年內爲之（行政程序法第121條第1項）。法文明示「知」爲撤銷權除斥期間之起算點，在授益行政處分之撤銷，且其撤銷純係因法律適用之瑕疵時，非僅以原處分機關或其上級機關可得知悉違法原因時，爲除斥期間

---

[95] 最高行政法院95年度判字第1750號行政判決。

[96] 法務部行政執行署，行政執行業務相關令函彙編，2007年7月，2版，頁442至446。

之起算時點,仍應自有權撤銷之機關,確實知曉原作成之授益行政處分有撤銷原因時,起算2年之除斥期間。而是否確實知曉有撤銷原因者,係事實問題,自應具體審認[97]。

第四項　合法行政處分之廢止

行政處分之撤銷與廢止在性質與效力上不同,前者使違法行政處分之效力,溯及失效;後者以合法行政處分為對象,而將之廢止,其效力向未來發生。

例題12

因遺產稅納稅義務人以現金繳納遺產稅有困難,故向稅捐稽徵機關申請以實物抵繳,稅捐稽徵機關依遺產及贈與稅法第30條規定,核定准許其申請以實物抵繳。試問納稅義務人未於稅捐稽徵機關所定期限,辦理實物抵繳完畢,稅捐稽徵機關應如何處理?

例題13

國防部依國軍老舊眷村改建條例第21條規定,給付原眷戶輔助購宅款後,嗣後發現原眷戶有溢領款項,乃逐級下達指令,向原眷戶催繳。試問原眷戶是否應依據該指令返還溢領部分之給付?理由為何?

---

[97] 最高行政法院102年度2月份第2次庭長法官聯席會議。

壹、廢止之要件（103檢察事務官）

一、非授予利益處分

　　非授予利益之合法行政處分，得由原處分機關依職權為全部或一部之廢止。但廢止後仍應為同一內容之處分或依法不得廢止者，不得依職權廢止（行政程序法第122條）。準此，非授予利益處分之廢止，並無期限之限制。

二、授予利益處分

　　授予利益之合法行政處分，有下列情形之一者，得由原處分機關依職權為全部或一部之廢止：(一)法規准許廢止者；(二)原處分機關保留行政處分之廢止權者；(三)附負擔之行政處分，受益人未履行該負擔者；(四)行政處分所依據之法規或事實事後發生變更，致不廢止該處分對公益將有危害者；(五)其他為防止或除去對公益之重大危害者（行政程序法第123條）。舉例說明如後：(一)主管機關認有下列情形之一者，得變更或撤銷其漁業權之核准，或停止其漁業權之行使：1.國防之需要；2.土地之經濟利用；3.水產資源之保育；4.環境保護之需要；5.船舶之航行、碇泊；6.水底管線之舖設；7.礦產之探採；8.其他公共利益之需要（漁業法第29條第1項）；(二)聯合行為經許可後，倘因許可事由消滅、經濟情況變更、事業逾越許可之範圍或違反所附加之條件或負擔者，中央主管機關得廢止許可、變更許可內容、命令停止、改正其行為或採取必要更正措施（公平交易法第17條）。

三、廢止期間之計算

　　廢止授予利益之合法行政處分，應自廢止原因發生後2年內為之，有期限之限制（行政程序法第124條）。例如，我國行政實務上，授益處分有時可能著重於相對人出具切結書，承諾履行一定作為或不作為義務後，始決定作成，故授益處分之相對人對行政機關負有切結書所宣示義務，可

認為負擔性質。因其存在之價值，構成行政機關願意作成授益處分之關鍵考量因素。準此，學說上有稱準負擔或處分外負擔，其確實發揮與負擔相同之功能，且無信賴保護之顧慮。是相對人不履行準負擔時，行政機關應有權廢止原授益處分。而廢止期限為期法律安定，必須於廢止原因發生後2年內為之，倘原因持續者，當然以原因終了時為據[98]。

貳、廢止之效力

　　合法行政處分經廢止後，自廢止時或自廢止機關所指定較後之日時起，失其效力。但受益人未履行負擔致行政處分受廢止者，得溯及既往失其效力（行政程序法第125條）。倘行政處分法律效果對處分相對人同時有授予利益及負擔性質而不可分者，應一體適用關於授益行政處分之規定[99]。

參、信賴保護原則

一、廢止之補償

　　原處分機關依第123條第4款、第5款規定，廢止授予利益之合法行政處分者，對受益人因信賴該處分致遭受財產上之損失，應給予合理之補償[100]（行政程序法第126條第1項）。第120條第2項、第3項及第121條第2項規定，於前開補償準用之（第2項）。申言之，因行政處分所依據之法規或事實事後發生變更，致不廢止該處分，對公益將有危害者或其他為防止或除去對公益之重大危害者，致原處分機關廢止授予利益處分，對受益人因信賴該處分致遭受財產上之損失，應給予合理之補償。而補償額度不得逾受益人因該處分存續可得之利益，倘受益人有不服補償爭議及補償金額，得向行政法院提起給付訴訟。受益人行使信賴利益補償請求權，自行

---

[98] 最高行政法院104年度判字第523號行政判決。
[99] 臺灣行政法學會編著，董保成，行政處分之撤銷及廢止，行政法爭議問題之研究（上），五南圖書出版股份有限公司，2001年8月，初版2刷，頁489至490。
[100] 最高行政法院83年度判字第1223號行政判決。

政機關告知其事由時起，因2年間不行使而消滅；自處分撤銷時起逾5年者，亦消滅之。例如，主管機關變更或撤銷其漁業權之核准，或停止漁業權之行使，其處分致受損害者，應由目的事業主管機關或由請求變更、撤銷、停止者，協調予以相當之補償；協調不成時，由中央主管機關決定（漁業法第29條第3項）。倘漁業權人不服中央主管機關決定之補償金額，得向行政法院提起給付訴訟。

二、公法之不當得利 （104司法官；91律師；109檢察事務官）

(一)金錢給付

授予利益之行政處分，其內容係提供一次或連續之金錢或可分物之給付者，經撤銷、廢止或條件成就，而有溯及既往失效之情形時，受益人應返還因該處分所受領之給付。其行政處分經確認無效者，亦同（行政程序法第127條第1項）。返還公法上之不當得利範圍，準用民法有關不當得利之規定（第2項）。公法上不當得利返還請求權應具備如後要件：1.須為公法關係之爭議；2.須有一方受利益，他方受損害；3.受利益與受損害之間，須有直接因果關係；4.受利益係無法律上原因等要件，始足當之[101]。

(二)移送行政執行之要件

行政機關依前2項規定請求返還時，應以書面行政處分確認返還範圍，並限期命受益人返還之（行政程序法第127條第3項）。前項行政處分未確定前，不得移送行政執行（第4項）。舉例說明如後：1.人民有無溢領補助之不當得利，應視主管機關是否已撤銷或廢止各該原授益處分而定，原授益處分在未依法撤銷或廢止前，申請人受領補助仍有法律上原因，不構成不當得利[102]；2.行政機關徵收登記規費及裁處罰鍰之決定，其性質為行政處分，縱有違反法律規定之情事，其違法尚非重大而明顯，並非無效者，相對人未對於該行政處分提起行政爭訟，並依該行政處分之內

---

[101] 最高行政法院107年度判字第176號、第439號行政判決。
[102] 最高行政法院103年度判字第491號行政判決。

容繳納登記規費及罰鍰。是行政機關受領款項，有該行政處分爲據，並非無法律上之原因而受利益，不成立不當得利[103]。

(三)公法上金錢給付義務

1.行政執行法第11條第1項第1款

義務人依法令或本於法令之行政處分或法院之裁定，負有公法上金錢給付義務，而其處分書文書或裁定書定有履行期間或有法定履行期間者，逾期不履行，主管機關得移送行政執行處執行（行政執行法第11條第1項第1款）。所稱之公法上金錢給付義務，依同法施行細則第2條所定，係指稅款、滯納金、滯報費、利息、滯報金、怠報金及短估金、罰鍰及怠金、代履行費用或其他公法上應給付金錢之義務。依該規定所舉之稅款、滯納金、滯報費等，均屬可由行政機關依法單方裁量核定之金錢給付。可知其他公法上應給付金錢之義務，係指可由行政機關依法單方裁量核定之金錢給付。

2.行政處分定有履行期間

授予金錢給付之行政處分，經主管機關撤銷變更，致受領人有溢領金額時，因其原法律上之原因不存在，即發生公法上不當得利之關係。故行政機關請求返還溢領補償費，係基於公法上之不當得利請求權，行政機關應以書面行政處分確認返還範圍，並限期命受益人返還之，性質上屬行政執行法第11條之公法上金錢給付義務。準此，行政機關本於公法上不當得利法律關係請求，準用民法有關不當得利規定，其請求權之行使、返還之範圍，均應依民法第180條至第183條規定，行政機關有單方裁量之決定權，是行政機關催告限期返還溢領補償金部分，係通知人民履行債務，係行政機關本於法令所爲之形成或下命之行政處分，即與行政執行法第11條第1項所定之要件相合。

---

[103] 最高行政法院93年度判字第1400號行政判決。

(四)租稅法之退稅請求權

納稅義務人自行適用法令錯誤或計算錯誤溢繳之稅款，得自繳納之日起5年內提出具體證明，申請退還；屆期未申請者，不得再行申請（稅捐稽徵法第28條第1項）。納稅義務人因稅捐稽徵機關適用法令錯誤、計算錯誤或其他可歸責於政府機關之錯誤，致溢繳稅款者，稅捐稽徵機關應自知有錯誤原因之日起2年內查明退還，其退還之稅款不以5年內溢繳者為限（第2項）。準此，租稅法之退稅請求權，具有公法上返還不當得利請求權性質[104]。

肆、例題解析

一、附有負擔之授予利益處分

遺產稅應以現金繳納，必須現金繳納確有困難時，始得申請以實物抵繳（遺產及贈與稅法第30條）。故稅捐稽徵機關核定准許抵繳之處分，即發生延長繳納期限之效果，自屬授予利益且附有負擔之行政處分。倘納稅義務人未於稅捐稽徵機關所定期限，辦理實物抵繳完畢，是稅捐稽徵機關得依行政程序法第123條第3款及第125條規定，依職權為全部或一部之廢止，並溯及既往失其效力[105]。

二、公法之不當得利

原眷戶放棄承購改建之住宅，自願領取第20條之輔助購宅款後搬遷者，從其意願（國軍老舊眷村改建條例第21條）。在公法領域發生財產變動，一方無法律上原因受有利益，致他方受有損害，構成公法上不當得利，本於依法行政原則，不合法之財產變動應予回復，受有損害之他方對受有利益之一方，即有不當得利返還請求權。準此，國防部依國軍老舊

---

[104] 吳振裕，租稅法上退稅請求權，國立中正大學法律學系研究所碩士論文，2014年11月，頁20。

[105] 最高行政法院97年度判字第1081號行政判決。

眷村改建條例第21條規定，給付原眷戶補助購宅款，其屬授益之行政處分。國防部嗣後發現原眷戶有溢領款項，乃逐級下達指令，向原眷戶催繳，應有撤銷該溢領部分行政處分之效力，溢領部分之行政處分遭撤銷，故原眷戶就溢領部分，成為受領無法律上原因。倘原眷戶拒絕返還溢領款項，國防部本於不當得利法律關係請求返還時，應以書面行政處分確認返還範圍，並限期命受益人返還之（行政程序法第127條第3項）。嗣行政處分確定後，得移送行政執行（第4項）[106]。

伍、相關實務見解——確認不當得利之行政處分

行政程序法第127條第1項規定，目的在使行政機關所為授益行政處分，因違法經撤銷等原因而溯及失其效力，受益人應返還因該處分所受領之給付。查原告雖有將申購之優惠漁船油，用於從事非漁業行為，而該當漁業動力用油優惠油價標準第13條第1項第7款規定，惟該標準未賦與主管機關得以行政處分命人民為給付之依據，該規定僅係重申漁業人應返還公法上不當得利之意旨。準此，行政機關應依行政程序法第127條第3項規定，以書面行政處分確認返還範圍，並限期命受益人返還之。經行政機關以行政處分通知漁業人繳回優惠油價補貼款，倘受益人未返還，嗣行政處分確定後，得持該處分執行受益人之責任財產[107]。

第三節　行政契約

行政契約分為和解契約與雙務契約，本法未規定者，準用民法相關之規定（行政程序法第149條）。準此，行政契約在不違反行政契約之性質，準用民法之法律原則與其規定，補充行政程序法規定之不足。

---

[106] 臺中高等行政法院97年度簡字第151號行政判決。
[107] 最高行政法院104年度6月份第1次庭長法官聯席會議（一）。

行政契約	定義	法律依據
和解契約	行政機關對於行政處分所依據之事實或法律關係，經依職權調查仍不能確定者，為有效達成行政目的，並解決爭執，得與人民締結和解契約	行政程序法第136條
雙務契約	行政機關與人民締結雙務契約，約定人民給付之特定用途，該給付有助於行政機關執行其職務，而人民與行政機關間之給付相當，並有正當合理關聯	行政程序法第137條

第一項　行政契約之要件

　　行政契約之締結，應以書面為之。但法規另有其他方式之規定者，依其規定（行政程序法第139條）。其立法目的在於行政契約涉及公權力行使，並由公務員參與而締結，為求明確而杜爭議，應以書面方式為必要[108]。有鑑於行政契約作為行政作用方式之一環，既可避免行政處分單方及片面決定之色彩，亦可相當程度滿足相對人之參與感。

例題14

　　師資培育法為補足偏遠或特殊地區或其他類科學校師資不足之情形，故以提供公費方式培育不足師資。師資培育大學與公費生約定公費與助學金數額、公費受領年限、履行義務期間及分發地區等內容。試問接受公費教育學生與師資培育大學校間，應適用之法律關係為何？

---

[108] 最高行政法院92年度判字第1685號行政判決。

例題15

　　醫療主管機關為解決公立醫療機構醫師缺額補充之困難，以公費醫學教育方式培養人才。學校與自願接受公費醫學教育學生訂立契約。試問學校與接受公費醫學教育學生間，應適用之法律關係？

例題16

　　保險醫事服務機構與中央健康保險署締結全民健康保險特約醫事服務機構合約，期間發生履約爭議情事。試問締約雙方對契約內容發生爭議，應如何救濟？

壹、行政契約容許性與判斷基準（100司法官）

一、行政契約之容許性

　　公法上法律關係得以契約設定、變更或消滅之。但依其性質或法規規定不得締約者，不在此限（行政程序法第135條）。準此，所謂行政契約，係指當事人間意思表示合意，以契約設定、變更或消滅公法上之法律關係[109]。

二、行政契約之判斷基準

(一)代替行政處分

　　行政契約之一方為行政機關，契約之內容係行政機關負有作成行政處分或其他公權力措施之義務，故涉及人民公法上權利義務關係，其使原本應作成行政處分而以契約代替，並賦予行政機關於契約關係中，享有特權

---

[109] 李震山，行政法導論，三民書局股份有限公司，2002年10月，修訂4版2刷，頁309。

或優勢之地位[110]。再者，判斷具體契約屬行政契約抑是私法契約，應就契約主體或當事人之法律地位、契約之目的、內容、其發生公法或私法上權利義務變動之效果、訂立契約所依據之法規性質等事項，為綜合考量。不得作私法契約標的而以契約型態作成時，自應視之為行政契約。倘契約標的性質上非私法契約或行政契約所獨占，應參酌契約目的之所在，判斷其屬性。

(二)審酌因素

　　判斷行政主體與人民間行政契約之判斷基準，首須契約之一造為代表行政主體之機關，而凡行政主體與私人締約，其約定內容或標的，有下列事由之一，即可認定其為行政契約：1.作為實施公法法規之手段者，因執行公法法規，行政機關本應作成行政處分，而以契約代替；2.約定之內容，係行政機關負有作成行政處分或其他公權力措施之義務者；3.約定內容涉及人民公法上權益或義務者；4.約定事項中，列有顯然偏袒行政機關一方或使其取得較人民一方優勢之地位者。倘因契約給付內容屬於中性，無從據此判斷契約之屬性時，應就契約整體目的及給付之目的為斷。例如，行政機關所負之給付義務，目的在執行其法定職權，或人民之提供給付目的，在於促使他造之行政機關承諾，依法作成特定之職務上行為者，均屬之。至於締約雙方主觀動機，不能作為識別契約屬性之依據，因為行政機關在不違反依法行政之前提，雖有選擇行為方式之自由，然選定行政行為後，行為究屬單方或雙方，應適用公法或私法之法律關係，屬客觀判斷之問題，因而衍生之審判權之歸屬事項，亦非當事人之合意所能變更[111]；5.契約之法律性質，究屬公法性質或私法性質，應從客觀上契約之內容，綜合予以判別，倘契約係以公法上應予規範之事實為標的，特別是契約所設定之義務或權利具有公法上之性質，即可認定係公法契約[112]。

---

[110] 最高法院95年度台抗字第341號民事裁定。

[111] 大法官釋字第533號解釋之吳庚大法官協同意見書。

[112] 最高行政法院105年度判字第109號行政判決。

(三)行政契約與行政處分併行

行政契約與行政處分得併行之，此觀中央健康保險署與特約醫療院所訂定全民健康保險特約醫事服務機構合約後，對於特約醫療院所之違約事項，仍得以行政處分處以違約記點、扣減醫療費用、停止或終止特約，此為行政處分與行政契約併行[113]。

貳、第三人效力契約

一、侵害第三人權利者

行政契約依約定內容履行將侵害第三人之權利者，應經該第三人書面之同意，始生效力（行政程序法第140條第1項）。其規範目的，在於避免行政機關締結行政契約賤售公權力或濫用公權力，致侵害第三人之權利。因行政契約大部分屬雙務契約，而行政法律關係原則上常見多面法律關係，並非雙面法律關係，倘雙務契約之履行，均解為須相關第三人書面之同意，則行政契約將無從締結或發生效力。故適用範圍，應認僅限於直接引起第三人權利變動者之處分契約，或約定由第三人對他方為給付者之第三人負擔契約。就行政程序法第140條第1項之適用範圍而言，僅限於公法上之權利，倘第三人因行政契約而致其私法權利受損害，應循民事訴訟程序救濟[114]。

二、其他行政機關參與

行政處分之作成，依法規之規定，應經其他行政機關之核准、同意或會同辦理者，代替該行政處分而締結之行政契約，應經該行政機關之核准、同意或會同辦理，始生效力（行政程序法第140條第2項）。

---

[113] 最高行政法院104年度判字第681號行政判決。
[114] 最高行政法院98年度判字第1466號行政判決、100年度裁字第1126號行政裁定。

參、行政契約之無效

一、司法審查

　　行政行為是否違法或無效，行政法院有審查權，自可對行政契約進行審查。行政機關與人民締結行政契約，違反行政程序法或民法上強制或禁止相關規定者，其為違法或無效（行政程序法第136條至第143條、第149條）。準此，行政機關與人民訂立行政契約，當事人間之給付，是否顯不相當或有無合理之關聯，行政法院自應予以審查（行政程序法第137條第1項第3款）[115]。

二、無效之事由

　　行政契約無效之事由如後：(一)行政契約準用民法規定之結果為無效者，應為無效（行政程序法第141條第1項）。行政契約違反第135條但書規定，不得締約者或第138條之事先公告契約當事人資格，即為無效（第2項）；(二)代替行政處分之行政契約，有下列情形之一者，應為無效：1.契約與其內容相同之行政處分為無效者（行政程序法第142條第1款）；2.契約與其內容相同之行政處分，有得撤銷之違法原因，並為締約雙方所明知者（第2款）；3.締結之和解契約，未符合第136條規定（第3款）；4.締結之雙務契約，未符合第137條規定者（第4款）；(三)行政契約之一部無效者，全部無效。但如可認為欠缺該部分，締約雙方亦將締結契約者，其他部分仍為有效（行政程序法第143條）。例如，行政契約當事人之一方為人民，依法應以甄選或其他競爭方式決定該當事人時，行政機關應事先公告，應具之資格及決定之程序。行政機關決定前，並應予參與競爭者表示意見之機會。倘違反上開程序，當事人簽訂之行政契約無效（行政程序法第138條）。

---

[115] 最高行政法院98年度判字第351號行政判決。

肆、例題解析

一、師資培育之公費生

師資培育以自費為主,兼採公費及助學金方式實施,公費生畢業後,應至偏遠或特殊地區學校服務(師資培育法第13條)。公費與助學金之數額、公費生之公費受領年限、應訂定契約之內容、應履行及其應遵循事項之義務、違反義務之處理、分發服務之辦法,由中央主管機關定之(第2項)。師資培育公費生制度之設置,係為補足偏遠或特殊地區或其他類科學校師資不足之情形,故以提供公費方式培育不足師資,而由師資培育大學與公費生訂立行政契約,藉以確保享受公費待遇之學生,在畢業後依約接受分發學校完成服務年限,以解決師資不足之情形。準此,師資培育法第13條為達成行政目的所必要,未逾越合理之範圍,使接受公費教育學生與其所就讀之師資培育大學校間訂立行政契約之準據,其為入學公費生與其所就讀師資培育大學間行政契約之內容[116]。

二、公費醫學教育學生

行政機關基於其法定職權,為達之特定之行政上目的,而於不違反法律規定之前提,自得與人民約定提供某種給付,並使接受給付者,應負合理之負擔或其他公法上對待給付之義務,而成立行政契約關係。準此,醫療主管機關為解決公立醫療機構醫師缺額補充之困難,以公費醫學教育方式培養人才。故學校與自願接受公費醫學教育學生訂立契約,當事人自應本誠信原則履行契約上之義務[117]。

三、全民健康保險特約醫事服務機構合約(91律師)

中央健康保險署依其組織法規係國家機關,為執行其法定之職權,就

---

[116] 高雄高等行政法院93年度訴字第845號行政判決。
[117] 大法官釋字第348號解釋。

辦理全民健康保險醫療服務有關事項，其與各醫事服務機構締結全民健康保險特約醫事服務機構合約，約定由特約醫事服務機構提供被保險人醫療保健服務，以達促進國民健康、增進公共利益之行政目的，故此項合約具有行政契約之性質。契約之特約內容，大致上與全民健康保險法規所命定之要件與效果均相同，故該行政契約為定型化契約[118]。倘締約雙方對契約內容發生爭議，屬於公法上爭訟事件，應循行政訴訟途徑尋求救濟。保險醫事服務機構與中央健康保險局締結前述合約，倘因而發生履約爭議，經該醫事服務機構依全民健康保險法第5條第1項所定程序提請審議，對審議結果仍有不服，自得依法提起訴願與行政訴訟[119]。

伍、相關實務見解——當事人明知有得撤銷之違法原因

人民須因政府徵收行為，而受有砂石及原料搬運費之損害，使得請求政府補償搬運費，當事人之會議結論，未顧及人民因徵收，致其實際所受之損害及砂石原料有無搬運之必要等情，僅以農林航空測量所拍攝之航照圖，作為人民所有砂石原料查估數量之估算依據，有違土地徵收條例第34條第1項第5款及臺中市辦理公共工程建築改良物拆遷補償自治條例第28條。關於徵收補償機關發給搬運費，具有違法原因，應為兩造所明知。準此，當事人所締結之行政契約，依行政程序法第142條第2款規定為無效[120]。

第二項　行政契約之類型

行政契約為行政作用之一環，其除具有避免行政處分之單方性外，亦

---

[118] 賴恒盈，保險行政爭訟實務，100年培訓高等行政法院暨地方法院行政訴訟庭法官理論課程，司法院司法人員研習所，2011年5月30日，頁16。

[119] 大法官釋字第533號解釋。

[120] 臺中高等行政法院97年度訴字第72號行政判決。

可在相當程度內滿足契約相對人之參予感。準此，行政契約與行政處分間，常處於競爭與取代之關係。

例題17

　　公立學校基於聘任契約而通知受聘教師解聘、停聘或不續聘。試問：(一)公立學校與受通知之教師間，係屬何種法律關係？受不利處分之教師應如何救濟？(二)就私立學校對教師所為解聘、停聘或不續聘，可否提起行政爭訟？

壹、和解契約

　　行政機關對於行政處分所依據之事實或法律關係，經依職權調查仍不能確定者，為有效達成行政目的，並解決爭執，得與人民和解，締結行政契約，以代替行政處分（行政程序法第136條）。準此，行政機關締結行政契約後，不得嗣後再以後行政處分取代前行政契約。

一、未約定自願接受執行（102司法官）

　　行政契約得約定自願接受執行，倘未約定者，因行政契約非行政處分，行政機關應依行政法第8條規定，提起一般給付之訴為請求，無法逕送行政執行（行政程序法第148條第1項）[121]。例如，納稅人義務人嗣後未依和解契約內容，履行納稅之義務，稅捐稽徵機關應向行政法院提起訴

[121] 行政程序法第148條第1項規定：行政契約約定自願接受執行時，債務人不為給付時，債權人得以該契約為強制執行之執行名義。第2項規定：前項約定，締約之一方為中央行政機關時，應經主管院、部或同等級機關之認可；締約之一方為地方自治團體之行政機關時，應經該地方自治團體行政首長之認可；契約內容涉及委辦事項者，並應經委辦機關之認可，始生效力。第3項規定：第1項強制執行，準用行政訴訟法有關強制執行之規定。

訟，取得執行名義，不得逕依和解契約再作成課稅處分，納稅義務人自不得再循課稅行政處分之行政救濟方式爭訟[122]。

二、依職權調查而無法確定

行政機關對於依職權調查而不能確定者，為達成行政目的，亦可與人民締結行政契約。例如，微軟公司與公平交易委員會間，曾就微軟公司之產品市場，是否有違反公平交易法之情事，締結和解契約以替代作成行政處分[123]。

貳、雙務契約（95檢察事務官）

一、定　義

行政機關與人民締結行政契約，互負給付義務者，應符合下列各款規定：(一)契約中應約定人民給付之特定用途；(二)人民之給付有助於行政機關執行其職務；(三)人民之給付與行政機關之給付應相當，並具有正當合理之關聯（行政程序法第137條第1項）。

(一)勞工保險事件

勞工保險為強制保險，性質係屬公法關係，勞工分擔之保險費，其與保險事故之危險間，並非謹守對價原則，而以量能負擔原則維持社會互助之功能，自與商業保險為私法上契約關係有間[124]。

(二)醫療契約事件

醫療契約為勞務性契約，依勞務性契約報酬後付之原則，醫療費用應在醫療完成時給付。倘無特約或習慣，病患所欠醫療費用，自須待醫療完

---

[122] 法務部2005年5月26日法律字第0940007255號函。
[123] 陳愛娥，行政契約與爭訟實務，100年培訓高等行政法院暨地方法院行政訴訟庭法官理論課程，司法院司法人員研習所，2011年2月21日，頁6。
[124] 大法官釋字第609號解釋。

成始得請求。而保險對象與醫事服務機構間之關係，應為一種公私法並行之法律關係，即醫療給付關係中，除基於健保基礎關係而成立之公法關係外，醫療機構與病患間另成立平行之私法醫療契約，且該私法醫療契約之內涵，在相關範圍受公法關係之影響。保險對象雖負有向醫事服務機構繳納自負額之義務，然此義務並非基於私法醫療契約而生，亦非保險對象對醫療機構所負之法定債務，醫事服務機構並不具有債權人之身分，不得向保險對象追償自負額費用。

二、限　制

　　行政處分之作成，行政機關無裁量權時，代替該行政處分之行政契約所約定之人民給付，以依第93條第1項規定得為附款者為限（行政程序法第137條第2項）[125]。行政契約應載明人民給付之特定用途及僅供該特定用途使用之意旨（第3項）。

參、例題解析

一、公立學校與教師之法律關係（102律師）

(一)公立學校聘任教師為行政契約

　　公立學校聘任教師係以達成教育學生公法上之目的，故公立學校與教師間之聘任關係，應屬行政契約之關係[126]。公立學校教師於聘任後，倘予解聘、停聘或不續聘者，不僅影響教師個人權益，同時亦影響學術自由之發展與學生受教育之基本權利，乃涉及重大公益事項。是教師法第14條第1項規定，教師聘任後，除有該項各款法定事由之一者外，不得解聘、停聘或不續聘，係為維護公益，而對公立學校是否終止或停止聘任教

---

[125] 行政程序法第93條第1項規定：行政機關作成行政處分有裁量權時，得為附款。無裁量權者，以法律有明文規定或為確保行政處分法定要件之履行而以該要件為附款內容者為限，始得為之。
[126] 大法官釋字第382號解釋。

師之行政契約、是否繼續簽訂聘任教師之行政契約之自由與權利，均為公法上限制。

(二)公立學校作成解聘、停聘或不續聘之行政處分

公立學校教師因具有教師法第14條第1項各款事由之一，經學校教師評審委員會依法定組織及法定程序決議通過予以解聘、停聘或不續聘（教師法第29條第2項）。並由公立學校依法定程序通知當事人者，應係公立學校依法律明文規定之要件、程序及法定方式，立於機關之地位，就公法上具體事件，所為得對外發生法律效果之單方行政行為，具有行政處分之性質。公立學校依法作成解聘、停聘或不續聘之行政處分，其須報請主管教育行政機關核准者，在主管機關核准前，係法定生效要件尚未成就之不利益行政處分。準此，教師不服學校所為解聘、停聘或不續聘之決定，其須報請主管教育行政機關核准後，得提行政爭訟途徑救濟[127]。

二、私立學校與教師之法律關係

私立學校非各級政府依法令設置實施教育之機構，而具有機關之地位者，私立學校教師評審委員會之決議，雖係對教師之措施，且有損害教師憲法基本權中之工作權及生存權之虞，惟該決議非屬行政處分，教師無從以該私校為被告，對於決議提起撤銷訴訟，教師應俟教育部就私校報請解聘、停聘或不續聘之函文，作成核准行政處分後，即得以教育部為被告，對於該核准之行政處分，提起撤銷訴訟[128]。

肆、相關實務見解——地上物拆除事件

當事人間經協議達成結論，雙方合意各負給付之義務，從其給付之形式，雖無從區辨究屬公法上契約，抑屬私法契約。然自其合意之過程，係

---

[127] 最高行政法院98年7月份第1次庭長法官聯席會議。
[128] 最高行政法院99年度裁字第2606號行政裁定；胡小慧，私立大專院校教師聘任之研究，國立中正大學法律學研究所，2012年2月，頁144。

由政府機關發開會通知，事由註記為擬徵收出租土地上倉庫拆除協調會，除邀集人民外，亦包括所在地地方政府，並列該政府機關所屬人員為主持人。渠等合意拆除倉庫之對待給付所據，為地方政府興辦公共設施拆除合法房屋查估補償辦法。其合意之目的，在於拆除地上物，以興建政府機關之公共建築，應認為兩造間達成之協議為公法上契約（行政程序法第137條）[129]。

第三項　行政契約之調整

　　行政契約之一方為行政機關，基於公益優先原則，命當事人履行義務、單方解除契約權及調整契約內容等事項，當事人非處於平等地位，得經由補償損失以衡平當事人之利益。

例題18

　　行政機關依據行政院核定公告頒布「大甲溪砂石採取整體管理改善計畫書」與甲公司簽訂委託契約，委託甲公司執行大甲溪之河道整理與管理，對大甲溪之砂石採取整體改善計畫。嗣後因颱風來襲造成全國有多處河川橋樑倒塌，政府主管機關為加強對河川管理，全面禁止開採河川砂石，導致甲公司執行河道整理與管理計畫之成本驟增，因渠等簽訂委託契約，無法預見上開情形。試問甲公司與行政機關間為何法律關係？本件委託契約有無情事變更原則之適用？

---

[129] 最高行政法院92年度判字第532號行政判決。

壹、補償損失

一、事　由

　　行政契約當事人之一方為人民者，當事人於締約後，因締約機關所屬公法人之其他機關於契約關係外行使公權力，致相對人履行契約義務時，顯增費用或受其他不可預期之損失者，相對人得向締約機關請求補償其損失。但公權力之行使與契約之履行，無直接必要之關聯者，不在此限（行政程序法第145條第1項）。係法律特別賦予受損失之相對人，即作為行政契約當事人一方之人民，請求補償之公法上權利[130]。締約機關就相對人請求補償其損失時，應以書面並敘明理由決定之（第2項）。該補償之請求，應自相對人知有損失時起1年內為之（第3項）。關於補償之爭議及補償之金額，相對人有不服者，得向行政法院提起給付訴訟（第4項）。

二、消滅時效

　　請求權人為行政機關時，公法上之請求權，除法律另有規定外，因5年間不行使而消滅；請求權人為人民時，除法律另有規定外，因10年間不行使而消滅（行政程序法第131條第1項）。公法上請求權，因時效完成而當然消滅（第2項）。前項時效，因行政機關為實現該權利所作成之行政處分而中斷（第3項）。其立法本旨在規定公法上請求權時效期間為5年或10年，除法律另有規定外，行政契約上請求權之消滅時效期間，請求權人為行政機關時，應以5年為限。而行政契約當事人之一方為人民者，向另一方之行政機關請求補償其損失，除法律另有規定外，其請求權之消滅時效期間為10年。再者，基於國家享有公權力，對人民居於優越地位之公法特性，為求公法之法律關係安定與明確性，公行政對人民之公法上請求權因時效完成者，其公權利本身應消滅，故公法上請求權之消滅

---

[130] 最高行政法院100年度裁字第1121號行政裁定。

時效，不宜類推適用民法第144條關於抗辯權之規定[131]。

貳、單方調整或終止（100檢察事務官；101高考法制；98司法官）

行政契約當事人之一方為人民者，行政機關為防止或除去對公益之重大危害，得於必要範圍內調整契約內容或終止契約（行政程序法第146條第1項）。準此，行政機關得基於重大公益為由，單方調整契約內容或終止契約。行政機關調整或終止契約，應補償相對人所受之財產上損失（第2項）。契約之調整或終止及補償之決定，行政機關應以書面敘明理由為之（第3項）。相對人對契約之調整難為履行者，得以書面敘明理由終止契約（第4項）。而相對人對補償金額不同意時，得向行政法院提起給付訴訟（第5項）。例如，因SARS疫情於2003年嚴重侵襲臺灣地區，中央健康保險署所聘醫療費用審查醫師，大量投入SARS通報病例之審查、病人之收治及相關疫情之控制工作，為配合當前之防疫政策，以防止此疫病對國家社會公益造成重大危害，並因應業務之迫切需要，中央健康保險署公告增列「全民健康保險特約醫事服務機構合約」第12條第5項後段但書：醫院總額部門費用屬於2003年1月至2003年6月所發生之醫療費用送核案件或2003年1月1日至2003年6月30日所提出之申復、補報案件，醫院因醫療費用審查醫師大量投入嚴重急性呼吸道症候群之防治工作，而無法於上述之期限內完成核定時，得展延60日，展延後仍無法完成核定者，應依當月申請金額逕予核付[132]。

參、情事變更（100檢察事務官）

行政契約締結後，因有情事重大變更，非當時所得預料，而依原約定顯失公平者，當事人之一方得請求他方適當調整契約內容。倘不能調整，得終止契約（行政程序法第147條第1項）。行政契約當事人之一方為人

---

[131] 最高行政法院95年8月份庭長法官聯席會議（二）。
[132] 中央健康保險局2003年6月3日健保醫字第0920012860號函。

民時，行政機關爲維護公益，得於補償相對人之損失後，命其繼續履行原約定之義務（第2項）。請求調整或終止與補償之決定，應以書面敘明理由爲之（第3項）。相對人對補償金額不同意時，得向行政法院提起給付訴訟（第4項）。所謂因情事變更，係指法院應爲增減給付或變更其他原有效果之判決者，以法律行爲成立後，因不可歸責於當事人事由致情事變更，非當時所得預料，而依原有效果顯失公平爲要件。反之，倘於法律行爲成立時已發生者，自無情事變更原則之適用。

肆、例題解析──情事變更

行政機關依據行政院核定公告頒布「大甲溪砂石採取整體管理改善計畫書」與甲公司簽訂委託契約，委託甲公司執行大甲溪之河道整理與管理計畫。因颱風來襲造成全國有多處河川橋樑倒塌，行政院爲加強對河川管理，全面禁止開採河川砂石，造成甲公司執行該河道整理與管理計畫之成本驟增，渠等簽訂委託契約，無法預見上開情形。因本件委託契約之目的，在於執行公法上大甲溪之砂石採取整體改善計畫，核與公益及公共服務有重要關係，自屬行政契約，而非私法契約，行政機關爲維護公益，得於補償甲公司之損失後，命其繼續履行原約定之義務（行政程序法第147條第2項）[133]。

伍、相關實務見解──損失補償事件

行政主體與私人締約，其約定內容係作爲實施公法法規之手段者，即行政機關因執行公法法規，本應作成行政處分，而以契約代替、約定之內容，係行政機關負有作成行政處分或其他公權力措施之義務，約定內容涉及人民公法上權益或義務者，暨約定事項，列有顯然偏袒行政機關一方或使其取得較人民一方優勢之地位者，應可認定其爲行政契約。準此，人

---

[133] 臺中高等行政法院93年度訴字第198號行政判決。

民依據行政契約，主張有行政程序法第145條第1項規定之損失補償請求權，其爭執本身屬公法爭議事件，得提起公法上給付訴訟，請求行政機關給付損失補償之金額[134]。

第四節　行政罰

侵害行政作用之制裁，可分對內與對外之類型：(一)對內制裁，係指懲戒或懲處；(二)對外制裁，係指執行罰、行政秩序罰及行政刑罰[135]。行政秩序罰屬行政處分，倘行政罰法無特別規定者，自應適用行政程序法之規定[136]。

行政罰	內容	法律依據
行政秩序罰	罰鍰、沒入、限制或禁止行為處分、剝奪或消滅資格或權利處分、影響名譽處分、警告性處分	行政罰法第2條
行政刑罰	有期徒刑、拘役、罰金、沒收	行政罰法第26條

第一項　行政秩序罰

違反行政法上義務而受罰鍰、沒入或其他種類行政罰之處罰時，適用本法。但其他法律有特別規定者，從其規定（行政罰法第1條）。行政秩序罰與執行罰不同：(一)行政秩序罰係對於過去違反行政法上義務，所為裁罰性之不利處分；(二)執行罰係以督促義務人將來履行為目的，所為之處分。

---

[134] 最高行政法院100年度裁字第1121號行政裁定。
[135] 李震山，行政法導論，三民書局股份有限公司，2002年10月，修訂4版2刷，頁325。
[136] 洪家殷，行政罰法與爭訟實務，100年培訓高等行政法院暨地方法院行政訴訟庭法官理論課程，司法院司法人員研習所，2011年3月14日，頁3。

例題19

　　人民違反建築法規定，經裁處罰鍰並限期改善之案件，人民於改善期間，再次被同一行政機關查獲違規案件，倘屬相同情形。試問行政機關應如何處理？可否再裁處罰鍰？

例題20

　　甲違反行政法之義務，經主管機關依據行政法之規定，裁處罰鍰在案，甲不服依序提起行政爭訟，其於高等行政法院訴訟繫屬中死亡，復未委任訴訟代理人。試問法院應如何處理？應否送達予其繼承人？

例題21

　　汽車所有人、汽車買賣業或汽車修理業，在道路上停放待售或承修之車輛者，經舉發後，不遵守交通勤務警察或依法令執行交通稽查任務人員責令改正者。試問得否連續舉發之？依據為何？

壹、定義與類型

一、定　義

　　違反行政法上義務之處罰，以行為時之法律或自治條例有明文規定者為限（行政罰法第4條）。依法始得處罰，為民主法治國家基本原則，對於違反社會性程度輕微之行為，處以罰鍰、沒入或其他種類行政罰，雖較諸對侵害國家、社會法益等科以刑罰之行為情節輕微，惟本質上仍屬對於人民自由或權利之不利處分，其應適用處罰法定主義，本無不同。為使行

為人對其行為有所認識，進而擔負其在法律上應有之責任，自應以其違反行政法上義務行為時之法律有明文規定者為限，此稱行政罰法定主義。所謂行政秩序罰，係指對於違反行政法之義務者，科以刑罰之刑名以外之制裁。舉例說明如後：(一)在道路上駕車蛇行科處罰鍰，係處罰其交通違規行為致危害其他用路人行之安全；(二)未經設立登記而以商業名義經營業務或為其他法律行為者，商業所在地主管機關應命行為人限期辦妥登記；屆期未辦妥者，處新臺幣1萬元以上5萬元以下罰鍰（商業登記法第31條）。

二、類　型

　　行政秩序罰包含罰鍰、沒入、限制或禁止行為、剝奪或消滅資格或權利、影響名譽、警告性等處分，茲說明如後：(一)限制或禁止行為之處分：限制或停止營業、吊扣證照、命令停工或停止使用、禁止行駛、禁止出入港口、機場或特定場所、禁止製造、販賣、輸出入、禁止申請或其他限制或禁止為一定行為之處分；(二)剝奪或消滅資格、權利之處分：命令歇業、命令解散、撤銷或廢止許可或登記、吊銷證照、強制拆除或其他剝奪或消滅一定資格或權利之處分；(三)影響名譽之處分：公布姓名或名稱、公布照片或其他相類似之處分；(四)警告性處分：警告、告誡、記點、記次、講習、輔導教育或其他相類似之處分（行政罰法第2條）。例如，道路交通管理處罰條例所定罰鍰、吊扣證照、記點之裁罰，其屬行政秩序罰之性質。

(一)裁處罰鍰之審酌因素（103檢察事務官；102司法官）

　　行政機關裁處罰鍰，應審酌違反行政法上義務行為應受責難程度、所生影響及因違反行政法上義務所得之利益，並得考量受處罰者之資力（行政罰法第18條第1項）。前項所得之利益，超過法定罰鍰最高額者，得於所得利益之範圍酌量加重，不受法定罰鍰最高額之限制（第2項）。行政機關於具體個案裁處罰鍰時，有應考量事項而未考量，或不應考量事項而

予考量，係是否構成裁量濫用之問題，並非行政機關就罰鍰之裁量權減縮至零，兩者應予區別[137]。

(二)沒入之要件（104檢察事務官）

沒入之物，除本法或其他法律另有規定者外，原則以屬於受處罰者所有爲限（行政罰法第21條）。例外規定，不屬於受處罰者所有之物，因所有人之故意或重大過失，致使該物成爲違反行政法上義務行爲之工具者，仍得裁處沒入（行政罰法第22條第1項）。物之所有人明知該物得沒入，爲規避沒入之裁處而取得所有權者，亦同（第2項）。得沒入之物，受處罰者或前條物之所有人於受裁處沒入前或沒入後，予以處分、使用或以他法致不能裁處沒入者，得裁處沒入其物之價額；其致物之價值減損者，得裁處沒入其物及減損之差額（行政罰法第23條第1項、第2項）。前項追徵，由爲裁處之主管機關以行政處分爲之（第3項）。沒入爲行政處分，人民不服得請求行政救濟途徑（行政程序法第92條第1項）。

貳、行政罰之處罰構成要件

行政罰之處罰構成要件，原則上以行爲人之積極行爲或作爲，爲其要件者，不能因行爲人之消極不作爲而符合構成要件。例外情形，係行爲人對於違反行政法上義務事實之發生，依法有防止之義務，能防止而不防止者，即與因積極行爲發生事實者同（行政罰法第10條第1項）。故行爲人係以消極不作爲之方法，達到積極行爲或作爲相同之事實，此稱爲不純正不作爲，認其不作爲符合積極行爲之行政罰構成要件，應裁處行政罰。其前提係行爲人依法有防止之義務，有別於道德或倫理義務，且須能防止而不防止者[138]。

---

[137] 最高行政法院102年度判字第95號行政判決。
[138] 最高行政法院105年度判字第66號行政判決。

參、行為責任（94司法官）

一、自己行為責任

　　對於違反行政法上義務事實之發生，依法有防止之義務，能防止而不防止者，其與因積極行為發生事實者同（行政罰法第10條第1項）。因自己行為致有發生違反行政法上義務事實之危險者，負防止其發生之義務（第2項）。例如，漁船船主僱用大陸漁工，應負對其之管理與安置責任，倘颱風期間未促其離去警戒區域，並拒絕其上岸安置者，應依災害防救法及行政罰法相關規定予以處罰。

二、私法人代表人責任

(一)私法人為行政法上之義務主體

　　私法人得為行政法上之義務主體，倘發生義務違反之情形時，自得成為行政法之處罰對象，且行政罰係以罰鍰、沒入或其他種類之行政罰為制裁手段，性質上得對私法人為裁處，故私法人得為行政制裁之對象。為貫徹行政秩序之維護，健全私法人運作，並避免利用私法人違法以謀個人利益，對於違反行政法上義務之私法人，應加以處罰，以期能達到行政目的。

(二)兩罰主義

　　受處罰私法人之董事或其他有代表權之人，係實際上為私法人為行為或足資代表私法人之自然人，就個別行政法課予私法人之義務，自應負善良管理人注意之義務（民法第28條）。倘因其執行職務或為私法人之利益而為行為，致使私法人違反行政法上義務者，除應對於私法人加以制裁外，該等自然人違反社會倫理意識，倘係因故意或重大過失，致未遵守行政法所課予私法人之義務時，本身具有高度可非難性及可歸責性，自應就其行為與私法人並受同一規定罰鍰之處罰。準此，私法人之董事或其他有代表權之人，因執行其職務或為私法人之利益為行為，致使私法人違反行

政法上義務應受處罰者，倘行爲人有故意或重大過失時，除法律或自治條例另有規定外，應並受同一規定罰鍰之處罰（行政罰法第15條第1項）。私法人之職員、受僱人或從業人員，因執行其職務或爲私法人之利益爲行爲，致使私法人違反行政法上義務應受處罰者，私法人之董事或其他有代表權之人，倘對該行政法上義務之違反，因故意或重大過失，未盡其防止義務時，除法律或自治條例另有規定外，應並受同一規定罰鍰之處罰（第2項）。依前2項並受同一規定處罰之罰鍰，不得逾新臺幣100萬元。但其所得之利益逾新臺幣100萬元者，得於其所得利益之範圍內裁處（第3項）。

三、狀態責任人（93律師）

所謂狀態責任人，係指以對物之狀態具有事實管領力者，得以負責之觀點，科予排除危險、回復安全之義務。因行政罰係處罰行爲人爲原則，處罰行爲人以外之人屬例外。倘無法確定行爲人時，例外處罰行爲人以外之人。例如，建築法第91條第1項規定之建築物所有權人、使用人改善責任，係因其未維護建築物合法使用或其構造及設備安全之狀態而成立，而不論渠等是否有爲導致此危險狀態之行爲，建築物所有權人、使用人是本於其爲建築物所有權人、使用人之地位就建築物之危險狀態負其責任[139]。準此，知悉有人擅自變更使用，建築主管機關對使用人處罰，已足達成行政目的時，即不得對建築物所有權人處罰。倘不知何人擅自變更使用，例外得處罰建築物所有權人。

四、追繳所受財產上利益價值（102司法官）

行爲人爲他人之利益所爲之行爲，致使他人違反行政法上義務應受處罰時，倘若行爲人因該行爲受有財產上利益，而無法對該行爲人裁罰，即

---

[139] 最高行政法院98年度判字第904號行政判決；最高行政法院95年1月份庭長法官聯席會議。

形成制裁漏洞。為填補制裁之漏洞,並防止脫法行為,得單獨對行為人於其所受財產上利益價值範圍內,酌予追繳,以避免其違法取得不當利益,俾求得公平正義(行政罰法第20條第1項)。反之,行為人違反行政法上義務應受處罰,而未受處罰之他人因該行為受有財產上利益時,倘未剝奪該他人所得之利益,顯失公平正義,得單獨對該他人於其所受財產上利益價值範圍內,酌予追繳,避免他人因而取得不當利益,以防止脫法及填補制裁漏洞(第2項)。對行為人或他人追繳,由為裁處之主管機關以行政處分為之(第3項)。

肆、責任條件(104律師;96檢察事務官)

一、過失責任

(一)行為人

現代國家基於有責任始有處罰之原則,對於違反行政法上義務之處罰,應以行為人主觀上有可非難性及可歸責性為前提,倘行為人主觀上並非出於故意或過失情形,應無可非難性及可歸責性。是違反行政法上義務之行為非出於故意或過失者,不予處罰(行政罰法第7條第1項)[140]。法人、設有代表人或管理人之非法人團體、中央或地方機關或其他組織違反行政法上義務者,其代表人、管理人、其他有代表權之人或實際行為之職員、受僱人或從業人員之故意、過失,推定為該等組織之故意、過失(第2項)[141]。再者,為維護行政目的之實現,兼顧人民權利保障,應受行政罰之行為,僅須違反禁止規定或作為義務,而不以發生損害或危險為其要件者,推定為有過失,其於行為人不能舉證證明自己無過失時,即應受處罰[142]。例如,法人組織成員在公法事務上有過失,推定該組織亦有過

---

[140] 最高行政法院98年度判字第452號行政判決。
[141] 最高行政法院106年度判字第438號行政判決。
[142] 大法官釋字第275號解釋。

失。故公司從業人員漏未為常態化之例行性營業稅申報作為，明顯違反從事商業活動之企業所負擔基本之公法義務，自有應注意並能注意而不注意之過失存在，推定公司對漏稅結果有過失。倘公司欲推翻過失推定，應舉出證據，積極證明自己對有過失之組織成員，已盡監督之能事，倘僅以現今人力市場素質低落等空泛理論，說明公司已盡監督義務，自非可採[143]。

二、維護行政目的

　　行政罰責任之成立，雖應具備故意或過失之主觀歸責要件，然基於行政罰之目標，在於維持行政秩序，樹立有效之行政管制，以維持公共利益。準此，行政罰之過失內涵，並非如同刑事犯罪，單純建立在行為責任之基礎，應而視個案情節及管制對象之不同，兼有民事法上監督義務之意涵。例如，稅捐課徵對納稅義務人有重大之利益，為截阻其將漏稅責任，誘由無資力第三人承受之可能性，應認其對申報稅捐輔助人之誠實履行行為，負擔監督義務。故納稅義務人應對其委請報稅之報關行人員之疏失，負擔監督不足之過失責任，不得主張免責[144]。

伍、按次連續處罰 （104檢察事務官；98律師）

　　按次連續處罰之方式，對違規事實持續之違規行為，評價及計算其法律上之違規次數，並予以多次處罰，其每次處罰各別構成一次違規行為，故按次連續處罰之間隔期間是否過密，致多次處罰是否過當，自應審酌是否符合憲法上之比例原則。而按次連續處罰既以違規事實持續存在為前提，而使行政機關每處罰一次，即各別構成一次違規行為，應以合理與必要之行政管制行為，作為區隔違規行為次數之標準，除法律將按次連續處罰之條件、前後處罰之間隔及期間，為明確特別規定，或違規事實改變而

---

[143] 最高行政法院101年度判字第628號行政判決。
[144] 最高行政法院97年度判字第880號行政判決。

非持續存在之情形者外,使前次處罰後之持續違規行為,即為下次處罰之違規事實,始符按次連續處罰之本旨。

一、自行區隔連續違規行為之次數

行政機關適用按次連續處罰之規定,其於2021年1月10日作成罰鍰處分書,其上記載裁處之違規行為時段為2021年1月1日。故行政機關具體實施之管制行為,得於2021年1月10日前之任意時段,自行區隔連續違規行為之次數。致行政機關按次連續裁處罰鍰之處分書,因未記載部分時段之裁處前違規行為,可能成為另一次罰鍰處分之違規事實,造成行為人在行政機關具體裁處行為,所區隔之一次違規行為範圍內,有受重複處罰之虞,其與按次連續處罰之立法本旨不符,違反一行為不二罰之原則[145]。

二、未經申請核准經營汽車運輸業

未經申請核准經營汽車運輸業之違章情節,具反覆性及繼續性之特徵,為營業行為,本質上為法律概念上之一行為。行為人之違規營業行為,因主管機關之介入而區隔或切斷為一次違規行為,主管機關已對於行為人於接獲前處分前所為行為,予以處罰,即不得再就屬於接獲該處分書前之違規營業,再予處罰[146]。

陸、行政罰裁處權之消滅時效

按行政罰裁處權之行使與否,不宜懸之過久,而使處罰關係處於不確定狀態,影響人民權益。準此,行政罰之裁處權,因3年期間之經過而消滅(行政罰法第27條第1項)。前項期間,自違反行政法上義務之行為終結時起算。但行為之結果發生在後者,自該結果發生時起算(第2項)。因裁處權係國家對違反行政法義務者,得課處行政罰之權力,其屬形成

---

[145] 最高行政法院98年11月份第2次庭長法官聯席會議。
[146] 最高行政法院105年度判字第290號行政判決。

權，非公法上之請求權，故行政罰法第27條第1項之裁罰權時效與行政程序法第131條之公法上請求權時效，兩者不同。

柒、空白處罰規定（90檢察事務官）

就有關禁止、停止或限制命令之行為科處刑罰，涉及人民權利之限制，其刑罰之構成要件，應由法律定之；倘法律就其構成要件，授權以命令為補充規定者，其授權之目的、內容及範圍應具體明確，而自授權之法律規定中得預見其行為之可罰，始符刑罰明確性原則。反之，將科罰行為之內容，委由行政機關以命令定之，有授權不明確，且必須從行政機關所訂定之行政命令，始能確知可罰行為內容之情形者，則與上述憲法保障人民權利之意旨不符[147]。

捌、例題解析

一、禁止雙重處罰（91、95檢察事務官）

人民違反建築法規定，經裁處罰鍰並限期改善之案件，人民於改善期間，再次被同一行政機關查獲違規案件，倘屬相同情形，則其違規行為應屬一行為，裁處時應依行政罰法第24條規定辦理。申言之，一行為違反數個行政法上義務規定而應處罰鍰者，依法定罰鍰額最高之規定裁處。但裁處之額度，不得低於各該規定之罰鍰最低額（行政罰法第24條第1項）。前項違反行政法上義務行為，除應處罰鍰外，另有沒入或其他種類行政罰之處罰者，得依該規定併為裁處。但其處罰種類相同，倘從一重處罰已足以達成行政目的者，不得重複裁處（第2項）。一行為違反社會秩序維護法及其他行政法上義務規定而應受處罰，倘已裁處拘留者，不再受罰鍰之處罰（第3項）。準此，行為同時符合兩處罰要件時，除處罰之性質與種類不同，必須採用不同之處罰方法或手段，以達行政目的所必要者

---

[147] 大法官釋字第313號、第522號、第648號解釋。

外，不得重複處罰，係現代民主法治國家之基本原則[148]。

二、行政罰鍰

行政罰鍰係國家為確保行政法秩序之維持，對於違規之行為人所施之財產上制裁，而違規行為之行政法上責任，性質上不得作為繼承之對象。倘違規行為人於罰鍰處分之行政訴訟程序中死亡者，其喪失當事人能力。尚未確定之罰鍰處分，對該違規行為人亦喪失繼續存在之意義而失效。而其繼承人亦不得承受違規行為人之訴訟程序，受理行政訴訟之高等行政法院應適用行政訴訟法第107條第1項第3款，以裁定駁回違規行為人之起訴[149]。

三、連續舉發

汽車所有人、汽車買賣業或汽車修理業，在道路上停放待售或承修之車輛者，處新臺幣2,400元以上4,800元以下罰鍰（道路交通管理處罰條例第57條第1項）。前開情形，交通勤務警察或依法令執行交通稽查任務人員於必要時，並應令汽車所有人、業者將車移置適當場所；倘汽車所有人、業者不予移置，應由交通勤務警察或依法令執行交通稽查任務人員逕為之，並收取移置費（第2項）。汽車駕駛人、汽車所有人、汽車買賣業或汽車修理業違反第57條規定，經舉發後，不遵守交通勤務警察或依法令執行交通稽查任務人員責令改正者，得連續舉發之（道路交通管理處罰條例第85條之1第1項）。此得為連續認定及通知其違規事件之規定，乃立法者對於違規事實一直存在之行為，考量該違規事實之存在，對公益或公共秩序確有影響，除使主管機關得以強制執行之方法及時除去該違規事實外，並得藉舉發其違規事實之次數，作為認定其違規行為之次數，故對

---

[148] 大法官釋字第356號、第503號解釋。
[149] 最高行政法院90年12月份第2次庭長法官聯席會議。

此多次違規行爲得予以多次處罰，並不生一行爲二罰之問題[150]。

玖、相關實務見解——裁處權時效計算（109高考三級法制）

　　政府採購法立法目的在於建立政府採購制度，依公平、公開之採購程序，提升採購效率與功能（政府採購法第1條）。廠商僞造投標文件，參與採購行爲，使公平採購程序受到破壞，此破壞公平採購程序係於開標時發生。準此，廠商有政府採購法第101條第1項第4款情形，機關依同法第102條第3項規定刊登政府採購公報，即生同法第103條第1項所示一定期間內，不得參加投標或作爲決標對象或分包廠商之停權效果，爲不利處分，具有裁罰性，其適用行政罰法第27條第1項所定之3年裁處權時效，除經機關於開標前發現不予開標之情形外，應自開標時起算[151]。

第二項　行政刑罰

　　行政罰法有鑑於行政罰與刑罰同屬對不法行爲之制裁，且因刑罰之制裁功能強於行政罰，刑罰之處罰程序較行政罰嚴謹。準此，行政罰與刑罰適用一行爲不二罰原則。

例題22

　　人民未依法開立統一發票、不依規定申報綜合所得稅，抑是不按期繳納汽機車使用牌照稅或不動產稅。試問該等不作爲，是否應論處逃漏稅捐罪刑？

---

[150] 大法官釋字第604號解釋。
[151] 最高行政法院103年6月份第1次庭長法官聯席會議。

壹、定　義

　　所謂行政刑罰，係指於違反行政法上之義務者，科以刑法上所定刑名之制裁。例如，納稅義務人以詐術或其他不正當方法逃漏稅捐者，處5年以下有期徒刑、拘役或科或併科新臺幣6萬元以下罰金（稅捐稽徵法第41條）。

貳、刑事罰與行政罰之競合（102檢察事務官）

　　所謂刑事優先原則，係指一行為同時觸犯刑事法律及違反行政法上義務規定者，依刑事法律處罰之，此為刑事優先原則。但其行為應處以其他種類行政罰或得沒入之物而未經法院宣告沒收者，亦得裁處之（行政罰法第26條第1項）。前項行為如經不起訴處分、緩起訴處分確定或為無罪、免訴、不受理、不付審理、不付保護處分、免刑、緩刑之裁判確定者，得依違反行政法上義務規定裁處之（第2項）。第1項行為經緩起訴處分或緩刑宣告確定，且經命向公庫或指定之公益團體、地方自治團體、政府機關、政府機構、行政法人、社區或其他符合公益目的之機構或團體，支付一定之金額或提供義務勞務者，其所支付之金額或提供之勞務，應於依前項規定裁處之罰鍰內扣抵（第3項）。以一行為同時觸犯刑事法律及違反行政法上義務規定為要件，重點在於一行為符合犯罪構成要件與行政罰構成要件時，使行政罰成為刑罰之補充，僅要該行為之全部或一部構成犯罪行為之全部或一部，即適用刑事優先原則。

一、違反行政法之義務（100、97司法官）

　　一行為同時觸犯刑事法律及違反行政法之義務規定者，雖依刑事法律處罰之。然其行為應處以其他種類行政罰或得沒入之物，而未經法院宣告沒收者，亦得裁處之（行政罰法第26條第1項）。前項行為經不起訴處分或為無罪、免訴、不受理、不付審理之裁判確定者，得依違反行政法上義務規定裁處之（第2項）。因檢察官依刑事訴訟法第253條之1規定所為緩

起訴處分之性質，實屬附條件之便宜不起訴處分；檢察官爲緩起訴處分時，對被告所爲之措施及課予之負擔，係特殊之處遇措施，並非刑罰。準此，一行爲同時觸犯刑事法律及違反行政法上義務規定，經檢察官爲緩起訴處分確定後，行政機關自得依行政罰法第26條第2項規定，以違反政法上義務規定裁處[152]。

二、違反作爲義務

納稅義務人違反作爲義務而被處行爲罰，僅須其有違反作爲義務之行爲即應受處罰；而逃漏稅捐之被處漏稅罰者，應具有處罰法定要件之漏稅事實，始得爲之。兩者處罰目的及處罰要件雖不相同，惟其行爲同時符合行爲罰及漏稅罰之處罰要件時，除處罰之性質與種類不同，應採用不同之處罰方法或手段，以達行政目的所必要者外，不得重複處罰，係現代民主法治國家之基本原則。準此，違反作爲義務之行爲，同時構成漏稅行爲之一部或漏稅行爲之方法而處罰種類相同者，倘從其一重處罰，已足達成行政目的時，即不得再就其他行爲併予處罰[153]。

參、例題解析──逃漏稅捐罪

稅捐稽徵法第41條之逃漏稅捐罪，係以詐術或其他不正當方法逃漏稅捐爲其構成要件。所謂詐術或其他不正當方法，係指積極行爲可言。例如，開立不實之統一發票、工資收據，或僞造各期使用牌照稅完納證、設置虛僞之會計帳簿等積極行爲。反之，違反稅法之消極行爲。例如，不開立統一發票、不依規定申報課稅或按期繳納使用牌照稅，因各稅法上另訂有罰鍰罰則及處罰程序，倘另無逃漏稅捐之積極行爲，此種單純不作爲，僅能責令補稅，並處以行政罰之罰鍰，不能遽行論處逃漏稅捐罪刑[154]。

---

[152] 最高行政法院101年度判字第104號行政判決。
[153] 大法官釋字第503號解釋。
[154] 最高法院75年度台上字第2779號、第3700號刑事判決。

肆、相關實務見解——緩起訴處分非刑罰

　　甲之酒後駕車犯行，業經地方法院檢署檢察官爲緩起訴處分確定，並向指定公益團體繳納新臺幣（下同）1萬元，且接受法治教育3小時，均已履行完畢，嗣後行政機關就同一行爲，依道路交通管理處罰條例第35條第1項前段第1款規定裁處甲罰鍰4萬5千元，而於上開裁處之罰鍰內，扣抵依前揭緩起訴處分命支付之1萬元後之差額爲3萬5千元（行政罰法第26條第3項）。吊扣駕駛執照12個月，並依同條例第24條第1項第2款規定，應接受道路交通安全講習。因檢察官爲緩起訴處分時，依刑事訴訟法第253條之2第1項規定，對甲所爲之措施及課予之負擔，係特殊之處遇措施，並非刑罰。準此，行政機關之裁決，未違反一事不二罰原則（第2項）[155]。

第五節　行政執行

　　所謂行政執行或行政強制執行，係指公法上金錢給付義務、行爲或不行爲義務之強制執行及即時強制（行政執行法第2條）。因行政執行爲行政機關自行實施之強制執行程序，行政機關得以本身之公權力，實現行政行爲之內容，無須藉助於法院之執行程序，或稱行政強制執行。行政執行法爲行政強制執行之普通法，倘其他法律有特別規定者，應優先適用[156]。

---

[155] 102年度高等行政法院及地方法院行政訴訟庭法律座談會提案6。
[156] 廢棄物清理法第71條第1項規定：不依規定清除、處理之廢棄物，直轄市、縣市主管機關或執行機關得命事業、受託清除處理廢棄物者、仲介非法清除處理廢棄物者、容許或因重大過失致廢棄物遭非法棄置於其土地之土地所有人、管理人或使用人，限期清除處理。屆期不爲清除處理時，直轄市、縣市主管機關或執行機關得代爲清除、處理，並向其求償清理、改善及衍生之必要費用。屆期未清償者，移送強制執行；直轄市、縣市主管機關或執行機關得免提供擔保向高等行政法院聲請假扣押、假處分。

行政執行	內容	法律依據
行為或不行為義務	間接強制：1.怠金；2.代履行	行政執行法第29條至第31條
	直接強制：1.扣留、收取交付、解除占有、處置、使用或限制使用動產、不動產；2.進入、封閉、拆除住宅、建築物或其他處所；3.收繳、註銷證照；4.斷絕營業所必須之自來水、電力或其他能源；5.其他以實力直接實現與履行義務同一內容狀態之方法	行政執行法第28條、第32條
公法上之金錢給付	稅款、滯納金、滯報費、利息、滯報金、怠報金、短估金、罰鍰、怠金、代履行費用、其他公法上應給付金錢之義務	行政執行法第11條至第12條
即時強制	1.對於人之管束；2.對於物之扣留、使用、處置或限制其使用；3.對於住宅、建築物或其他處所之進入；4.其他依法定職權所為之必要處置	行政執行法第36條至第40條

第一項 行政執行之概念

行政執行，應依公平合理之原則，兼顧公共利益與人民權益之維護，以適當之方法為之，不得逾達成執行目的之必要限度（行政執行法第3條）。行政機關對不履行公法義務者，應優先考慮採用間接強制執行之措施，倘無法達成目的，再選擇直接強制執行之措施。

例題23

建築物所有權人在都市計畫範圍內之建築物使用，違反都市計畫法之規定者，地方政府除得處罰鍰外，並可勒令拆除、改建、停止使用或恢復原狀。就不拆除、改建、停止使用或恢復原狀者，得停止供水、供電、封閉、強制拆除或採取其他恢復原狀之措施。試問建築物所有權人已自行拆除違規使用之建築物，有無再執行停止供水、或供電之措施？

例題24

　　行政機關之清除人員進入他人占有之國有土地，清理土地內之廢棄物，需經由他人占用國有土地之鐵門圍籬進入施工，而因圍籬前後均屬國有土地。試問有無適用即時強制，得進入他人住宅、建築物或其他處所？

壹、定　義

　　所謂行政執行，係指行政客體不履行行政法上之義務時，行政主體得以強制手段使之履行，或使其實現與已履行義務相同狀態之行政權作用[157]。申言之，國家機關之行政行為係基於公權力所為之意思表示者，該意思表示具有強制力為行政法之主要特徵，人民不履行行政法上之義務時，為貫徹法令，維護社會秩序與公益，國家機關本於行政權之作用，自得以強制力自為執行。

貳、行為或不行為義務之強制（100、98、96、89司法官；97、95、93律師）

　　依法令或本於法令之行政處分，負有行為或不行為義務，經於處分書或另以書面限定相當期間履行，逾期仍不履行者，由執行機關依間接強制或直接強制方法執行之（行政執行法第27條第1項）。前項文書，應載明不依限履行時將予強制執行之意旨（第2項）。

---

[157] 李震山，行政法導論，三民書局股份有限公司，2002年10月，修訂4版2刷，頁221至353。

一、間接強制

(一)怠 金

1.不適用一行為不二罰

對於違反行政法上義務之行為，依法自得予以裁罰，其有數行為違反行政法上之義務者，雖得分別處罰。惟一行為不二罰原則，係現代民主法治國家之基本原則，禁止國家對人民之同一行為，予以相同或類似之措施多次處罰，致承受過度不利之後果。是一行為已受處罰後，國家不得再行處罰；且一行為亦不得同時受到國家之多次處罰，故行為人所為違反行政法上義務之行為，究為一行為或數行為，自應予以辨明[158]。申言之：(1)罰鍰係針對義務人過去違反其行政法上義務所為之處罰，其為秩序罰；(2)怠金稱為執行罰，性質上係對違反行政法上不行為義務或行為義務者處以一定數額之金錢，使其心理上發生強制作用，間接督促其自動履行之強制執行手段，其目的在於促使義務人未來履行其義務，本質上並非處罰，其屬於間接強制方法。罰鍰與怠金性質不同，無一行為不二罰原則之適用，自可併行之（行政執行法第28條第1項第2款）[159]。再者，處以罰鍰或怠金，均屬行政程序法第92條之行政處分，得直接移送法務部行政執行署分署執行，毋庸向行政法院起訴請求。

2.書面限期履行

依法令或本於法令之行政處分，負有行為義務而不為，其行為不能由他人代為履行者，或負有不行為義務而為之者，依其情節輕重可處以怠金（行政執行法第30條）。處以怠金後，仍不履行其義務者，執行機關得連續處以怠金（行政執行法第31條第1項）。連續處以怠金前，仍應依第27條規定，以書面限期履行（第2項本文）。

---

[158] 最高行政法院107年度判字第443號行政判決。
[159] 法務部2007年1月30日法律決字第0960003339號函。

(二)代履行（109司津）

所謂代履行，係指義務人負有義務而不履行時，由執行機關委託第三人或指定人員代為履行而言（行政執行法第28條第1項第1款）。而主管機關委託第三人或由指定人員執行後所產生之費用支出，應由義務人自行負擔，因此項費用乃義務人不自動履行義務而產生（行政執行法第29條）。主管機關就代履行費用，應核定其金額通知義務人限期繳納，此項核定性質屬獨立之確認及下命處分，其得為獨立之執行名義，倘義務人不按期繳納，依行政執行法第34條規定，得移送行政執行處執行之，不需向行政法院起訴以取得執行名義。準此，代履行為間接強制方法，關於執行方法上之選擇是否妥當，其救濟途徑應依行政執行法第9條規定聲明異議，經行政執行分署作成異議決定，予以駁回後，對於代履行費用之核定，具有確認及下命處分之性質，倘義務人對其是否應負擔該費用或對其金額有所不服，自得依法提起行政訴訟救濟[160]。

二、直接強制（102、98、96、89司法官；95、93律師）

經間接強制不能達成執行目的，或因情況急迫，倘不及時執行，顯難達成執行目的時，執行機關得依直接強制方法執行之（行政執行法第32條）。直接強制方法如下：(一)扣留、收取交付、解除占有、處置、使用或限制使用動產、不動產；(二)進入、封閉、拆除住宅、建築物或其他處所；(三)收繳、註銷證照；(四)斷絕營業所必須之自來水、電力或其他能源；(五)其他以實力直接實現與履行義務同一內容狀態之方法（行政執行法第28條第2項）。例如，電子遊戲場因涉嫌賭博經裁處停業處分，仍不停業，在核處怠金後，並執行斷水斷電，倘該場所仍有涉及賭博情事，應繼續以直接強制方式執行之。

---

[160] 最高行政法院107年4月份第1次庭長法官聯席會議決議。

參、即時強制（94司法官）

一、定　義

　　行政機關為阻止犯罪、危害之發生或避免急迫危險，而有即時處置之必要時，得為即時強制（行政執行法第36條第1項）。對於受到即時強制之人，通常屬為公益而特別犧牲者，應對之予以補償（行政執行法第41條）。

二、類　型

　　即時強制方法如下：(一)對於人之管束；(二)對於物之扣留、使用、處置或限制其使用；(三)對於住宅、建築物或其他處所之進入；(四)其他依法定職權所為之必要處置（行政執行法第36條第2項）。

(一)對人管束（102司法官；91檢察事務官）

　　對於人之管束，以合於下列情形之一者為限：1.瘋狂或酗酒泥醉，非管束不能救護其生命、身體之危險，及預防他人生命、身體之危險者；2.意圖自殺，非管束不能救護其生命者；3.暴行或鬥毆，非管束不能預防其傷害者；4.其他認為必須救護或有害公共安全之虞，非管束不能救護或不能預防危害者（行政執行法第37條第1項）。前項管束，不得逾24小時（第2項）[161]。

(二)對物限制

　　軍器、凶器及其他危險物，為預防危害之必要，得扣留之（行政執行法第38條第1項）。扣留之物，除依法應沒收、沒入、毀棄或應變價發還者外，其扣留期間不得逾30日。但扣留之原因未消失時，得延長之，延長期間不得逾2個月（第2項）。扣留之物無繼續扣留必要者，應即發還；而於1年內無人領取或無法發還者，其所有權歸屬國庫；其應變價發

---

[161] 大法官釋字第690號解釋。

還者，亦同（第3項）。

(三)處所管制

遇有天災、事變或交通上、衛生上或公共安全上有危害情形，非使用或處置其土地、住宅、建築物、物品或限制其使用，不能達防護之目的時，得使用、處置或限制其使用（行政執行法第39條）。例如，傳染病發生時，主管機關人員進入相關場所從事防疫工作。

(四)進入處所

對於住宅、建築物或其他處所之進入，以人民之生命、身體、財產有迫切之危害，非進入不能救護者為限（行政執行法第40條）。例如，有人民於住宅有自殺行為。

三、特別損失補償

人民因執行機關依法實施即時強制，致其生命、身體或財產遭受特別損失時，得請求補償。但因可歸責於該人民之事由者，不在此限（行政執行法第41條第1項）。前項損失補償，應以金錢為之，並以補償實際所受之特別損失為限（第2項）。對於執行機關所為損失補償之決定不服者，得依法提起訴願及行政訴訟（第3項）。損失補償，應於知有損失後，2年內向執行機關請求之。但自損失發生後，經過5年者，不得為之（第4項）。所謂公法上損失補償者，係指國家基於公益需要，依法行使公權力，致特定人之財產上利益特別犧牲，國家應給予相當之補償而言。準此，行政上之損害賠償與損失補償不同，前者係以不法行為為前提，為公法上之侵權行為；後者係對適法之行為而生之補償，以彌補相對人之損失。因行政機關實施即時強制，致人民財產遭受損失，而請求補償者，均應先向行政機關提出申請，在行政機關否准其請求時，始得提起訴願及行政訴訟[162]。

---

[162] 最高行政法院92年度判字第1709號行政判決。

肆、例題解析

一、直接強制方法

　　都市計畫範圍內土地或建築物之使用，或從事建造、採取土石、變更地形，違反都市計畫法或內政部、直轄市、縣市政府依本法所發布之命令者，當地地方政府或鄉、鎮、縣轄市公所，得處其土地或建築物所有權人、使用人或管理人新臺幣6萬元以上30萬元以下罰鍰，並勒令拆除、改建、停止使用或恢復原狀。不拆除、改建、停止使用或恢復原狀者，得按次處罰，並停止供水、供電、封閉、強制拆除或採取其他恢復原狀之措施，其費用由土地或建築物所有權人、使用人或管理人負擔（都市計畫法第79條第1項）。因直接強制方法，係義務人不履行其行為或不行為義務時，執行機關對義務人之身體財產直接施以實力，而實現與履行義務同一內容狀態之手段，倘義務人已履行義務，違規狀態業經排除，而回復至合法使用之情形，自無再行施以直接強制措施之必要。準此，建築物所有權人已自行拆除違規使用之建築物，經地方政府勘現場，確認已無違規情節，自不得再施以斷水斷電措施。

二、即時強制之要件

　　行政機關為阻止犯罪、危害之發生或避免急迫危險，而有即時處置之必要時，得為即時強制。即時強制不以人民有違反行政法上義務為前提，即時強制之機關必須就該事項有法定職權，並不得逾越其權限範圍而實施；同時選擇強制方法之種類與強制之範圍或程序，均應符合比例原則。所有人於法令限制之範圍內，得自由使用、收益、處分其所有物，並排除他人之干涉（民法第765條）。土地所有人得禁止他人侵入其地內（民法第790條本文）。行政機關之清除人員欲清除國有土地之廢棄物，倘其需經由他人占用國有土地之鐵門圍籬進入施工，而因圍籬前後均屬國有土地，不適用行政執行法第36條第2項第3款規定，對於住宅、建築物或其他處所之進入等問題。準此，行政機關處自得以持國有土地管理機關之地

位，排除他人之干涉，進入該國有土地清理廢棄物。

伍、相關實務見解——按日連續處罰之程序與目的

本法第60條第1項處罰鍰者，並通知限期改善，屆期仍未完成改善者，按日連續處罰；情節重大者，得命其停止作爲或污染源之操作，或命停工或停業，必要時，並得廢止其操作許可證或勒令歇業（空氣污染防制法第60條第2項）。其所規範按日連續處罰之程序與目的，旨在藉由不斷之處罰，迫使行爲人履行其公法上義務。準此，改善空氣污染物之排放，其重點非在過去義務違反之制裁，係針對將來義務履行所採取之督促方法，故按日連續處罰規定，在性質爲執行罰，係行政執行法所稱之怠金者（行政執行法第30條、第31條）[163]。

第二項　公法上之金錢給付

法務部行政執行署職司公法上金錢給付義務案件之執行，故行政執行署性質上屬行政機關，縱使機關部分成員，具有司法人員身分，亦不因而改變行政機關之屬性。而公法上金錢給付義務之執行事件，由行政執行署之行政執行官、執行書記官督同執行員辦理之（行政執行法第12條）。

例題25

甲因迭經違規停車，多次遭警察機關裁處罰鍰，甲對該等罰鍰處分置之不理。試問甲死亡後，並遺有財產者，行政執行分署得否執行甲之繼承人之財產？

---

[163] 101年度高等行政法院法律座談會提案13。

例題26

> 刑事被告經法院判處罰金確定，檢察官命令被告繳納罰金，被告拒不繳納。試問檢察官應囑託地方法院民事執行處或移送法務部行政執行署分署，強制執行被告所有責任財產？

壹、類型與執行要件

一、類　型

公法上金錢給付義務如下：(一)稅款、滯納金、滯報費、利息、滯報金、怠報金及短估金；(二)罰鍰及怠金；(三)代履行費用；(四)其他公法上應給付金錢之義務（行政執行法施行細則第2條）。例如，全民健保保費屬公法之金錢給付，具分擔金之性質[164]。

二、執行要件

義務人依法令或本於法令之行政處分或法院之裁定，負有公法上金錢給付義務，有下列情形之一，逾期不履行，經主管機關移送者，由行政執行處就義務人之財產執行之：(一)其處分文書或裁定書定有履行期間或有法定履行期間者；(二)其處分文書或裁定書未定履行期間，經以書面限期催告履行者；(三)依法令負有義務，經以書面通知限期履行者（行政執行法第11條第1項）。法院依法律規定，就公法上金錢給付義務為假扣押、假處分之裁定經主管機關移送者，亦同（第2項）。關於公法上金錢給付義務之執行，除行政執行法另有規定外，準用強制執行法規定（行政執行法第26條）。

---

[164] 大法官釋字第473號解釋。

三、其他公法上應給付金錢之義務

　　行政執行法施行細則第2條第4款所稱之其他公法上應給付金錢之義務，係指除該條第1款至第3款稅款等外，得由行政機關單方以行政處分裁量核定人民金錢給付而言。例如，被告機關並無單方以行政處分裁量原告返還不當得利之核定權，亦無由依行政執行法第11條第1項規定，以處分文書或書面通知限期履行作為執行名義，其應另提起給付訴訟，以取得執行名義。被告以函文通知漁業人繳回優惠油價補貼款，並未對外直接發生下命原告繳回優惠油價補貼款或確認給付種類、金額之法律效果，核屬催告性質之觀念通知，而非行政處分。準此，該函文並非行政處分，原告對之提起撤銷訴訟，則有起訴不備其他要件之情事[165]。

貳、執行時效

　　行政執行，自處分、裁定確定日或其他依法令負有義務經通知限期履行之文書所定期間屆滿日起，5年內未經執行者，不再執行；其於5年期間屆滿前已開始執行者，仍得繼續執行。但自5年期間屆滿日起已逾5年，尚未執行終結者，不得再執行（行政執行法第7條第1項）。行政執行法所規定之行政執行期間，其立法目的在求法律秩序之安定，此項期間之性質，應解為係法定期間，其非時效或除斥期間，而與消滅時效之本質有別[166]。

參、例題解析

一、公法上金錢給付義務

　　義務人死亡遺有財產者，行政執行署得逕對其遺產強制執行（行政執

---

[165] 最高行政法院104年6月份第1次庭長法官聯席會議決議；最高行政法院104年度判字第345號行政判決。

[166] 最高行政法院99年度判字第1138號行政判決。

行法第15條）。係就負有公法上金錢給付義務之人死亡後，行政執行處應如何強制執行，所為之特別規定。罰鍰乃公法上金錢給付義務之一種，罰鍰之處分作成而具執行力後，義務人死亡並遺有財產者，基於罰鍰處分所發生之公法上金錢給付義務，得為強制執行，其執行標的限於義務人之遺產，不得執行繼承人之固有財產[167]。

二、罰金刑之執行

行政執行，由原處分機關或該管行政機關為之。但公法上金錢給付義務逾期不履行者，移送法務部行政執行署分署執行（行政執行法第4條第1項）。所謂得移送行政執行署強制執行之公法上金錢給付義務，限於人民基於法令、行政處分或法院裁定，對行政主體負擔之行政法上金錢給付義務者，始足當之。性質上不屬行政執行範疇，除非法律另有規定，不應移送行政執行署強制執行。罰金刑之執行，性質上雖屬公法上之金錢給付義務，此因法院行使司法權所發生之公法上金錢給付義務，然非屬行政執行之範疇。行政執行法之目的，在於貫徹行政機關之自力執行力，而刑事法上之金錢給付義務，應不屬於由法務部行政執行署分署執行之公法上金錢給付義務範疇，檢察官認為必要時，自得依刑事訴訟法第471條規定，囑託地方法院民事執行處執行[168]。

肆、相關實務見解——損害債權事件

刑法第356條損害債權罪所保護者，應排除行政機關依其公權力作成下命處分後，對於不履行義務之相對人，以強制手段使其履行義務；或產生與履行義務相同事實狀態之情形。該條所稱之強制執行，係指強制執行法之強制執行，並不包含行政執行法之行政執行。雖公法上金錢給付義務之執行，依行政執行法第26條規定，準用強制執行程序，僅為立法技術

---

[167] 大法官釋字第621號解釋。
[168] 臺灣高等法院暨所屬法院92年法律座談會彙編，2004年4月，頁450至455。

之一種，難認為公法上金錢給付義務，屬強制執行之執行名義[169]。

第三項　行政執行之救濟

行政執行為行政主體行使公權力之意思表示，有國家賠償法所定國家應負賠償責任之情事者，受損害人得依國家賠償法請求損害賠償（行政執行法第10條）。

例題27

> 教育部為獎勵私人興辦教育事業，故有補助私立學校之款項，如補助款、獎助款等。試問私立學校不履行公法上金錢給付義務時，該等補助款項得否為行政執行之標的？

壹、聲明異議（103、92司法官；102檢察事務官；102、101、100律師）

義務人或利害關係人對執行命令、執行方法、應遵守之程序或其他侵害利益之情事，得於執行程序終結前，向執行機關聲明異議（行政執行法第9條第1項）。執行機關認聲明異議有理由者，應即停止執行，並撤銷或更正已為之執行行為；認其無理由者，應於10日內加具意見，送直接上級主管機關於30日內決定之（第2項）。行政執行，除法律另有規定外，不因聲明異議而停止執行。但執行機關因必要情形，得依職權或申請停止之（第3項）。倘義務人或利害關係人不服該直接上級主管機關所為異議決定者，得依法提起撤銷訴訟，並得聲請停止執行[170]。

---

[169] 臺灣高等法院暨所屬法院102年法律座談會刑事類提案第15號。
[170] 最高行政法院97年12月份第3次庭長法官聯席會議（三）、107年10月份第2次庭長法官聯席會議。

貳、例題解析——執行標的

私立學校之收入，應悉數用於當年度預算項目之支出；其有賸餘款者，應保留於該校基金運用（私立學校法第46條第1項）。其立法本旨係對私立學校收入用途所設之限制，無礙於執行機關之執行行為，且教育部對各私立學校之補助款，為該校之收入，相關法律無禁止扣押之明文，故得依行政執行法第26條準用強制執行法規定，自得執行補助款。

參、相關實務見解——停止強制執行

強制執行法第18條第2項規定，有提起異議之訴時，法院因必要情形，或依聲請定相當並確實之擔保，得為停止強制執行之裁定。而行政執行法第26條規定，行政執行準用之。準此，當事人提起異議之訴，在異議之訴判決確定前，倘法院認有必要，得依職權為停止執行之裁定；其在當事人願供擔保，聲請停止強制執行時，法院亦得依其聲請，定相當並確實之擔保，為停止強制執行之裁定。至異議之訴實體上有無理由，非法院於裁定停止強制執行時，應予審酌之事項[171]。

第六節　行政程序

為使行政行為遵循公正、公開與民主之程序，確保依法行政之原則，以保障人民權益，提高行政效能，增進人民對行政之信賴，特制定行政程序法（行政程序法第1條）。

行政程序	內容	法律依據
政府資訊公開	人民知的權利；對公共事務之瞭解、信賴及監督；促進民主參與	政府資訊公開法；行政程序法第46條至第47條

---

[171] 最高行政法院101年度裁字第454號行政裁定。

行政程序	內容	法律依據
行政計畫	行政機關為達成未來特定公共目的之事前設計與規劃	行政程序法第163條至第164條
行政調查	行政機關依職權調查事實與證據	行政程序法第36條至第43條
行政指導	行政機關為實現行政目的,以不具法律上強制力之方法,促請特定人為一定作為或不作為之行為	行政程序法第165條至第167條
陳情	行政興革之建議、行政法令查詢、行政違規舉發或行政上權益之維護	行政程序法第168條

第一項　行政程序之概念

行政機關為行政行為時,除法律另有規定外,應依行政程序法規定為之。所謂法律者,其包括經法律授權而其授權內容具體明確之法規命令之意見辦理。例如,道路交通管理事件統一裁罰基準及處理細則,為道路交通管理處罰條例第92條第2項授權所訂定,該裁罰基準及處理細則第11條第1項第1款末段規定,違規行為人拒絕收受時,而於告知其應到案時間及處所,並記明事由與告知事項,即視為已收受,此應屬行政程序法以外之特別規定,可認定已將舉發通知單合法送達違規行為人[172]。

例題28

臺灣電力公司雖要求用電戶應負擔維護電表之費用,然用電戶主張臺灣電力公司未踐行行政程序,其拒絕負擔之。試問用電戶主張本件應適用行政程序法,是否有理由?

---

[172] 103年度高等行政法院及地方法院行政訴訟庭法律座談會提案2。

例題29

行政院勞動部勞動力發展署所屬職業訓練中心與學員訂定，倘學員擅自退訓，應賠償相關之訓練費用，並自願接受強制執行行政契約。試問上開自願接受強制執行之行政契約，倘未經勞動部之認可，可否作為執行名義？

例題30

甲於2021年1月1日騎乘機車闖紅燈違規，依道路交通管理處罰條例第53條第1項規定，應處新臺幣（下同）1,800元以上5,400元以下之罰鍰。並依同條例第63條第1項第3款規定，記點3點。因舉發通知單僅記載違規事實闖紅燈及違反法條道路交通管理處罰條例第53條第1項，甲就通知單並未不服，乃於所訂到案期限前之同年2月1日，自動至便利商店或郵局繳納最低罰鍰1,800元結案。甲嗣於同年3月15日再度騎乘機車闖紅燈違規，遭攔停舉發後，甲不服舉發，乃於到案期限前之同年4月15日到案請求處罰機關開立裁決，經處罰機關開立違反道路交通管理事件裁決書裁處甲罰鍰1,800元並記違規3點，甲就此裁決未經提起行政訴訟救濟而告確定。甲於2021年5月30日，收到處罰機關，以甲於在6個月內，違規點數共計6點，按同條例第63條第3項規定，裁決吊扣駕駛執照1個月之處分，甲於法定期限內提起行政訴訟，主張其於2021年1月1日之闖紅燈違規，並不知悉未收受處罰機關有為裁決記點之處分，主張吊扣駕照處分違法。試問甲之主張，有無理由？

壹、定　義

所謂行政程序，係指政機關作成行政處分、締結行政契約、訂定法

規命令與行政規則、確定行政計畫、實施行政指導及處理陳情等行為之程序（行政程序法第2條第1項）。所稱行政機關，係指代表國家、地方自治團體或其他行政主體表示意思，從事公共事務，具有單獨法定地位之組織（第2項）。受託行使公權力之個人或團體，其於委託範圍內，視為行政機關（第3項）。

貳、適用範圍（92司法官）

一、原則規定

行政機關為行政行為時，除法律另有規定外，固應依行政程序法為之（行政程序法第3條第1項）。然各級民意機關、司法機關或監察機關之行政行為，不適用行政程序法之程序規定（第2項）。例如，檢察官為偵查機關，對於非病死或可疑為非病死者，應加以相驗，倘發現有犯罪嫌疑時，應繼續為必要之勘驗及調查，藉以發見犯人與蒐集犯罪證據，足見檢察官相驗屍體與偵查程序有不可分離之關係，應屬刑事司法行為。當事人或利害關係人有不服者，其救濟程序，應依刑事實體或程序法之相關規定辦理，其非一般公法事件，不准許該人民提起行政訴訟由行政法院審判[173]。

二、例外規定

原則上，行政機關為行政行為時，應依行政程序法為之。例外情形，下列事項不適用行政程序法之程序規定：(一)有關外交行為、軍事行為或國家安全保障事項之行為；(二)外國人出、入境、難民認定及國籍變更之行為；(三)刑事案件犯罪偵查程序；(四)犯罪矯正機關或其他收容處所為達成收容目的所為之行為；(五)有關私權爭執之行政裁決程序；(六)學校或其他教育機構為達成教育目的之內部程序；(七)對公務員所為之人事行政行為；(八)考試院有關考選命題及評分之行為（行政程序法第3條第3項）。

---

[173] 最高行政法院97年度裁字第4746號行政裁定。

三、迴避條款

公務員在行政程序中，有下列各款情形之一者，應自行迴避：(一)本人或其配偶、前配偶、四親等內之血親或三親等內之姻親或曾有此關係者為事件之當事人時；(二)本人或其配偶、前配偶，就該事件與當事人有共同權利人或共同義務人之關係者；(三)現為或曾為該事件當事人之代理人、輔佐人者；(四)於該事件，曾為證人、鑑定人者（行政程序法第32條）。再者，公務員有下列各款情形之一者，當事人得申請迴避：(一)有前條所定之情形而不自行迴避者；(二)有具體事實，足認其執行職務有偏頗之虞者（行政程序法第33條第1項）。

參、行政程序之開始

行政程序之開始，由行政機關依職權定之。但依本法或其他法規之規定有開始行政程序之義務，或當事人已依法規之規定提出申請者，不在此限（行政程序法第34條）。當事人依法向行政機關提出申請者，除法規另有規定外，得以書面或言詞為之。以言詞為申請者，受理之行政機關應作成紀錄，經向申請人朗讀或使閱覽，確認其內容無誤後由其簽名或蓋章（行政程序法第35條）。而撤回屬於廣義之申請事項，提出撤回之申請者亦應踐行相同之程序，除以書面為之外，倘以言詞為撤回者，受理之行政機關應作成紀錄，經向申請人朗讀或使閱覽，確認其內容無誤後由其簽名或蓋章，始生撤回之效力。例如，人民以書面提出申請補助研究經費，並經行政機關立案後進行審查，則在行政程序進行中，除非人民另以書面正式撤回其申請，或由行政機關將其言詞撤回作成紀錄，向其本人或受其特別委任之代理人朗讀或使閱覽，確認其內容無誤後，由其簽名或蓋章。僅憑第三人之口頭轉述時，不符合撤回申請之法定程式，自無法消滅申請案之繫屬狀態[174]。

---

[174] 最高行政法院98年度判字第103號行政判決。

肆、送　達

　　所謂送達，係指行政機關將有關文件，交付予當事人或其關係人，而使行政行為生效之事實行為。本法送達適用職權送達主義，除法規另有規定外，由行政機關依職權為之（行政程序法第67條）。送達之規定，由行政程序法第67條至第91條，有規範送達對象、證書、處所、方法、送達生效日及送達證書。

送達方式	法律依據	內容
自行送達或郵政機關送達	行政程序法第68條	文書由行政機關自行送達者，以承辦人員或辦理送達事務人員為送達人；其交郵政機關送達者，以郵務人員為送達人
補充送達	行政程序法第73條第1項、第2項	將文書付與有辨別事理能力之同居人、受雇人或應送達處所之接收郵件人員
留置送達	行政程序法第73條第3項	將文書留置於應送達處所
寄存送達	行政程序法第74條	將文書寄存送達地之地方自治或警察機關
不特定人送達	行政程序法第75條	公告或刊登政府公報或新聞紙
公示送達	行政程序法第78條至第82條	登政府公報或新聞紙、黏貼公告欄
外國囑託送達	行政程序法第86條至第87條	該國管轄機關或駐在該國之中華民國使領館或其他機構、團體或外交部。

一、行政處分之送達

　　書面之行政處分，應送達相對人及已知之利害關係人；書面以外之行政處分，應以其他適當方法通知或使其知悉（行政程序法第100條第1項）。一般處分之送達，得以公告或刊登政府公報或新聞紙代替之（第2項）。

(一)個別處分

　　所謂行政處分者，係指行政機關就公法上具體事件所為之決定或其他公權力措施而對外直接發生法律效果之單方行政行為（訴願法第3條第1項；行政程序法第92條第1項）。其為行政機關最常作成之行政行為，如高速公路局請求特定用路人繳交高速公路之過路費。

(二)一般處分

　　行政機關決定或措施之相對人雖非特定，而依一般性特徵可得確定其範圍者，為一般處分，適用有關行政處分之規定。有關公物之設定、變更、廢止或其一般使用者，亦同（訴願法第3條第2項；行政程序法第92條第2項）。一般處分可分為人與物等類型。前者，對人之一般處分，如命某些人於一定期間內，遷移在某山坡地上非法濫葬之墳墓；後者，係對物之一般處分，如道路用地之設定或廢止[175]、營造物之利用規則。

二、應送達人

(一)本人

　　送達於應受送達人之住居所、事務所或營業所為之。但在行政機關辦公處所或他處會晤應受送達人時，得於會晤處所為之（行政程序法第72條第1項）。對於機關、法人、非法人之團體之代表人或管理人為送達者，應向其機關所在地、事務所或營業所行之。但必要時亦得於會晤之處所或其住居所行之（第2項）。應受送達人有就業處所者，亦得向該處所為送達（第3項）。再者，送達由當事人向行政機關申請對第三人為之者，行政機關應將已為送達或不能送達之事由，通知當事人（行政程序法第77條）。例如，交通違規事件中，警員當場舉發違規行為人，而填寫舉發違反道路交通管理事件通知單（下稱舉發通知單）後，應將通知聯交

---

[175] 李震山，行政法導論，三民書局股份有限公司，2002年10月，修訂4版2刷，頁287。

付該違規行為人簽名或蓋章收受之，倘違規行為人拒絕簽章，且拒絕收受該通知聯時，警員僅依違反道路交通管理事件統一裁罰基準及處理細則（下稱道交處理細則）第11條第1項第1款規定口頭告知其應到案時間及處所，並記明事由與告知事項後，可對違規行為人已生合法送達舉發通知單之效力。申言之，行政機關為行政行為時，除法律另有規定外，應依本法規定為之（行政程序法第3條第1項）。所謂法律者，包括經法律授權而其授權內容具體明確之法規命令。道交處理細則為道交處罰條例第92條第2項授權所訂定，道交處理細則第11條第1項第1款規定，違規行為人拒絕收受時，其於告知其應到案時間及處所，並記明事由與告知事項，即視為已收受，此應屬行政程序法以外之特別規定，依規定可認已將舉發通知單合法送達違規行為人[176]。

(二)無行政程序之行為能力人

對於無行政程序之行為能力人為送達者，應向其法定代理人為之（行政程序法第69條第1項）。對於機關、法人或非法人之團體為送達者，應向其代表人或管理人為之（第2項）。法定代理人、代表人或管理人有二人以上者，送達得僅向其中之一人為之（第3項）。無行政程序之行為能力人為行政程序之行為，未向行政機關陳明其法定代理人者，而於補正前，行政機關得向該無行為能力人為送達（第4項）。

(三)外國法人或團體

對於在中華民國有事務所或營業所之外國法人或團體為送達者，應向其在中華民國之代表人或管理人為之（行政程序法第70條第1項）。代表人或管理人有二人以上者，送達得僅向其中之一人為之（第2項）。

(四)代理人

行政程序之代理人受送達之權限未受限制者，原則上送達應向該代理人為之（行政程序法第71條本文）。例外情形，行政機關認為必要時，

---

[176] 103年度高等行政法院及地方法院行政訴訟庭法律座談會提案2。

得送達於當事人本人（但書）。送達究向代理人或本人爲之，係行政機關之權限，由行政機關於送達文書上註明應受送達之人[177]。

(五)指定送達代收人

當事人或代理人經指定送達代收人，向行政機關陳明者，應向該代收人爲送達（行政程序法第83條第1項）。郵寄方式向行政機關提出者，以交郵地無住居所、事務所及營業所，行政機關得命其於一定期間內，指定送達代收人（第2項）。倘不於前項期間指定送達代收人並陳明者，行政機關得將應送達之文書，註明該當事人或代理人之住居所、事務所或營業所，交付郵政機關掛號發送，並以交付文書時，視爲送達時（第3項）。

(六)軍人

對於在軍隊或軍艦服役之軍人爲送達者，應囑託該管軍事機關或長官爲之（行政程序法第88條）。在對該管長官送達後，即生送達效力，轉交該軍人與否，就送達之效力並無影響。至於送達人逕將文書付與軍人本人，固應解爲亦有送達效力，然應以該軍人本人收受時，始生送達效力[178]。

(七)在監所人

對於在監所人爲送達者，應囑託該監所長官爲之（行政程序法第89條）。準此，當事人爲在監所人，而逕向其住居所送達者，縱使經其同居人或受僱人受領送達，亦不生送達之效力[179]。縱使同居人或受僱人受領送達後，親至監所交予該在監所人，然不生送達之效力[180]。例如，原告因竊取砂石案件羈押於苗栗看守所，被告行政機關於原告被羈押期間，應將行政處分書囑託苗栗看守所長官送達。被告未將處分書囑託苗栗看守所

---

[177] 法務部1999年6月25日（88）法律字第023485號函。
[178] 最高行政法院87年度判字第2562號行政判決。
[179] 最高法院69年台上字第2770號民事判決。
[180] 林洲富，民事訴訟法理論與案例，元照出版有限公司，2022年1月，5版1刷，頁103。

長官送達，而將處分書送達至苗栗縣之原告住所。雖由原告之同居人收受送達，被告並辯稱其不知原告在押，惟依法不能發生送達之效力[181]。

三、送達方式

(一)自行或郵政機關送達

1.行政機關

送達由行政機關自行或交由郵政機關送達（行政程序法第68條第1項）。行政機關之文書依法規以電報交換、電傳文件、傳眞或其他電子文件行之者，視爲自行送達（第2項）。文書由行政機關自行送達者，以承辦人員或辦理送達事務人員爲送達人（第4項前段）。

2.郵政機關

由郵政機關送達者，以一般郵遞方式爲之。但文書內容對人民權利義務有重大影響者，應爲掛號（行政程序法第68條第3項）。文書交郵政機關送達者，以郵務人員爲送達人（第4項後段）。前項郵政機關之送達，準用依民事訴訟法施行法第3條訂定之郵務機關送達訴訟文書實施辦法（第5項）。郵務機關送達訴訟文書實施辦法，共計20條規定。例如，以汽車駕駛人未申裝電子收費系統而行駛電子收費（ETC）車道，而有道路交通管理處罰條例第33條第3項規定，行駛高速公路，而於駛進收費站繳費時，未依標誌指示過站繳費行爲，而因駕駛人曾變更通訊地址，而違規通知單寄送之地址，爲未變更前之通訊地址，此自非合法送達，作成行政處分之機關，不得因此而認駕駛人有逾期未繳罰款之情形[182]。

(二)補充送達

應送達處所不獲會晤應受送達人時，得將文書付與有辨別事理能力之同居人、受雇人或應送達處所之接收郵件人員（行政程序法第73條第

---

[181] 臺中高等行政法院95年度訴字第433號行政判決。
[182] 臺灣高等法院98年度交抗字第159號刑事裁定。

1項）。前項規定於前項人員與應受送達人在該行政程序上利害關係相反者，不適用之（第2項）。例如，所謂同居人，係指與應受送達人居在一處共同爲生活者而言，倘其與應受送達人，並非共同爲生活者，自不能謂爲同居人[183]。關於是否同居之認定，應以是否有居住一處，並共同爲生活之事實爲準。至於戶籍地址僅係依戶籍法所爲登記之事項，並非認定住居所之唯一標準，不得僅戶籍設址地址不同，遽認非同居人[184]。

(三)留置送達

應受送達人或其同居人、受雇人、接收郵件人員無正當理由，而拒絕收領文書，得將文書留置於應送達處所，以爲送達（行政程序法第73條第3項）。準此，應受送達人，包含當事人、同居人、受雇人及接收郵件人員。

(四)寄存送達

送達不能第72條之本人送達、第73條之補充送達與留置送達等規定爲之者，得將文書寄存送達地之地方自治或警察機關，並作送達通知書兩份，一份黏貼於應受送達人住居所、事務所、營業所或其就業處所門首，另一份交由鄰居轉交或置於該送達處所信箱或其他適當位置，以爲送達（行政程序法第74條第1項）。前項情形，由郵政機關爲送達者，得將文書寄存於送達地之郵政機關（第2項）。寄存機關自收受寄存文書之日起，應保存3個月（第3項）。例如，寄存送達，除須將應送達之文書寄存送達地之自治或警察機關外，並須製作送達通知書，記明寄存文書之處所，黏貼於應受送達人住居所、事務所或營業所門首，俾應受送達人知悉寄存之事實，前往領取，兩者缺一，均不能謂爲合法之送達[185]。而爲寄

---

[183] 最高法院32年上字第3722號民事判決。
[184] 最高法院94年度台抗字第687號民事裁定；臺中高等行政法院98年度訴字第265號行政判決。
[185] 最高法院64年台抗字第481號民事裁定。

存送達，仍應於應受送達人實際領取訴訟文書時，始生送達之效力[186]。

(五)對不特定人送達

　　行政機關對於不特定人之送達，得以公告或刊登政府公報或新聞紙代替之（行政程序法第75條）。例如，被告行政機關之行政作為非針對不特定之人，依行政程序法第8條、第34條、第35條、第68條及第75條規定，被告自應以掛號方式，將通知書送達租、佃雙方。被告辦理耕地申請續訂租約或收回自耕事宜，未遵守上開行政程序，僅以張貼公告方式，並以平信寄出通知書於相關當事人，經原告於法院審查中主張並未收受該項通知，被告復無他項證據，可資證明原告確有收到該項通知，其不得主張已合法送達通知，自不生期間已開始起算之效力[187]。

(六)公示送達

1.申請事由

　　公示送達係擬制送達，一般送達雖可使本人確知書類之內容，然公示送達效力與一般之送達相同。對於當事人之送達，有下列各款情形之一者，行政機關得依申請，准為公示送達：(1)應為送達之處所不明者。所謂應受送達之處所不明，係指已用盡相當之方法探查，仍不知其應為送達之處所者，始足相當。而不明之事實，應由申請公示送達之人負舉證責任，並由法院依具體事實判斷[188]；(2)於有治外法權人之住居所或事務所為送達而無效者；(3)於外國或境外為送達，不能依第86條規定辦理或預知雖依該規定辦理而無效者（行政程序法第78條第1項）。

2.依職權

　　有第78條第1項所列各款之情形而無人為公示送達之申請者，行政機關為避免行政程序遲延，認為有必要時，得依職權命為公示送達（行政程序法第78條第2項）。當事人變更其送達之處所而不向行政機關陳明，致

---

[186] 最高法院98年度台抗字第858號民事裁定。
[187] 臺中高等行政法院93年度訴字第253號行政判決。
[188] 臺灣高等法院95年度交抗字第529號刑事裁定。

有第1項之情形者，行政機關得依職權命為公示送達（第3項）。依第78條規定為公示送達後，對於同一當事人仍應為公示送達者，依職權為之（行政程序法第79條）。

3.保管送達文書

公示送達應由行政機關保管送達之文書，而於行政機關公告欄黏貼公告，告知應受送達人得隨時領取；並得由行政機關將文書或其節本刊登政府公報或新聞紙（行政程序法第80條）。

4.生效時期

公示送達自前條公告之日起，其刊登政府公報或新聞紙者，自最後刊登之日起，經20日發生效力；依第78條第1項第3款為公示送達者，經60日發生效力。但第79條之公示送達，自黏貼公告欄翌日起發生效力（行政程序法第81條）。再者，為公示送達者，行政機關應製作記載該事由及年、月、日、時之證書附卷（行政程序法第82條）。

(七)外國囑託送達

外國或境外為送達者，應囑託該國管轄機關或駐在該國之中華民國使領館或其他機構、團體為之（行政程序法第86條第1項）。不能依前項規定為送達者，得將應送達之文書交郵政機關以雙掛號發送，以為送達，並將掛號回執附卷（第2項）。再者，對於駐在外國之中華民國大使、公使、領事或其他駐外人員為送達者，應囑託外交部為之（行政程序法第87條）。而對於有治外法權人之住居所或事務所為送達者，得囑託外交部為之（行政程序法第90條）。

四、送達證書

(一)記載事項

送達人因證明之必要，得製作送達證書，記載下列事項並簽名：1.交送達之機關；2.應受送達人；3.應送達文書之名稱；4.送達處所、日期及時間；5.送達方法（行政程序法第76條第1項）。除電子傳達方式之送達

外，送達證書應由收領人簽名或蓋章；倘拒絕或不能簽名或蓋章者，送達人應記明其事由（第2項）。送達證書，應提出於行政機關附卷（第3項）。文書之送達，應由法定送達機關為之，實施送達之人非法定送達機關，僅於應受送達人不拒絕收領時，始生送達之效力，倘其拒絕收領，自不生送達之效力[189]。送達人已完成合法之送達，雖未製作送達證書，或所製作者不符法定方式，然得藉由送達證書以外之方法證明之[190]。

(二)報告書與通知書附卷

不能為送達者，送達人應製作記載該事由之報告書，提出於行政機關附卷，並繳回應送達之文書（行政程序法第85條）。再者，受囑託之機關或公務員，經通知已為送達或不能為送達者，行政機關應將通知書附卷（行政程序法第91條）。

五、送達時間

原則上送達除第68條第1項規定交付郵政機關；或依第2項規定，行政機關之文書，依法規以電報交換、電傳文件、傳真或其他電子文件行之，辦理者外，不得於星期日或其他休息日或日出前、日沒後為之（行政程序法第84條本文）。例外情形，應受送達人不拒絕收領者，不在此限（但書）。

伍、例題解析

一、私經濟行為

臺灣電力公司雖屬國營事業，然其組織為私法人之公司，非公權力主體或行政機關，其所營之電業行為，係私經濟行為而非公權力行為，自不涉及公權力行使之權限移轉，即無行政程序法之適用。至於是否具行政訴

---

[189] 最高法院91年度台抗字第518號民事裁定。
[190] 最高法院96年度台抗字第399號民事裁定。

訟之被告當事人能力，依大法官釋字第269號解釋意旨，應視其是否經政府機關就特定事項依法授與公權力，且以行使該公權力為行政處分之特定事件為限判斷[191]。

二、執行名義之約定 （100檢察事務官）

(一)應經主管機關或首長認可之情形

行政契約約定自願接受執行時，債務人不為給付時，債權人得以該契約為強制執行之執行名義（行政程序法第148條第1項）。前項約定，締約之一方為中央行政機關時，應經主管院、部或同等級機關之認可；締約之一方為地方自治團體之行政機關時，應經該地方自治團體行政首長之認可；契約內容涉及委辦事項者，並應經委辦機關之認可，始生效力（第2項）。其目的在於使行政契約不經取得法院裁判，即可取得與行政處分類似之執行力。締結自願接受執行之行政契約者，倘為行政機關者，其應經認可，而人民自願接受強制執行，毋庸經認可。否則行政程序法第148條第2項規定，無須強調締約之一方為行政機關時，應經主管機關或首長認可。

(二)人民一方自願接受執行

行政程序法第148條第2項規範意旨，應係人民透過參與協商程序與行政機關締結行政契約，倘行政機關締結自願接受強制執行之契約，人民可不經法院裁判，逕以契約為執行名義聲請強制執行，行政機關因此成為強制執行之對象，進而遭受查封或拍賣，將對公共利益產生不良影響，故為求慎重，行政機關締結自願接受執行之約定時，應經認可之程序。反之，僅人民一方自願接受執行者，自不生公共利益考量之問題，毋庸主管機關之認可。準此，行政院勞動部勞動力發展署所屬職業訓練中心與學員訂定，倘學員擅自退訓，應賠償相關之訓練費用，並自願接受強制執行行

---

[191] 最高行政法院97年度判字第153號行政判決。

政契約，不用經勞動部之認可，自可作為執行名義[192]。

三、行政處分之合法送達

(一)騎乘機車闖紅燈違規

甲於2021年1月1日騎乘機車闖紅燈違規，依道路交通管理處罰條例第53條第1項規定，應處新臺幣（下同）1,800元以上5,400元以下之罰鍰。並依同條例第63條第1項第3款規定，記點3點。因舉發通知單僅記載違規事實闖紅燈及違反法條道路交通管理處罰條例第53條第1項，甲就通知單並未不服，乃於所訂到案期限前之同年2月1日，自動至便利商店或郵局繳納最低罰鍰1,800元結案。甲嗣於同年3月15日再度騎乘機車闖紅燈違規，遭攔停舉發後，甲不服，乃於到案期限前之同年4月15日到案請求處罰機關開立裁決，經處罰機關開立違反道路交通管理事件裁決書，裁處甲罰鍰1,800元並記違規3點，甲就此裁決未經提起行政訴訟救濟而告確定。甲於2021年5月30日，收到處罰機關，以甲於在6個月內，違規點數共計6點，按同條例第63條第3項規定，裁決吊扣駕駛執照1個月之處分，甲於法定期限內提起行政訴訟，主張其於2021年1月1日之闖紅燈違規，並不知悉未收受處罰機關有為裁決記點之處分，主張吊扣駕照處分違法。

(二)吊扣駕照處分違法

本條例第63條第1項第3款規定之記點處分，為裁罰性之不利處分，屬行政罰法第2條第4款之警告性處分，對於記點處分於一定期限內之累計達一定點數，會受更不利之處分，如同本案之吊扣駕照處分。行政處分除法規另有要式之規定者外，得以書面、言詞或其他方式為之（行政程序法第95條第1項）。行政機關裁處行政罰時，應作成裁處書，並為送達（行政罰法第44條）。故記點處分自應以書面方式通知受處分人，以利受處分人知悉及救濟。準此，甲於2021年1月1日騎乘機車闖紅燈違規，

---

[192] 各級行政法院91年度行政訴訟法律座談會法律問題第1則。

按道路交通管理處罰條例第53條第1項規定應處1,800元以上5,400元以下之罰鍰及同條例第63條第1項第3款，並予記點3點。甲雖未不服，而於期限內自動到便利商店或郵局繳納最低罰鍰結案，然無從知悉其有受記點之處分。是處罰行政機關，就記點之裁罰性不利處分，未作成書面處分送達受處分人甲，而受處分人甲復無從知悉有受記點處分，記點處分自不生效力。至於記點處分，縱認為屬得以書面以外之行政處分方式為之，然處罰機關亦未依該行政程序法第100條第1項規定，以適當方法通知甲或使其知悉，對甲不生效。故本案處罰機關，據此累計甲有在6個月內，違規點數共計6點，所為吊扣之處分，顯有違誤[193]。

陸、相關實務見解——公立大學教授從事科學研究計畫之身分

　　刑法之公務員定義，將公立醫院、公立學校、公營事業機構人員，排除在身分公務員之外。非身分公務員之職能性公務員，如授權公務員、委託公務員。係指從事法定之公共事務、公務上之權力。易言之，所稱公共事務或公務權力，除所從事者為公權力行政或高權行政外，雖有包括部分之給付行政在內，惟應以攸關國計民生等民眾依賴者為限。準此，從事科學研究計畫之公立大學教授即主持教授，非總務或會計人員，採購物品，並非其法定職務權限，其任務主要係在於提出學術研究之成果，政府或公立研究機關、機構對於主持教授，並無上下從屬或監督之對內性關係，人民對於主持教授學術研究之成果，亦無直接、實質之依賴性及順從性，自無照料義務可言。故主持教授雖有辦理採購，不符合公務員有關公共事務、法定職務權限等要件，自非刑法上之公務員[194]。

---

[193] 司法院公報第59卷12期，頁315至320。
[194] 最高法院103年度第13次刑事庭會議（一）。

第二項　政府資訊公開

　　為便利人民共享及公平利用政府資訊，保障人民知的權利，增進人民對公共事務之瞭解、信賴及監督，並促進民主參與，應建立政府資訊公開制度（政府資訊公開法第1條）。準此，資訊公開有監督政府、增進政治參與及公平利用資訊等功能[195]。尤其具有公眾人物性質之政治人物或公職人員，渠等為日常生活中廣為人知之社會成員，其行為與操守有公益或公共色彩，對人民具有影響力或象徵性作用，故其生活不受干擾或隱私權之保護，應較一般人民有所限縮[196]。

例題31

　　人民對於政府機關就其申請提供、更正或補充政府資訊所為之決定，不服機關決定者。試問：(一)申請人應如何救濟？(二)政府機關應如何處理？

例題32

　　學校各項會議紀錄，如校務會議、行政會議、導師會議、主管會議等紀錄，倘教師要求公開內容。試問該會議記錄，有無政府資訊公開法之適用？

---

[195] 范姜真媺，政府資訊公開與爭訟實務，100年培訓高等行政法院暨地方法院行政訴訟庭法官理論課程，司法院司法人員研習所，2011年2月21日，頁1。
[196] 顏幸如，新聞自由與公眾人物隱私權之衝突與平衡，國立中正大學法律學系研究所，2015年6月，頁58。

壹、政府資訊之定義

　　所謂政府資訊，係指政府機關於職權範圍內作成或取得而存在於文書、圖畫、照片、磁碟、磁帶、光碟片、微縮片、積體電路晶片等媒介物及其他得以讀、看、聽或以技術、輔助方法理解之任何紀錄內之訊息（政府資訊公開法第3條）。政府資訊公開法之政府資訊，其涵蓋範圍較檔案法所定義之檔案為廣，故檔案屬政府資訊之一部。準此，人民申請閱覽或複製政府資訊，倘業經歸檔管理之檔案，屬檔案法規範之範疇，應優先適用檔案法規定處理之[197]。

貳、政府資訊請求權

一、政府機關之範圍

　　所謂政府機關，係指中央、地方各級機關及其設立之實（試）驗、研究、文教、醫療及特種基金管理等機構。受政府機關委託行使公權力之個人、法人或團體，而於本法適用範圍內，就其受託事務視同政府機關（政府資訊公開法第4條）。

二、主動公開或申請

(一)人民知的權利

　　政府資訊應依政府資訊公開法主動公開，或應人民申請提供之（政府資訊公開法第5條）。故與人民權益攸關之施政、措施及其他有關之政府資訊，以主動公開為原則，並應適時為之（第6條）。政府資訊公開之對象為一般人民，除有政府資訊公開法第18條第1項各款規定，應限制公開或不予提供之情形者，自應主動公開或應人民申請提供之[198]。申言之，政府資訊公開法關於檔案及行政資訊提供之規範，係在滿足人民知的權

---

[197] 臺中高等行政法院100年度訴字第320號、102年度訴字第112號行政判決。
[198] 臺中高等行政法院95年度訴字第504號行政判決。

利，使人民在法規規定之要件，享有請求行政機關提供檔案或行政資訊之權利。

(二)行政處分 (101高考法制；101司法官)

依據政府資訊公開法，請求行政機關爲檔案或行政資訊之提供，行政機關應依據相關規定爲審查，而爲准否提供之決定，並通知申請人。人民依據政府資訊公開法，向行政機關請求檔案或行政資訊之提供，性質上係請求行政機關作成准予提供之行政處分，而非僅請求行政機關作成單純提供之事實行爲。準此，行政機關否准申請人關於提供檔案或行政資訊之請求時，申請人應循提起訴願及行政訴訟法之第5條課予義務訴訟，作爲救濟途徑[199]。

三、限制或不公開之政府資訊

資訊公開與限制公開之範圍互爲消長，不公開範圍過於擴大，雖有失政府資訊公開法制定之目的；然公開之範圍不應影響國家整體利益、公務之執行及個人之隱私。準此，政府資訊公開法第18條第1項第1款至第9款列舉政府資訊限制公開或提供之範圍，以資明確。

(一)事 由

政府資訊限制事由如後：1.經依法核定爲國家機密或其他法律、法規命令規定應秘密事項或限制、禁止公開者；2.公開或提供有礙犯罪之偵查、追訴、執行或足以妨害刑事被告受公正之裁判或有危害他人生命、身體、自由、財產者；3.政府機關作成意思決定前，內部單位之擬稿或其他準備作業。但對公益有必要者，得公開或提供之；4.政府機關爲實施監督、管理、檢查、調查、取締等業務，而取得或製作監督、管理、檢查、調查、取締對象之相關資料，其公開或提供將對實施目的造成困難或妨害者；5.有關專門知識、技能或資格所爲之考試、檢定或鑑定等有關資料，

---

[199] 最高行政法院98年度判字第430號行政判決。

其公開或提供將影響其公正效率之執行者；6.公開或提供有侵害個人隱私、職業上秘密或著作權人之公開發表權者，不應公開或不予提供。例外情形，係對公益有必要或為保護人民生命、身體、健康有必要或經當事人同意者；7.個人、法人或團體營業上秘密或經營事業有關之資訊，其公開或提供有侵害該個人、法人或團體之權利、競爭地位或其他正當利益者，不應公開或不予提供。例外情形，對公益有必要或為保護人民生命、身體、健康有必要或經當事人同意者，不在此限；8.為保存文化資產必須特別管理，而公開或提供有滅失或減損其價值之虞者；9.公營事業機構經營之有關資料，其公開或提供將妨害其經營之正當利益者，不應公開或不予提供。例外情形，對公益有必要者，得公開或提供之（政府資訊公開法第18條第1項）。

(二)資訊分離原則

政府資訊含有限制公開或不予提供之部分，並非該資訊之全部內容者，政府機關應將限制公開或不予提供之部分除去後，僅公開或提供其餘部分，此稱分離原則（政府資訊公開法第18條第2項）。準此，政府資訊含有應限制公開或不予提供之事項者，倘可將該部分予以區隔，施以防免揭露處置，已足以達到保密效果者，應依資訊分離原則，就其他部分公開或提供之。依資訊分離原則，將限制公開或不予提供部分資訊予以遮蔽，並將其他部分資訊提供予申請人，屬部分許可或部分否准處分之性質，申請人就其申請遭否准之遮蔽資訊部分，自得依行政訴訟法第5條第2項規定，向行政法院提起請求機關作成提供遮蔽資訊行政處分之課予義務訴訟，以資救濟[200]。

1.教師年終成績考核事件

政府資訊公開法屬一般性之資訊公開，依該法申請行政機關提供資訊之權利，係屬實體權利，凡與人民權益攸關之施政、措施及其他有關之政

---

[200] 最高行政法院107年度判字第84號行政判決。

府資訊,除具有同法第18條所定應限制公開或不予提供之情形外,政府應主動公開或應人民申請而提供。倘申請提供之政府資訊中,含有第18條第1項各款規定限制公開或不予提供之事項者,依第18條第2項之資訊分離原則,受理申請之政府機關應就可公開部分提供之。故以公立學校教師年終成績考核資訊而言,倘審酌之資料,係屬關於考核教師年終成績考核之基礎事實,且可與辦理該成績考核,而屬應保密之內部單位擬稿、相關會議紀錄或其他準備作業等文件分開或遮蔽者,因該基礎事實或資訊文件,並非或等同函稿、或簽呈意見本身,無涉洩漏決策過程之內部意見溝通或思辯資訊,依據資訊分離原則應公開[201]。

2.申請閱覽卷宗事件

政府應斟酌公開技術之可行性,選擇適當之方式,適時主動公開政府資訊;或應人民申請時,按政府資訊所在媒介物之型態,給予申請人重製或複製品;或提供申請人閱覽、抄錄或攝影。倘人民依法申請政府機關提供其持有或保管之政府資訊,受理申請之政府機關,應於期間內為準駁之決定;倘申請提供之政府資訊中,含有限制公開或不予提供之事項者,因關於政府資訊之限制公開或不予提供係採分離原則,受理申請之政府機關應就可公開部分提供之[202]。

3.偵查筆錄及錄音光碟事件

不起訴處分案件卷宗檔案之證據資料,係在偵查不公開下取得,因未達起訴階段,不能提出於公開法庭進行審判程序以供詰問澄清。而庭訊筆錄及錄音光碟內容涉及該案件當事人個人隱私,法庭錄音含有參與法庭活動之人之聲紋及情感活動等內容,因此交付法庭錄音光碟或數位錄音涉及其人格權等基本權之保障。是法庭錄音光碟之內容屬個人資料保護法第2條第1款所稱個人資料,且於技術上尚無法將當事人與其他在場人員之錄音資料分離,故其提供拷貝燒錄屬公務機關對於保有個人資料之利用,應

---

[201] 最高行政法院103年度判字第645號行政判決。
[202] 最高行政法院102年度判字第746號行政判決。

依同法第16條規定，而於執行法定職務必要範圍內為之，並與蒐集之特定目的相符；倘為特定目的外之利用，應符合該條但書各款情形之一，始得為之。無論係特定目的之範圍內或特定目的之外之利用，均應遵循同法第5條不得逾越特定目的之必要範圍規定[203]。

參、陽光法案之建立

我國前於1993年7月2日制定公布公職人員財產申報法迄今，期間迭經修正，其為我國陽光法案之重要一環，其立法宗旨在於端正政風，確立公職人員清廉之作為（公職人員財產申報法第1條）。除使人民對清廉政治有高度之期許外，並可加強課予公職人員之責任。因公職人員財產申報法有公開與透明機制，其性質屬政府資訊公開之一部[204]。

肆、政府資訊公開之法制

政府資訊公開法係規範政府機關一般性資訊之公開；檔案法係就已歸檔之政府機關一般性資訊公開之規定；而行政程序法第46條屬特定行政程序進行中，當事人或利害關係人申請閱覽行政程序相關資料或卷宗之程序規定。相較於政府資訊公開法係規範一般性政府資訊公開而言，行政程序法第46條個案性資訊之公開規定屬狹義法，應優先適用，其限於當事人或利害關係人所欲閱覽之資料或卷宗。此規定規範特定之行政程序中，當事人或利害關係人為主張或維護其法律上利益之必要，向行政機關申請閱覽卷宗之程序規定，自應於行政程序進行中及行政程序終結後法定救濟期間經過前為之。倘非行政程序進行中之申請閱覽卷宗，即無上開規定之適用，而應視所申請之政府資訊是否為檔案，適用檔案法或政府資訊公開法之規定。準此，人民向行政機關申請閱覽或複製有關資料或卷宗，應視

---

[203] 最高行政法院103年度判字第53號行政判決。
[204] 陳祈安，我國公職人員財產申報問題之研析—以公營事業台糖公司為中心，國立高雄大學政治法律系碩士論文，2015年6月，頁2、47。

其要求提供之資訊，是否為行政程序進行中之案卷而適用不同之規定，並由行政機關視具體個案情況，分別依行政程序法、檔案法及政府資訊公開法等相關規定，決定是否提供[205]。

伍、例題解析

一、申請提供政府資訊之權利

政府資訊公開法賦予人民申請提供政府資訊之權利，性質上為實體上權利。準此，政府機關就人民申請提供、更正或補充政府資訊所為之決定，係機關就公法上具體事件所為之決定，而對外直接發生法律效果之單方行政行為，其屬就實體事項所為之行政處分。申請人因不服政府機關，就其申請提供、更正或補充政府資訊所為之決定或行政處分，依法得提起訴願或行政訴訟等行政救濟（政府資訊公開法第20條）[206]。

二、會議紀錄之公開

合議制機關之會議紀錄，除依本法第18條規定限制公開或不予提供者外，應主動公開（政府資訊公開法第7條第1項第10款）。所謂合議制機關之會議紀錄，指係由依法獨立行使職權之成員組成之決策性機關，其所審議議案之案由、議程、決議內容及出席會議成員名單（第3項）。所稱合議制機關，指該機關決策階層由權限平等，並依法獨立行使職權之成員組成者。例如，公平交易委員會、考試院公務人員保障暨培訓委員會及國家通訊傳播委員會等合議制機關，委員均可獨立行使職權，並有固定任期之保障[207]。準此，中央或地方各級機關所設立之學校，其內部所召開

---

[205] 最高行政法院104年度裁字第935號行政裁定；法務部2013年11月1日法律字第10203511730號函。

[206] 最高行政法院105年度判字第532號行政判決：政府機關對人民申請提供、更正或補充政府資訊所為之決定，具行政處分性質，申請人不服得提起課予義務訴訟請求救濟。

[207] 湯德宗，行政程序法總則與爭訟實務，100年培訓高等行政法院暨地方法院行

之各項會議，非屬合議制機關範疇，故學校之會議紀錄，固無須主動公開之。然如無政府資訊公開法第18條第1項第1款至第9款應限制公開或不予提供之事由者，仍得主動或應人民申請提供之[208]。

陸、相關實務見解──政府內部之擬稿與準備作業

除對公益有必要者外，政府機關作成意思決定前，內部單位之擬稿或其他準備作業，應限制公開或不予提供，政府資訊公開法第18條第1項第3款定有明文。其立法意旨係因政府內部單位之擬稿、準備作業，在未正式作成意思決定前，均非屬確定事項，故不宜公開或提供，以免引起外界誤解、衍生爭議與困擾。所謂意思決定前內部單位之擬稿或其他準備作業之文件，係指函稿、簽呈或會辦意見等行政機關內部作業等文件，倘僅屬機關內部單位為擬稿或其他準備作業所蒐集、參考之相關資訊文件，因非函稿或簽呈意見本身，自不得引據上開規定限制公開或不予提供[209]。

第三項　行政計畫

行政機關為達成未來特定之公共目的，在事前所為設計與規劃，可概稱行政計畫[210]。行政機關在政策規劃或執行方案形成過程，為廣納意見以提高政府決策過程參與度及透明度，得主動提供利害關係人表示意見機會[211]。

政訴訟庭法官理論課程，司法院司法人員研習所，2011年1月17日，頁17。
[208] 法務部2006年7月12日法律決字第0950026112號函。
[209] 最高行政法院100年度判字第2222號判決：智慧財產及商業法院102年度行著訴字第9號、第10號行政判決。
[210] 李震山，行政法導論，三民書局股份有限公司，2002年10月，修訂4版2刷，頁408。
[211] 法務部2014年2月11日法律字第10303500300號函。

例題33

　　主管機關變更都市計畫，倘直接限制一定區域內人民之權利、利益或增加其負擔，致特定人或可得確定之多數人之權益遭受不當或違法之損害者。試問權益遭受不當或違法之損害者，應如何救濟？

壹、定　義

　　所謂行政計畫，係指行政機關為將來一定期限內，達成特定之目的或實現一定之構想，事前就達成該目的或實現該構想有關之方法、步驟或措施等所為之設計與規劃（行政程序法第163條）。

貳、集中計畫裁決

　　行政計畫有關一定地區土地之特定利用或重大公共設施之設置，涉及多數不同利益之人及多數不同行政機關權限者，確定其計畫之裁決，應經公開及聽證程序，以達集中事權之效果（行政程序法第164條第1項）。前項行政計畫之擬定、確定、修訂及廢棄之程序，由行政院另定之（第2項）。

參、例題解析——變更都市計畫（97檢察事務官）

　　主管機關變更都市計畫，係公法上之單方行政行為，倘直接限制一定區域內人民之權利、利益或增加其負擔，其具有行政處分之性質，因而致使特定人或可得確定之多數人之權益遭受不當或違法之損害者，依照訴願法第1條、第2條第1項及行政訴訟法第1條規定，自應許其提起訴願或行政訴訟，以資救濟。都市計畫之擬定、發布及擬定計畫機關依規定，而於5年定期通盤檢討所作必要之變更（都市計畫法第26條）。人民、地方自治團體或其他公法人認為行政機關依都市計畫法發布之都市計畫違法，而直接損害、因適用而損害或在可預見之時間內將損害其權利或法律上利益

者，得依本章規定，以核定都市計畫之行政機關爲被告，逕向管轄之高等行政法院提起訴訟，請求宣告該都市計畫無效（行政訴訟法第237條之18）。準此，都市計畫之對象爲可得確定，人民認爲行政機關依都市計畫法發布之變更都市計畫違法，而直接損害、因適用而損害或在可預見之時間內將損害其權利或法律上利益者，得以核定變更都市計畫之行政機關爲被告，逕向管轄之高等行政法院提起訴訟，請求宣告該變更都市計畫無效。

肆、相關實務見解——確定計畫裁決之行政處分

關於工業區編定之性質，係關於一定地區土地之特定利用或重大公共設施之設置，涉及多數不同利益之人及多數不同行政機關權限之行政計畫，且核准之權限專屬於經濟部，是僅經濟部有作成編定工業區確定計畫裁決之權限。經濟部得依擬定計畫主體申請書內容，並斟酌相關行政機關所提出之意見與資料後，最終作出是否核准確定計畫裁決之行政處分。準此，縣市政府並無准否之權責，亦無從基於人民之請求，作成行政處分。多階段行政處分之前階段行爲，可視爲獨立之行政處分者，係因該前階段之行政行爲，已對外發生法律上之規制作用，而使人民公法上權利義務關係發生變動。前階段之行政行爲時，欠缺法效性之要件，縱其直接以公函送達於當事人，不得將之視爲行政處分，而提起撤銷之訴[212]。

第四項　行政調查

行政機關應依職權調查證據，不受當事人主張之拘束，對當事人有利及不利事項一律注意，並應斟酌全部陳述與調查事實及證據之結果，依論理及經驗法則判斷事實（行政程序法第36條）。

---

[212] 高雄高等行政法院90年度訴字第1566號行政判決。

例題34

> 記帳業者甲盜開營業人乙之發票，另營業人丙持之作為進項憑證，扣抵銷項稅額，稽徵機關認為乙與丙間無真實交易，不准其以該發票作為進項憑證。試問應由何人證明係乙或甲開立發票？理由為何？

例題35

> 稅捐稽徵機關就當事人贈與稅之課稅要件事實，提出客觀上財產移轉之證據，並依職權調查結果，認定當事人間無對價移轉之原因事實。試問稽徵機關就贈與稅之核課，是否已盡舉證之責任？

壹、定義與方法（104、95檢察事務官）

一、定　義

　　所謂行政調查者，係指行政機關為達成特定行政目的，因調查資料或證據之必要，依法所採取之蒐集資料或檢查措施[213]。當事人於行政程序中，除得自行提出證據外，亦得向行政機關申請調查事實及證據。但行政機關認為無調查之必要者，得不為調查，並於第43條之理由中敘明之（行政程序法第37條）。例如，關稅法施行細則第19條第1項規定之實際交易價格，係指買賣雙方在通常交易狀態下所可能約定之交易價格，俗稱市場行情價格。海關依據所查得之資料，以合理方法核定完稅價格時，應盡可能貼近買賣雙方實際交易價格為依歸。而海關依各方法取得之價格資料，互有不同時，應自接近或貼近實際交易價格之方法，選擇價格較低

---

[213] 李震山，行政法導論，三民書局股份有限公司，2002年10月，修訂4版2刷，頁415。

者，從低核估，始不違反關稅法施行細則第19條第1項及第2項第2款規定意旨，依此核估完稅價格，為同法第35條規定之合理方法[214]。

二、方　法

　　行政機關調查事實與證據之必要時，有通知相關人到場陳述、要求提供文書、鑑定及勘驗等方法。茲說明如後：(一)行政機關基於調查事實及證據之必要，得以書面通知相關之人陳述意見。通知書中應記載詢問目的、時間、地點、得否委託他人到場及不到場所生之效果（行政程序法第39條）。故行政機關行使公權力時，透過公正、公開之程序及人民參與過程，強化政府與人民之溝通，以確保政府依法行政，作成正確之行政決定，進而達到保障人民權益，促進行政效能之目的[215]；(二)行政機關基於調查事實及證據之必要，得要求當事人或第三人提供必要之文書、資料或物品（行政程序法第40條）。例如，企業併購取得之商譽，係因收購成本超過收購取得可辨認淨資產之公平價值而生。商譽價值為所得計算基礎之減項，應由納稅義務人負客觀舉證責任。納稅義務人應舉證證明其主張之收購成本真實、必要、合理，並依財務會計準則公報第25號第18段，衡量可辨認淨資產之公平價值，或提出足以還原公平價值之鑑價報告或證據[216]；(三)行政機關得選定適當之人為鑑定，以書面為鑑定者，必要時，得通知鑑定人到場說明（行政程序法第41條）；(四)行政機關為瞭解事實真相，得實施勘驗。勘驗時應通知當事人到場。但不能通知者，不在此限（行政程序法第42條）。行政雖得對待事實有關人、地、物實施勘驗，以瞭解事實真相，然未課予當事人配合調查之協力義務，當事人未配合調查時，行政機關不得實施強制檢查，須有其他法律依據，始得為之[217]。

---

[214] 最高行政法院103年度判字第520號行政判決。
[215] 最高行政法院99年度判字第1161號行政判決。
[216] 最高行政法院100年度12月份第1次庭長法官聯席會議。
[217] 法務部2014年8月18日法律字第10303509440號函。

三、課稅構成要件之認定及舉證之責任

(一)實質課稅及公平課稅之原則

涉及租稅事項之法律，其解釋應本於租稅法律主義之精神，依各該法律之立法目的，衡酌經濟上之意義及實質課稅之公平原則為之。稅捐稽徵機關認定課徵租稅之構成要件事實時，應以實質經濟事實關係及其所生實質經濟利益之歸屬與享有為依據。準此，租稅法所重視者，係應為足以表徵納稅能力之經濟事實，非僅以形式外觀之法律行為或關係為依據。故在解釋適用稅法時，所應根據者為經濟事實，除形式上公平外，亦應就實質經濟利益之享受者，予以課稅，始符實質課稅及公平課稅之原則。

(二)稅捐稽徵機關之舉證責任

納稅義務人基於獲得租稅利益，違背稅法之立法目的，濫用法律形式，規避租稅構成要件之該當，以達成與交易常規相當之經濟效果，為租稅規避。實質課稅原則是稅捐稽徵機關課稅之利器，納稅義務人常質疑稅捐稽徵機關有濫用實質課稅原則，造成課稅爭訟事件日增，為紓減訟源。稅捐稽徵機關應就實質上經濟利益之歸屬與享有要件事實，負舉證責任，始符租稅法律主義之要義。準此，租稅規避及課徵租稅構成要件事實，稅捐稽徵機關就其事實有舉證之責任。

(三)職權探知主義

依行政訴訟法第136條準用民事訴訟法第277條前段規定之舉證有利於己原則，行政法院最後審理階段，要件事實存否仍屬不明時，固應由納稅義務人負擔客觀舉證責任，然稅務訴訟適用職權探知主義，事實審法院應依職權查明為裁判基礎之事實關係，儘可能在待證事實已明時，作成實體判決，故應窮盡調查證據之能事，行使闡明權令兩造聲明證據或自行依職權調查，最後仍無法對要件事實之存在與否獲得確信的心證，始得為客觀舉證責任之分配，倘尚有調查證據之可能，遽為客觀舉證責任之分配，

則屬率斷[218]。

貳、管轄權調查

行政機關對事件管轄權之有無，應依職權調查；其認無管轄權者，應即移送有管轄權之機關，並通知當事人（行政程序法第17條第1項）。人民於法定期間內提出申請，依前項規定移送有管轄權之機關者，視同已在法定期間，向有管轄權之機關提出申請（第2項）。而有管轄權之機關除依行政程序法第18條規定喪失管轄權外，不因其將權限之一部委任或委託其他機關辦理，而發生喪失管轄權之效果。縱使其未將委任或委託之權限收回，仍得自行受理人民之申請案，作成准駁之決定[219]。

參、例題解析

一、調查證據認定事實（93檢察事務官）

行政機關就其行使之行政程序，應依職權調查證據，對當事人有利及不利事項應一律注意，並應斟酌全部陳述與調查事實及證據之結果，依論理及經驗法則判斷事實，並將其決定與理由告知當事人（行政程序法第36條、第43條）。記帳業者甲盜開營業人乙之發票，另營業人丙持之作為進項憑證，扣抵銷項稅額，稽徵機關不難查明發票究係乙開立或甲盜開，且基於實質課稅之原則，稽徵機關應主動調查，查明持發票作為進項憑證，扣抵銷項稅額之丙，其與乙間有無真實交易，倘無真實交易，即不得准其以發票作為進項憑證，扣抵銷項稅額[220]。

---

[218] 最高行政法院106年度判字第657號行政判決。
[219] 最高行政法院96年度判字第1916號行政判決。
[220] 臺中高等行政法院94年度訴字第484號行政判決。

二、核課贈與稅之舉證責任

(一)非親屬間之財產移轉

1.實質課稅原則

依行政程序法第9條、第36條規定及基於實質課稅原則，稅捐稽徵機關在調查課稅事實時，自應依職權調查證據，並就有利與不利納稅義務人之事證，一律注意，不得僅採不利事證，而捨有利事證於不顧。而行政法院於撤銷訴訟，固應依職權調查證據，以期發現真實，然職權調查證據有其限度，倘不免有要件事實不明之情形，而必須決定其不利益結果責任之歸屬，故當事人仍有客觀之舉證責任（行政訴訟法第133條前段）。當事人主張有利於己之事實者，就其事實有舉證之責任，撤銷訴訟準用之（行政訴訟法第136條；民事訴訟法第277條本文）。準此，稅捐之稽徵係課予人民義務，課稅事實之存在，自應依證據認定之，無證據自不得以擬制推測之方法，推定課稅事實之存在。故當事人否認課稅事實所持之辯解，縱使不能成立，亦不能據此反推必有課稅事實，故無證據不得遽為課稅事實之認定。因課稅要件事實，基於依法行政原則，應由稽徵機關負舉證責任，其所提證據必須使法院之心證達確信之程度，始可謂其已盡舉證之責。倘事實關係陷於真偽不明之狀態，法院仍應認定該課稅要件事實為不存在，而將其不利益歸於稽徵機關。至於人民因否認本證之證明力，所提出之反證，因其目的在於推翻或削弱本證之證明力，防止法院對於本證達到確信之程度，故僅使本證之待證事項，陷於真偽不明之狀態，即可達到其舉證之目的，是其不利益應由稽徵機關承擔。

2.課稅要件之舉證責任

贈與稅之課徵，其以財產之給予與收受雙方有贈與的合意為要件，稽徵機關對課稅要件事實，應負有舉證責任（遺產及贈與稅法第3條第1項、第4條第2項）。因財產所有人將其財產移轉予他人之原因多端，未必係贈與行為，尤其非親屬間以贈與為原因之財產移轉，乃特殊事實即非常規事實，稽徵機關應須提出相當之積極證據加以證明，不能徒憑財產移

轉之事實，逕行推定有贈與行為[221]。

(二)親屬間之財產移轉

　　因稅捐稽徵機關應處理之案件繁雜，有關課稅要件事實，均發生於納稅義務人所得支配之範圍，稅捐稽徵機關未直接參與當事人間之私經濟活動，無法直接掌握契約訂立之資料。有鑑於有關財富資源移動之原因關係與證據資料，主要掌握在贈與人及受贈人內部間，參諸稅務案件之事物本質，稽徵機關欲完全調查與取得相關資料，容有困難，為貫徹課稅公平原則，自應認屬納稅義務人所得支配或掌握之課稅要件事實與原因關係證據資料，納稅義務人應負有真實陳述之協力義務。倘稽徵機關已提出相當事證，客觀上可證明當事人財產移轉之事實存在，且在納稅義務人未能舉證證明其非無償移轉情形，稽徵機關即得課徵贈與稅。準此，契約當事人之主觀意思，得由客觀上所存之各種資料加以推知。例如，銀行存款憑條、匯款單、存摺、往來明細、當事人稅捐申報資料等，足推知贈與之成立者，即可認定稅捐稽徵機關已盡舉證責任[222]。

肆、相關實務見解──娛樂稅事件

　　行政訴訟之第一審屬事實審，而行政訴訟通常事件之第一審為高等行政法院，故關於通常行政訴訟事件之事實認定及證據調查事項，應由高等行政法院依職權為之。縱使原處分機關之事實認定及證據調查有不足或違法情事，除個案具有由原處分機關再為調查，係更有利於事實之釐清、較有利於人民或另涉及原處分機關之裁量權等例外情事外，原則上應由事實審之高等行政法院，為該個案之事實及證據調查，並憑以適用法令[223]。

---

[221] 最高行政法院101年度判字第641號行政判決。
[222] 最高行政法院101年度判字第919號、100年度判字第1208號行政判決。
[223] 最高行政法院103年度判字第403號行政判決。

第五項　行政指導

　　行政指導為行政之事實行為，故屬國家賠償法所稱之行使公權力，而具體個案之行政指導行為，是否成立國家賠償，應視個案有無符合國家賠償法第2條所定之要件而定[224]。

例題36

　　甲食品製造工廠非屬水污染防治法管制主體，其以管線排放污水於廠外水溝，再流至附近池塘之行為，倘無水污染防治法適用條件。試問水污染防治法之主管機關，應如何處理？

壹、定　義

　　所謂行政指導，係指行政機關在其職權或所掌事務範圍內，為實現一定之行政目的，以輔導、協助、勸告、建議或其他不具法律上強制力之方法，促請特定人為一定作為或不作為之行為（行政程序法第165條）。例如，有關依家庭暴力防治法、性侵害犯罪防治法等法設立之中途之家、緊急庇護中心及短期收容中心等，所為之緊急救援、緊急安置、協助驗傷等保護措施，係行政機關在其職權或所掌理事務範圍內，以輔導、協助、建議或其他不具法律上強制力之方法，為被害人提供之服務，其屬行政指導[225]。而行政機關為行政指導時，應注意有關法規規定之目的，不得濫用。相對人明確拒絕指導時，行政機關應即停止，並不得據此對相對人為不利之處置（行政程序法第166條）。

---

[224] 法務部2008年8月7日法律決字第0970027507號函。
[225] 內政部台90內家字第9002127號函。

貳、例題解析——不具法律上強制力之方法

　　水污染防治法所稱主管機關，在中央為行政院環境保護署；在直轄市為直轄市政府；在縣、市為縣、市政府（水污染防治法第3條）。甲食品製造工廠非屬水污染防治法管制主體，以管線排放污水於廠外水溝，再流至附近池塘之行為，倘無水污染防治法適用條件，水污染防治法之主管機關可在職權或所掌事務範圍內，以輔導、協助、勸告、建議或其他不具法律上強制力之方法，促使其妥善處理污水或要求不得任意排放等一定作為或不作為之行為。

參、相關實務見解——行政指導之性質（89司法官）

　　行政指導行為雖有國家賠償法之適用，然國家賠償法第2條第2項所定之國家賠償責任，係以公務員於執行職務行使公權力時，有故意或過失不法侵害人民自由或權利之行為，且與損害之發生，有相當因果關係為要件。查本件興建案為協助九二一受災戶及勞工購買住宅，買賣契約係存在於買受人及出賣人間，行政機關僅為協辦單位，人民締約與否，應回歸私法契約自治原則，由人民自行斟酌建商資力、產權、價格等因素後，決定是否與出賣人締結買賣契約，行政機關助成性之行政指導行為，僅係提供有本件興建案之資訊，使符合資格者可參與購屋之機會，人民仍享有締約與否之自主性。準此，難謂行政機關有行政行為，人民即可毋庸判斷訂約之風險，而全諉由行政機關負責[226]。

第六項　陳　情

　　人民對於行政興革之建議、行政法令之查詢、行政違失之舉發或行政上權益之維護，得向主管機關陳情（行政程序法第168條）。準此，行政

---

[226] 臺灣高等法院臺中分院93年度重上國字第5號民事判決。

機關對陳情之處理，並非行政處分。

例題37

　　人民就土地塗銷登記登記事宜，向臺北市政府陳情，經市政府函復謂：倘臺端認該項土地登記有無效或得撤銷之原因，得向法院起訴請求塗銷登記，俟取得勝訴民事判決，繼而據以辦理等語。試問人民得否對市政府函，主張其侵害權利？

壹、陳情方式

　　陳情得以書面或言詞為之；其以言詞為之者，受理機關應作成紀錄，並向陳情人朗讀或使閱覽後命其簽名或蓋章（行政程序法第169條第1項）。陳情人對紀錄有異議者，應更正之（第2項）。

貳、陳請處理

一、原　則

　　行政機關對人民之陳情，應訂定作業規定，指派人員迅速、確實處理之。人民之陳情有保密必要者，受理機關處理時，應不予公開（行政程序法第170條）。受理機關認為人民之陳情有理由者，應採取適當之措施；認為無理由者，應通知陳情人，並說明其意旨（行政程序法第171條第1項）。受理機關認為陳情之重要內容不明確或有疑義者，得通知陳情人補陳之（第2項）。而人民之陳情應向其他機關為之者，受理機關應告知陳情人。但受理機關認為適當時，應即移送其他機關處理，並通知陳情人（行政程序法第172條第1項）。陳情之事項，依法得提起訴願、訴訟或請求國家賠償者，受理機關應告知陳情人（第2項）。

二、例　外

人民陳情案有下列情形之一者，得不予處理：(一)無具體之內容或未具真實姓名或住址者（行政程序法第173條第1款）；(二)同一事由，經予適當處理，並已明確答覆後，而仍一再陳情者（第2款）；(三)非主管陳情內容之機關，接獲陳情人以同一事由分向各機關陳情者（第3款）。

貳、例題解析──事實行為（98津師）

行政機關就人民對於行政行政法令之查詢所為函覆，其性質為對人民陳情之答覆，其為事實形為，並非就具體個案所為之行政處分，不發生法律上之效果，人民不會因該函覆，導致其請求塗銷土地登記之私權事項，受有權利之損害。

參、相關實務見解──迅速確實處理陳情事件

道路交通違規事件之行為人，對於遭舉發違規之事實不服時，得依道路交通處罰條例第9條第1項規定，向處罰機關陳述意見。倘行為人對於遭舉發違規之事實並無不服，僅對於行政興革之建議、行政法令之查詢、行政違失之舉發或行政上權益之維護有所意見時，自得依據行政程序法第168條規定，向主管機關陳情。準此，人民對於道路交通違規事件遭舉發之事實，雖不爭執，然因認處罰機關有行政違失之舉發或對於其己身行政上權益有所維護，依法提出陳情時，行政機關應依據行政程序法第171條及第170條規定，迅速確實處理之[227]。

---

[227] 臺灣高等法院95年度交抗字第29號刑事裁定。

第四章

行政救濟法

目 次

關鍵詞：行政自我控制、訴願能力、不受理決定、行政處分、撤銷訴訟、時效期間、公用徵收、特別犧牲、暫時權利保護

我國關於行政訴訟與民事訴訟之審判，係採二元訴訟制度，分由不同性質之法院審理。關於因公法關係所生之爭議，由行政法院審判，因私法關係所生之爭執，應由普通法院審判[1]。而行政救濟權源自憲法所保障之訴訟權，依其救濟方法，可分為訴願與行政訴訟制度，前者為行政之內部救濟；後者為行政外部救濟。其目的在於矯正行政機關所為不法與不當之行政處分，以保護人民之公權利[2]。本章計有17則例題，用以分析行政救濟法之原理與適用。

第一節　訴　願

訴願為憲法第16條賦予人民之基本權利，係人民認為行政機關所作成之行政處分，有違法或不當者，導致其權利或利益受損害時，請求行政機關或上級機關審查該行政處分之合法性與正當性，並為一定決定之權利。準此，訴願之目的，係藉由行政機關之行政自我控制，作為司法審查前之先行程序。

訴願	內容	法律依據
訴願之要件	行政處分有違法或不當，或行政機關應作為而不作為，致損害其權利或利益	訴願法第1條、第2條
訴願人	行政處分之相對人及利害關係人	訴願法第18條
受理訴願機關	原行政處分機關、上級機關	訴願法第4條
提起訴願期間	30日或2個月	訴願法第2條、第14條

---

[1] 大法官釋字第448號解釋。

[2] 張文郁，訴願法與爭訟實務，100年培訓高等行政法院暨地方法院行政訴訟庭法官理論課程，司法院司法人員研習所，2011年3月14日，頁1。

訴願	內容	法律依據
訴願決定	1.不受理決定 2.訴願無理由決定 3.決定撤銷或變更原行政處分 4.決定發回原行政處分機關另為行政處分 5.命原行政處分機關速為一定行政處分 6.情況決定	訴願法第77條、第79條、第81條、第82條、第83條
再審程序	就確定之訴願決定不服之方法	訴願法第97條
暫時權利保護	原行政處分之合法性顯有疑義者，或原行政處分之執行將發生難以回復之損害，且有急迫情事，並非為維護重大公共利益所必要者，受理訴願機關或原行政處分機關得依職權或依申請，就原行政處分之全部或一部，停止執行。	訴願法第93條第2項

第一項　訴願之要件

　　訴願事件會因行政機關是否作成行政處分而有所區別，有行政處分之案件，訴願人依據訴願法第1條規定，提起積極行政處分之訴願；反之，無行政處分之案件，訴願人依據訴願法第2條規定，提起怠為行政處分之訴願。依據訴願之決定內容，有撤銷訴願與課予義務訴願兩種類型。

例題1

　　甲公司於2021年8月19日向經濟部智慧財產局申請就乙公司申請「利用X光脈衝啟動電燈之裝置與方法」發明專利案為實體審查，經濟部智慧財產局以該專利申請之乙公司已於2020年5月20日申請實體審查在案，認為申請實體審查之事實已刊載於專利公報，甲公司已知悉有申請實體審查之事實，該發明專利案已進行實體審查，自無重複提起之實益[3]。經濟部智慧財產局乃於2021年10月11日作成實體審查申請應不予受理之處分，並將該行政處分送達予甲公司。試問甲公司就不予受理之處分，應如何救濟？

---

[3] 經濟部智慧財產局，專利法逐條釋義，2005年3月，頁111。

壹、訴願前置主義（98檢察事務官；88司法官）

有關訴願前置程序之規定，其不僅為維護人民之權利或行政之利益，亦為減輕法院負擔而設，依法未提起訴願者，基於訴願前置主義，原則上不得逕行提起行政訴訟[4]。適用訴願前置主義之行政訴訟有撤銷訴訟（行政訴訟法第4條第1項）與課予義務訴訟（行政訴訟法第5條）。再者，公務人員保障法之復審程序、教師法之申訴及再申訴程序，等同或取代訴願程序[5]。

貳、積極行政處分之訴願（89律師）

一、行政處分

人民對於中央或地方機關之行政處分，認為違法或不當，致損害其權利或利益者，得依本法提起訴願。但法律另有規定者，從其規定（訴願法第1條第1項）。例如，納稅義務人對於核定稅捐之處分，有不服者，應依規定格式，敘明理由，連同證明文件，申請復查（稅捐稽徵法第35條第1項）。納稅義務人對稅捐稽徵機關之復查決定，倘有不服者，得依法提起訴願及行政訴訟（稅捐稽徵法第38條第1項）。各級地方自治團體或其他公法人對上級監督機關之行政處分，認為違法或不當，致損害其權利或利益者，亦同（訴願法第1條第2項）。

二、行政處分有違法或不當

所謂行政處分有違法或不當，係指行政處分有應予撤銷之瑕疵。詳言之，行政處分違法，係指其欠缺合法要件而言。所謂行政處分不當，係指行政處分雖非違法，惟不合目的性。訴願人僅要主觀上認為行政處分違法

---

4 最高行政法院93年9月份庭長法官聯席會議；最高行政法院96年度裁字第1929號行政裁定。
5 最高行政法院98年7月份第1次庭長法官聯席會議決議。

或不當，即可提起訴願。至於行政處分是否有違法或不當處，其屬訴願有無理由之決定。

三、權利保護必要性

(一)要　件

行政處分須有權利或法律上利益受有損害，始得提起訴願，否則欠缺權利保護要件。是訴願人僅要主觀上認為行政處分有損害其權利或法律上利益，即可提起訴願。至於是否確有損害其權利或利益，係實體上應審究之事項。

(二)損害其權利或法律上利益

所謂損害其權利或法律上利益，係指行政處分所生之具體效果，直接損害其權利或法律上利益而言，行政處分與損害結果間具有直接因果關係。訴願是否有利益，不以該次提起訴願判斷為準，倘將來有權利之保護必要，亦得提起行政爭訟[6]。例如，提起行政爭訟，須其爭訟有權利保護必要，即具有爭訟之利益為前提，倘對於當事人被侵害之權利或法律上利益，縱經審議或審判之結果，亦無從補救，或無法回復其法律上之地位或其他利益者，固無進行爭訟而為實質審查之實益。惟所謂被侵害之權利或利益，經審議或審判結果，無從補救或無法回復者，並不包括依國家制度設計，性質上屬於重複發生之權利或法律上利益，人民因參與或分享，得反覆行使之情形。準此，人民申請為公職人員選舉候選人時，因主管機關認其資格與規定不合，而予以核駁，申請人不服提起行政爭訟，選舉雖已辦理完畢，然人民之被選舉權，既為憲法所保障，且性質上得反覆行使，倘該項選舉制度繼續存在，審議或審判結果，對其參與另次選舉成為候選人資格之權利仍具實益者，即有權利保護之必要，法院就此類訴訟自應予以受理[7]。

---

[6] 李惠宗，行政法要義，元照出版有限公司，2007年2月，3版1刷，頁562至563。
[7] 大法官釋字第546號解釋。

參、怠為行政處分之訴願（93津師）

人民因中央或地方機關對其依法申請之案件，其於法定期間內應作為而不作為，認為損害其權利或利益者，亦得提起訴願（訴願法第2條第1項）。例如，行政機關以「俟法院判決確定」為藉口，對於人民之聲請不予置理，自與依法應作為而不作為者同，應視同行政處分，聲請人自得提起訴願[8]。

肆、例題解析——申請發明專利案實體審查

任何人自發明專利申請日起3年內，均得向經濟部智慧財產局申請實體審查（專利法第38條第1項）。前開規定所為審查之申請，不得撤回（第3項）。經濟部智慧財產局應將申請審查之事實，刊載於專利公報（專利法第39條第2項）。準此，專利法並未禁止任何人同時或先後提起重複申請實體審查之明文規定[9]。甲公司於2021年8月19日向經濟部智慧財產局申請就乙公司申請「利用X光脈衝啟動電燈之裝置與方法」發明專利案為實體審查，經濟部智慧財產局以該專利申請之乙公司已於2020年5月20日申請實體審查在案為由，而於2021年10月11日作成實體審查申請應不予受理之處分，並將該專利處分送達甲公司。揆諸前揭說明，經濟部智慧財產局所為實體審查應不受理之處分，其於法未合，甲公司得於收受該專利處分之次日起30日內，提起專利訴願（訴願法第14條第1項）。經濟部應以智慧財產局違反專利法第37條第1項規定，自創法無明文之限制，予以否准，作成訴願有理由之決定，將原專利處分撤銷，由經濟部智慧財產局於收受專利訴願決定書後，其於一定期間內重新審酌後，另為適法之處理（訴願法第81條第1項本文、第2項）[10]。

---

[8] 最高行政法院80年度判字第1681號行政判決。

[9] 經濟部2004年11月9日經訴字第09306229680號訴願決定書。

[10] 林洲富，智慧財產行政程序與救濟，五南圖書出版股份有限公司，2021年8月，4版1刷，頁75。

伍、相關實務見解

一、實體審查事項

　　人民對於中央或地方機關之行政處分，認為違法，致損害其權利或法律上之利益者，即具有法律上之利害關係，而得循序提起訴願、行政訴訟。至是否確有損害其權利或法律上之利益，係實體上另應審究之事項，不得從程序上駁回其訴願或行政訴訟[11]。

二、合目的性與合法性審查

　　訴願為行政體系內部之自省救濟程序，具有行政訴訟所無之重要功能，訴願可審查行政處分之當否。基於權力分立原理，法院僅可為法之監督，以免過度介入行政權之行使；而受理訴願機關對於行政處分除可作合法性審查外，並可及於合目的性[12]。

第二項　訴願人與受理訴願機關

　　訴願管轄採上級管轄原則，應由原行政處分機關之上級機關，屬行政之內部救濟。準此，因行政處分違法或不當，致損害其權利或法律上利益者，均可提起訴願。

例題2

　　國民年金保險，由中央主管機關委託勞工保險局辦理，並為保險人。勞工保險局以保險人地位承辦國民年金保險，則其就有關國民年金保險投保資格事項所為之核定，倘與被保險人發生爭議，被保險人經衛生福利部爭議審議程序後，對於審議結果仍有不服。試問被保險人應向何機關提起訴願？理由為何？

[11] 最高行政法院103年度判字第365號行政判決。
[12] 最高行政法院106年度判字第381號行政判決。

壹、訴願人

自然人、法人、非法人之團體或其他受行政處分之相對人及利害關係人均具有訴願當事人能力或資格,得提起訴願(訴願法第18條)[13]。所謂利害關係,係指權利或法律上之利益受侵害之利害關係[14]。至於具體訴願事件,是否具有訴願之當事人適格,應視其是否為行政處分之相對人或利害關係人而定。能獨立以法律行為負義務者,有訴願能力(訴願法第19條)。無訴願能力人應由其法定代理人代為訴願行為(訴願法第20條第1項)。地方自治團體、法人、非法人之團體,應由其代表人或管理人為訴願行為(第2項)。關於訴願之法定代理,依民法規定(第3項)。訴願能力是否欠缺,為訴願之合法要件,故為受理訴願之機關應依職權調查[15]。

貳、受理訴願機關

一、縣市政府

不服鄉、鎮、市公所之行政處分者,或不服縣、市政府所屬各級機關之行政處分者,均向縣、市政府提起訴願(訴願法第4條第1款、第2款)。例如,不服彰化縣芬園鄉公所,所為之行政處分,應向彰化縣政府提起訴願救濟。

二、直轄市政府

不服直轄市政府所屬各級機關之行政處分者,向直轄市政府提起訴願(訴願法第4條第4款)。例如,不服臺中市政府法制局所為之行政處

---

[13] 行政程序法第18條規定:有行政程序之當事人能力者如下:1.自然人;2.法人;3.非法人之團體設有代表人或管理人者;4.行政機關;5.其他依法律規定得為權利義務之主體者。

[14] 最高行政法院99年度判字第923號行政判決。

[15] 最高法院43年度台抗字第99號民事裁定。

分，應向臺中市政府提起訴願救濟。

三、中央主管

不服縣、市政府之行政處分者，或不服直轄市政府之行政處分者，均向中央主管部、會、行、處、局、署提起訴願（訴願法第4條第3款、第5款）。例如，不服臺中市政府所爲有關教育業務之行政處分，應向教育部提起訴願救濟。

四、中央部院（98律師）

不服中央各部、會、行、處、局、署所屬機關之行政處分者，向各部、會、行、處、局、署提起訴願（訴願法第4條第6款）。不服中央各部、會、行、處、局、署之行政處分者，向主管院提起訴願（訴願法第4條第7款）。不服中央各院之行政處分者，向原院提起訴願（訴願法第4條第8款）。例如，人民對於國家通訊傳播委員會之行政處分不服時，因國家通訊傳播委員會係行政院所屬之行政機關，應依訴願法第4條第7款規定，由行政院管轄之[16]。

五、共同行政處分（98司法官）

對於二以上不同隸屬或不同層級之機關共爲之行政處分，應向其共同之上級機關提起訴願（訴願法第6條）。例如，某環保清除業者，未依相關法規處理，將有害事業廢棄物傾倒在苗栗縣與臺中市交界處之河川地，經苗栗縣與臺中市之主管機關共同查獲與處分，該環保清除業者，倘不服該共同行政處分，應向行政院環境保護署提起訴願。

---

[16] 最高行政法院97年12月份第3次庭長法官聯席會議決議；最高行政法院99年度判字第393號、99年度判字第642號行政判決。

六、委託事件（89、99律師；98司法官）

委託事件之受理訴願機關如後：(一)無隸屬關係之機關辦理受託事件所為之行政處分，視為委託機關之行政處分，其訴願之管轄，比照第4條規定，向原委託機關或其直接上級機關提起訴願（訴願法第7條）；(二)有隸屬關係之下級機關依法辦理上級機關委任事件所為之行政處分，為受委任機關之行政處分，其訴願之管轄，比照第4條規定，向受委任機關或其直接上級機關提起訴願（行政程序法第15條第1項；訴願法第8條）；(三)直轄市政府、縣市政府或其所屬機關及鄉（鎮、市）公所依法辦理上級政府或其所屬機關委辦事件所為之行政處分，為受委辦機關之行政處分，其訴願之管轄，比照第4條規定，向受委辦機關之直接上級機關提起訴願（訴願法第9條）；(四)依法受中央或地方機關委託行使公權力之團體或個人，以其團體或個人名義所為之行政處分，其訴願之管轄，向原委託機關提起訴願（訴願法第10條）。

參、例題解析——國民年金保險

國民年金保險之業務由中央主管機關委託勞工保險局辦理，並為保險人（國民年金法第4條）。勞工保險局為執行受委託辦理國民年金之承保受理、給付審理、財務及帳務、基金管理運用等相關業務，設國民年金業務處（勞動部勞工保險局組織法第2條第6款）。故係以立法委託勞工保險局辦理國民年金保險業務，並授與國民年金保險人之法律地位。勞工保險局以保險人地位承辦國民年金保險，就有關國民年金保險事項所為之核定，自以勞工保險局為原處分機關，並以中央主管機關衛生福利部為訴願機關（訴願法第7條）[17]。

---

[17] 最高行政法院93年5月份庭長法官聯席會議決議。

肆、相關實務見解——申請永久居留事件

無隸屬關係之機關辦理受託事項所為之行政處分，視為委託機關之行政處分（訴願法第7條前段）。本件之行政處分，雖由嘉義縣警察局所為，惟揆諸上開法條規定，嘉義縣警察局係受內政部警政署之委託辦理，而兩者間並無隸屬關係，故原告提起行政訴訟，應以所委託之機關即內部警政署為被告，始符合行政訴訟法第24條第1項規定[18]。

第三項 提起訴願程序

不服行政處分提起訴願時，訴願人應於法定不變期間，檢具訴願書，載明應記載事項，向訴願管轄機關或原行政處分機關提起訴願（訴願法第56條至第58條）。

例題3

> 甲於2020年6月18日收到縣政府否准核發建造執照之通知，其僅於2020年7月16日以郵局存證信函向該縣之縣長表達其符合核發建造執照之條件，請求依法核發等語。甲迨至2021年6月30日，始提出載明訴願意旨之訴願書於訴願機關。試問甲之訴願是否合法？有無逾期提出訴願？

壹、提起訴願之期間

一、積極行政處分

訴願之提起，應自行政處分達到或公告期滿之次日起30日內為之（訴願法第14條第1項）。利害關係人提起訴願者，前項期間自知悉時起

---

[18] 最高行政法院93年度判字第1219號行政判決。

算，利害關係人對於何時知悉行政處分，應負證明責任[19]。但自行政處分達到或公告期滿後，已逾3年者，不得提起（第2項）。訴願之提起，以原行政處分機關或受理訴願機關收受訴願書之日期爲準（第3項）。訴願人誤向原行政處分機關或受理訴願機關以外之機關提起訴願者，以該機關收受之日，視爲提起訴願之日（第4項）。訴願人在第14條第1項所定期間，向訴願管轄機關或原行政處分機關作不服原處分之表示者，雖視爲已在法定期間內提起訴願。然應於30日內補送訴願書（訴願法第57條）。例如，專利舉發人因舉發不成立處分，曾向經濟部智慧財產局陳情，已有不服之表示，即遵守法定不變期間[20]。

二、怠爲行政處分

人民因中央或地方機關對其依法申請之案件，其於法定期間內應作爲而不作爲，認爲損害其權利或利益者，亦得提起訴願（訴願法第2條第1項），倘法令未規定期間者，自機關受理申請之日起爲2個月（第2項）。無論爲積極行政處分或怠爲行政處分，受理訴願機關認爲訴願書不合法定程式，而其情形可補正者，應通知訴願人於20日內補正（訴願法第62條）。

貳、訴願書記載事項

一、積極行政處分

訴願不得以口頭代替訴願書，其爲要式行爲[21]。是提起積極行政處分之訴願，應具訴願書，載明下列事項，由訴願人或代理人簽名或蓋章：(一)訴願人；(二)訴願代理人者；(三)原行政處分機關；(四)專利訴願請求

---

[19] 最高行政法院45年度判字第58號、55年度判字第316號行政判決。

[20] 最高行政法院81年度判字第58號行政判決。

[21] 張自強、郭介恆，訴願法釋義與實務，瑞興圖書股份有限公司，2002年2月，頁215。

事項；(五)訴願之事實及理由；(六)收受或知悉處分日；(七)受理訴願之機關；(八)證據，其為文書者，應添具繕本或影本；(九)作成訴願書之年月日（訴願法第56條第1項）。訴願應附行政處分書影本（第2項）。

二、怠為行政處分

　　提起怠為行政處分之訴願，應載明應為行政處分之機關、提出申請日，並附原申請書之影本及受理申請機關收受證明（訴願法第56條第3項）。

參、例題解析──逾法定不變期間提起訴願

　　訴願人在第14條第1項所定期間向訴願管轄機關或原行政處分機關作不服原行政處分之表示者，視為已在法定期間內提起訴願。但應於30日內補送訴願書。受理訴願機關認為訴願書不合法定程式，而其情形可補正者，應通知訴願人於20日內補正。訴願事件有訴願書不合法定程式不能補正或經通知補正逾期不補正者；或提起訴願逾法定期間或未於第57條但書所定期間內補送訴願書者，應為不受理決定。訴願法第57條、第62條、第77條第1款、第2款分別定有明文。準此，甲於2020年6月18日收受縣政府否准核發建造執照之通知後，嗣於2020年7月16日提出之存證信函，其未載明訴願意旨，雖存證信函非訴願書，惟依訴願法第57條規定，可視為已在法定期間內提起訴願，依同條但書規定，其應於30日內補送訴願書，訴願管轄機關毋庸依訴願法第62條規定命甲補正。甲遲至2021年6月30日始向訴願管轄機關提出訴願書，顯已逾30日補送訴願書之期間，訴願決定機關應以訴願不合法，依訴願法第77條第2款規定，為不受理決定[22]。

---

[22] 96年度高等行政法院法律座談會紀錄，2007年4月，頁87至100。最高行政法院100年度判字第2104號行政判決。

肆、相關實務見解——提起訴願之期間

訴願法第57條規定之立法意旨，在於保護訴願人之訴願權利，並非在縮短行政程序法第98條第3項之視爲於法定期間內，提起訴願之期間。倘原行政處分未依行政程序法第96條第1項第6款規定，教示救濟期間事項，致訴願人雖遲誤訴願法第14條第1項所定之訴願期間，惟已於行政程序法第98條第3項規定，視爲於法定期間內提起訴願之期間，提起訴願者，仍要求訴願人應依訴願法第57條但書規定於30日內補送訴願書，否則爲訴願不受理之決定，不啻縮短行政程序法第98條第3項所定，視爲於法定期間內提起訴願之期間，而與訴願法第57條規定，係爲保護訴願人之訴願權利之立法意旨相悖[23]。

第四項　訴願之審理

訴願管轄機關對於訴願應先爲程序之審查，有程序不合而其情形可補正者，應酌定相當期間，通知訴願人補正（訴願法第62條）。其無不應受理之情事者，進而爲實體之審理[24]。

例題4

訴願決定撤銷原處分，要求由原處分機關另為適法處分，並於決定理由中說明其撤銷處分之法律上理由，該訴願決定未據受不利判斷之當事人提起行政訴訟而確定，原處分機關於原處分經撤銷確定後重為處分時，依訴願法第96條規定，應依訴願決定意旨為之。原處分機關依訴願決定意旨

---

[23] 最高行政法院99年度判字第1162號行政判決。行政程序法第98條第3項：處分機關未告知救濟期間或告知錯誤未為更正，致相對人或利害關係人遲誤者，如自處分書送達後1年內聲明不服時，視為於法定期間內所為。

[24] 李震山，行政法導論，三民書局股份有限公司，1999年10月，頁430。

之理由重為處分，受不利益處分之當事人就其於前次訴願程序中，未予不服之訴願決定認定理由，其於嗣後行政訴訟中再予爭執。試問行政法院就該部分之爭點，應否受前次訴願決定確定效力之拘束？

壹、審理方式（96檢察事務官；89司法官）

　　訴願程序雖屬行政救濟之一環，惟本質為行政程序，故訴願審理採書面審理為原則，即訴願就書面審查決定之（訴願法第63條第1項）。例外情形，係通知到場陳述意見或進行言詞辯論。

一、陳述意見

　　受理訴願機關認為有必要時，得通知訴願人、參加人或利害關係人到達指定處所陳述意見（訴願法第63條第2項）。訴願人或參加人請求陳述意見而有正當理由者，應予到達指定處所陳述意見之機會（第3項）。訴願審議委員會主任委員得指定委員聽取訴願人、參加人或利害關係人到場之陳述（訴願法第64條）。而訴願審議委員會委員至訴願審議委員會閱卷，進行實質之書面審查，並核提審查意見，得依支給審查費；依訴願法第64條規定聽取陳述意見，屬專案諮詢性質，得支給出席費[25]。

二、言詞辯論

　　受理訴願機關應依訴願人、參加人之申請或於必要時，得依職權通知訴願人、參加人或其代表人、訴願代理人、輔佐人及原行政處分機關派員，於指定期日到達指定處所言詞辯論（訴願法第65條）。以保障當事人權益與發現真實。例如，經濟部為釐清案情與發現真實，函請局原處分機關、訴願人及參加人，派員列席經濟部訴願審議委員會之會議，就商標

---

[25] 行政院秘書長2004年6月25日院台訴字第0930086475號函。

異議事件提起訴願進行言詞辯論[26]。

貳、證據調查

一、實施調查、檢驗或勘驗

　　受理訴願機關應依職權或囑託有關機關或人員，實施調查、檢驗或勘驗，不受訴願人主張之拘束（訴願法第67條第1項）。原則上訴願人或參加人有聲請調查證據之權利，是受理訴願機關應依訴願人或參加人之申請，調查證據（第2項本文）。以促進事實真相之發現，並維護訴願當事人之程序權利。例外情形，係受理訴願機關就其申請調查之證據中，認為不必要者，則不予調查（第2項但書）。為避免訴願人或參加人遭受突襲性之不利決定，受理訴願機關依職權或依申請調查證據之結果，應賦予訴願人及參加人表示意見之機會，始得採為對之不利之訴願決定基礎（第3項）。

二、提出證據書類或證物

　　訴願人或參加人得提出證據書類或證物，以供受理訴願機關審酌（訴願法第68條本文）。為避免延誤審酌期間，受理訴願機關限定於一定期間內提出者，應於該期間內提出（但書），此為訴願人或參加人之協力義務，促進發現事實，俾於使行政機關能正確認事用法。

三、鑑　定

　　受理訴願機關得依職權或依訴願人、參加人之申請，囑託有關機關、學校、團體或有專門知識經驗者為鑑定（訴願法第69條第1項）。受理訴願機關認為無鑑定之必要，而訴願人或參加人願自行負擔鑑定費用時，得向受理訴願機關請求准予交付鑑定，受理訴願機關非有正當理由，不得拒

---

[26] 經濟部2014年9月30日經訴字第10306110070號函。

絕之（第2項）。鑑定人由受理訴願機關指定之（第3項）。例如，專利審查涉及專業性與技術性，故智慧財產局有配置各技術領域之審查官職司其事。而經濟部並無此人員，是經濟部得依職權或依專利訴願人、參加人之申請，囑託有關機關、學校、團體或有專門知識經驗者為鑑定。鑑定所需費用由經濟部負擔，並得依鑑定人之請求預行酌給之（訴願法第72條第1項）。依第69條第2項規定交付鑑定所得結果，據為有利於訴願人或參加人之決定或裁判時，訴願人或參加人得於訴願或行政訴訟確定後30日內，請求受理訴願機關償還必要之鑑定費用（第2項）。

參、訴願決定（95司法官；88律師）

訴願人應繕具訴願書，經由原行政處分機關向訴願管轄機關提起訴願（訴願法第58條第1項）。原行政處分機關對於前項訴願，應先行重新審查原處分是否合法妥當，其認訴願為有理由者，得自行撤銷或變更原行政處分，並陳報訴願管轄機關（第2項）。原行政處分機關不依訴願人之請求撤銷或變更原行政處分者，應儘速附具答辯書，並將必要之關係文件，送於訴願管轄機關（第3項）。原行政處分機關檢卷答辯時，應將前項答辯書抄送訴願人（第4項）。

一、不受理決定

訴願事件有下列各款情形之一者，應為不受理之決定，受理訴願機關應依職權調查之（訴願法第77條）：(一)訴願書不合法定程式不能補正或經通知補正逾期不補正者（第1款）；(二)提起訴願逾法定期間或未於第57條但書所定期間內補送訴願書者（第2款）；(三)訴願人不符合第18條之訴願人適格規定者（第3款）；(四)訴願人無訴願能力而未由法定代理人代為訴願行為，經通知補正逾期不補正者（第4款）；(五)地方自治團體、法人、非法人之團體，未由代表人或管理人為訴願行為，經通知補

正逾期不補正者（第5款）；(六)行政處分已不存在者（第6款）[27]；(七)對已決定或已撤回之訴願事件重行提起訴願者（第7款）；(八)對於非行政處分或其他依法不屬訴願救濟範圍內之事項提起訴願者（第8款）。例如，在訴願程序進行中，原處分被撤銷或變更，依訴願法第77條第6款規定，以行政處分已不存在為由，為訴願不受理之決定，當事人應就新處分另行依法提起訴願與行政訴訟。

二、訴願無理由決定

訴願無理由，係指訴願所提出之主張，在實體上無理由。故訴願無理由者，受理訴願機關應以決定駁回之（訴願法第79條第1項）。原行政處分所憑理由雖屬不當，然依其他理由認為正當者，應以訴願為無理由（第2項）。例如，經濟部智慧財產局認商標有商標法第30條第1項第11款之異議事由，應撤銷其註冊。商標權人不服原處分而提起訴願，經濟部認有商標法第30條第1項第10款之異議事由，自應認訴願無理由，駁回其訴願。

三、訴願有理由決定

(一)決定撤銷原行政處分

1.事證明確

訴願人主張原行政處分違法或不當為理由，而其事證明確，受理訴願機關認為訴願有理由者，應以決定撤銷原行政處分之全部或一部，回復至未為行政處分之狀態，無須命原行政處分機關另為處分（訴願法第81條第1項本文前段）。例如，經濟部依據專利法第57條或第71條規定，撤銷原延長發明專利權期限或核准專利之處分，回復至未為延長發明專利權期限或未為專利審定之效果，經濟部智慧財產局不須重為專利處分。再者，

---

[27] 最高行政法院76年判字第1184號行政判決：行政處分不存在，係指原行政處分經撤銷之情形而言。

審查行政處分是否違法，原則上應以原處分作成時有無違法情事為準，至於發生在後之情事，除依法應溯及適用外，對原處分不生影響[28]。

　　2.除斥期間（**109檢察事務官**）

　　為避免行政處分相對人之法律地位，長期處於不安狀況，違法授益處分之撤銷，原處分機關或其上級機關應自知悉撤銷原因時起2年內為之（行政程序法第121條第1項）。違法行政處分之作成，出於當事人之詐欺、脅迫或行賄者，其事實之採證及確認容有難度，原處分機關就撤銷原因存在之認定，倘於行政自省救濟程序中，訴願機關不自行認定事實，輒發回原處分機關再行調查，倘2年除斥期間屆至，嗣後即使確認有撤銷原因之存在，因除斥期間屆滿而無從行使撤銷權。訴願機關為原處分機關之上級機關，自得基於職權調查證據，作成是否有撤銷原因存在之決定。倘訴願機關基於其他目的考量，未能行使法律所賦予之權限，任令除斥期間屆滿，甚至於訴願決定作成時，除斥期間已屆滿，猶執詞原處分認定事實不明，而發回原處分機關續查，無異於以行政自省救濟程序，妨礙依法行政之實現，自屬違法。法院將訴願決定撤銷後，應由訴願機關逕行調查證據認定事實，作成相應其事實認定之決定[29]。

(二)決定變更原行政處分（**99律師**）

　　事證已臻明確，原行政處分確有違法或不當，且不涉及原行政處分機關之第一次判斷權時，受理訴願機關認為訴願有理由者，得視訴願事件之情節，逕為變更之決定（訴願法第81條第1項本文後段）[30]。受理訴願機關於訴願人表示不服之範圍內，不得為更不利益之變更或處分（訴願法第81條第1項但書）。在訴願實務上，受理訴願機關變更原行政處分之案例，較為少見。

---

[28] 最高行政法院75年度判字第2225號行政判決。
[29] 最高行政法院106年度判字第381號行政判決。
[30] 張自強、郭介恆，訴願法釋義與實務，瑞興圖書股份有限公司，2002年2月，頁328。

(三)決定發回原行政處分機關另為行政處分

受理訴願機關審議結果，認原行政處分有違法或不當，因事實未臻明確或涉及原行政處分機關之權責，應由原行政處分機關重新處分者，受理訴願機關不逕爲變更原行政處分之決定，而將案件發回原行政處分機關另爲適法或適當之處分（訴願法第81條第1項本文後段）。原行政處分機關於訴願人表示不服之範圍內，不得爲更不利益之變更或處分（訴願法第81條第1項但書）[31]。該訴願決定撤銷原行政處分，發回原行政處分機關另爲行政處分時，應指定相當期間命其爲之（第2項）。在訴願實務上，此發回原行政處分機關另爲行政處分之決定，係受理訴願機關最常作成之決定。故訴願決定書主文記載：原處分撤銷，由原處分機關另爲適法之處理。

(四)命原行政處分機關速為一定行政處分

對於依訴願法第2條第1項提起怠爲行政處分之訴願，受理訴願機關認爲有理由者，應指定相當期間，命原行政處分機關速爲一定之行政處分（訴願法第82條第1項）。受理訴願機關未爲前開決定前，原行政處分機關已爲行政處分者，原未爲行政處分之情形不復存在，是訴願標的已消失，受理訴願機關應認訴願爲無理由，以決定駁回之[32]（第2項）。

(五)情況決定（101高考法制；93司法官）

受理訴願機關發現原行政處分雖屬違法或不當，但其撤銷或變更於公益有重大損害，經斟酌訴願人所受損害、賠償程度、防止方法及其他一切

---

[31] 最高行政法院62年度判字第298號行政判決：依行政救濟之法理，除原處分適用法律錯誤外，申請復查之結果，不得為更不利於行政救濟人之決定。

[32] 最高行政法院89年度判字第1211號行政判決：人民對於行政機關應作為而不作為之消極行為，認損害其權益者，固得依法提起行政爭訟，惟訴願及行政訴訟之提起，以有行政機關之行政處分存在為前提要件，倘行政機關之行政處分已不復存在，則訴願及行政訴訟之標的即已消失，自無許其提起訴願及行政訴訟之餘地。原行政機關已另為處分，故原未為處分之情形已不復存在，即訴願標的業已消失，自不得提起訴願及行政訴訟。

情事，認原行政處分之撤銷或變更顯與公益相違背時，得駁回其訴願（訴願法第83條第1項）。前開情形，應於決定主文中，載明原行政處分違法或不當（第2項）。受理訴願機關為情況決定時，得斟酌訴願人因違法或不當處分所受損害，在決定理由中載明由原行政處分機關與訴願人進行協議（訴願法第84條第1項）。原行政處分機關與訴願人間之協議，其與國家賠償法之協議有同一效力（第2項）。是協議成立時，應作成協議書，該項協議書得為執行名義（國家賠償法第10條第2項後段）。

肆、訴願決定效力（103司法官）

　　訴願決定為行政處分之一種，而具有存續力、拘束力及執行力。是訴願之決定確定後，就該事件，有拘束各關係機關之效力（訴願法第95條）。訴願決定有一事不再理原則之適用（訴願法第77條第7款）。原行政處分經撤銷後，原行政處分機關須重為處分者，應依訴願決定意旨為之，並將處理情形以書面告知受理訴願機關（訴願法第96條）。

伍、再審程序

(一)事　由

　　再審係對於確定之訴願決定不服之非常救濟方法，倘非同一原因事實而符合法定要件者，並無申請次數之限制[33]。然對於未確定之訴願決定不服，應循行政訴訟程序救濟之。原則上訴願人、參加人或其他利害關係人為申請再審之主體，得對確定訴願決定，向原訴願決定申請再審。例外情形，係訴願人、參加人或其他利害關係人已依行政訴訟主張其事由或知其事由而不為主張者，則不得申請再審（訴願法第97條第1項）。關於再審之法定事由如後：1.適用法規顯有錯誤者（第1款）；2.決定理由與主文

---

[33] 最高行政法院46年度裁字第41號行政裁定：行政訴訟之當事人，對於本院所為裁定，聲請再審，經駁回後，不得復以同一原因事實，對駁回再審聲請之裁定，更行聲請再審。

顯有矛盾者（第2款）；3.決定機關之組織不合法者（第3款）；4.依法令
應迴避之委員參與決定者（第4款）；5.參與決定之委員關於該訴願違背
職務，犯刑事上之罪者（第5款）；6.訴願代理人關於該訴願有刑事上應
罰之行為，影響於決定者（第6款）；7.為決定基礎之證物，係偽造或變
造者（第7款）；8.證人、鑑定人或通譯就為決定基礎之證言、鑑定為虛
偽陳述者（第8款）；9.為決定基礎之民事、刑事或行政訴訟判決或行政
處分已變更者（第9款）；10.發見未經斟酌之證物或得使用該證物者（第
10款）。再者，訴願人、參加人或其他利害關係人申請再審，應於30日
內提起（第2項）。前開期間，自訴願決定確定時起算。但再審之事由發
生在後或知悉在後者，自知悉時起算（第3項）。

(二)目　的

　　訴願法之再審制度，係分別參照民事訴訟法及行政訴訟法之再審制度
而設，故當事人就確定之訴願決定申請再審，乃行使訴願法上得除去確定
訴願決定效力之權利，其與行政訴訟法所規範，得對提起行政訴訟以資救
濟之一般訴願決定並不相同；加以訴願性質上為行政機關體系內之行政救
濟，而與行政訴訟法上司法救濟體系之審級制度無涉，故於再審決定依訴
願法亦無救濟程序規定之情況，難認當事人得就訴願再審決定，提起行政
訴訟救濟之。況訴願法上之再審，既係在通常救濟程序之外，所提供之非
常手段，係以已確定，且不得再提起行政訴訟之訴願決定為標的，有別於
通常之訴願決定，自不得成為行政訴訟之對象[34]。

陸、例題解析——訴願決定確定之效力

　　訴願之決定確定後，就其事件固有拘束各關係機關之效力，然不包括
行政法院在內（訴願法第95條）。準此，訴願決定而受不利益判斷之訴
願當事人，雖未對該訴願決定不服，該訴願決定確定後，訴願決定論斷之
理由，有拘束各關係機關之效力。惟原處分機關受訴願決定拘束，依訴願

---

[34] 各級行政法院91年度行政訴訟法律座談會法律問題第9則。

決定意旨重爲之處分，受不利益處分之當事人於嗣後之行政訴訟中，再就其於前次訴願決定，未予不服之爭點復行爭執，行政法院仍應就前次確定之訴願決定理由，是否合法而再予實質審究，不受前次確定訴願決定論斷理由之拘束。

柒、相關實務見解——怠爲行政處分之訴願

自程序之保障及訴訟經濟之觀點，訴願法第82條第2項所謂「應作爲之機關已爲行政處分」，係指有利於訴願人之處分而言。至全部或部分拒絕當事人申請之處分，應不包括在內。準此，訴願決定作成前，應作爲之處分機關已作成之行政處分非全部有利於訴願人時，無須要求訴願人對於該處分重爲訴願，訴願機關應續行訴願程序，對嗣後所爲之行政處分併爲實體審查，倘逕依訴願法第82條第2項規定駁回，並非適法[35]。

第二節　行政訴訟

行政處分是否合法或適當，固得經原行政處分機關之自我省察與受理訴願機關之行政權監督，惟行政自我控制有時不周詳，必須藉由行政法院對行政機關之行政行爲作事後之審查，以司法審查與救濟之方式，以確保人民權益與國家行政權合法行使之目的，以「法維持說」爲手段，以「權利保護說」爲目的[36]。

行政訴訟之類型	目的	法律依據
撤銷訴訟	請求撤銷違法之行政處分。起訴聲明：訴願決定及原處分均撤銷	行政訴訟法第4條

---

[35] 最高行政法院101年度2月份庭長法官聯席會議。
[36] 張瓊文，行政訴訟法總則與爭訟實務，100年培訓高等行政法院暨地方法院行政訴訟庭法官理論課程，司法院司法人員研習所，2011年2月21日，頁4。

行政訴訟之類型	目的	法律依據
課予義務訴訟	請求行政機關局應為行政處分。起訴聲明：訴願決定及原處分均撤銷。被告應就原告○年○月○日所為申請作成核准之行政處分	行政訴訟法第5條
確認訴訟	確認行政處分無效、確認公法上法律關係成立或不成立、確認已消滅之行政處分違法。起訴聲明：確認原處分無效；確認原處分為違法；確認○○與○○間○○法律關係存在	行政訴訟法第6條
一般給付訴訟	因公法上原因或公法上契約，發生財產上之給付或請求作成行政處分以外之其他非財產上之給付。訴之聲明：被告應給付原告○○元。	行政訴訟法第8條
維護公益訴訟	人民為維護公益，就無關自己權利及法律上利益之事項，對於行政機關之違法行為，得提起行政訴訟。但以法律有特別規定者為限	行政訴訟法第9條
行政訴訟與國家賠償訴訟	提起行政訴訟，得於同一程序中，合併請求損害賠償或其他財產上給付	行政訴訟法第7條
暫時權利保護	爭執公法關係、停止執行要件	行政訴訟法第298條、第299條、第116條
再審之訴	不服訴訟程序或判決基礎有重大瑕疵之確定判決	行政訴訟法第273條、第274條

第一項　行政訴訟之類型

　　行政訴訟之類型，有須經訴願程序與不必先經訴願程序之分。提起撤銷訴訟與課予義務訴訟，須經訴願程序，此為訴願前置主義。而提出確認訴訟與一般給付訴訟，不必先經訴願程序。

類型	行政處分作成後而法律有變更
撤銷訴訟	一時性之處分，以行政處分作成時，作為裁判之基準時
	繼續性之處分，以事實審言詞辯論終結時，作為裁判之基準時
課予義務訴訟	以事實審言詞辯論終結時，作為裁判之基準時[37]

例題5

> 甲之「散熱扇元件定位構造」新型專利，第三人以不具新穎性與進步性之專利要件，對之提起舉發，經濟部智慧財產局審定結果，作成舉發成立之專利處分，甲不服提起撤銷訴願，遭經濟部決定駁回。試問甲不服原處分與訴願決定，應如何救濟？

例題6

> 土地所有權人依土地法第216條第1項規定，請求需用土地人即行政關為相當之補償。試問土地所有人應依行政訴訟法第5條規定提起課予義務訴訟，或者依同法第8條規定直接提起給付之訴？

壹、撤銷訴訟（96律師；93司法官）

一、定　義

提起撤銷訴訟，應以客觀上有行政處分存在為前提。所謂客觀上有行政處分存在，係指具有行政程序法第92條或訴願法第3條定義之行政處分

---

[37] 最高行政法院95年度判字第2203號行政判決。

存在而言。撤銷訴訟為行政訴訟法最典型之權利防禦訴訟類型。人民因行政機關之違法行政處分，認為損害其權利或法律上之利益，經依訴願法提起訴願而不服訴願決定、提起訴願逾3個月而不為決定，或延長訴願決定期間逾2個月不為決定者，得向行政法院提起撤銷訴訟（行政訴訟法第4條第1項）。逾越權限或濫用權力之行政處分，以違法論（第2項）。訴願人以外之利害關係人，認為訴願決定，損害其權利或法律上之利益者，得向行政法院提起撤銷訴訟（第3項）。例如，專利權人之專利經第三人提起舉發，經濟部智慧財產局為撤銷專利權之審定，專利權人對該不利益之處分，提起訴願救濟，經濟部認專利訴願無理由，以訴願決定書駁回其訴願。專利權人不服專利訴願決定，得向智慧財產法院提起撤銷訴訟以救濟之，請求撤銷專利訴願決定與原專利處分。

二、要　件

原告提起撤銷訴訟之要件如後：(一)須有行政處分或訴願決定存在，原告訴請撤銷之；(二)原告須主張行政處分或訴願決定違法，並損害其權利或法律上利益，此為撤銷訴訟之訴訟標的；(三)須經訴願程序而未獲救濟；(四)須於法定期間內提起，即撤銷訴訟之提起，應於訴願決定書送達後2個月之不變期間內為之。但訴願人以外之利害關係人知悉在後者，自知悉時起算。撤銷訴訟，自訴願決定書送達後，已逾3年者，不得提起（行政訴訟法第106條第1項、第2項）。起訴應以訴狀提出於行政法院為之（行政訴訟法第105條第1項）。當事人在行政法院以外之處所所為之準備行為，不能認為已為起訴行為，故訴狀僅於起訴期間內付郵，而到達行政法院時已逾起訴期間者，不生於起訴期間內起訴之效力[38]。

---

[38] 最高行政法院97年度裁字第2500號行政裁定。

三、回復原狀

行政處分已執行者，行政法院為撤銷行政處分判決時，經原告聲請，並認為適當者，得於判決中命行政機關為回復原狀之必要處置（行政訴訟法第196條第1項）。撤銷訴訟進行中，原處分已執行而無回復原狀可能或已消滅者，而於原告有即受確認判決之法律上利益時，行政法院得依聲請，確認該行政處分為違法（第2項）。

四、審理結果

(一)不利益變更禁止（99律師）

行政法院所為之撤銷訴訟判決，倘係變更原處分或訴願決定者，不得為較原處分或訴願決定不利於原告之判決（行政訴訟法第195條第2項）。此為不利益變更禁止之規定，以保障原告之訴訟權利。

(二)情況判決

行政法院受理撤銷訴訟，雖發現原處分或訴願決定雖屬違法，然其撤銷或變更於公益有重大損害，經斟酌原告所受損害、賠償程度、防止方法及其他一切情事，認原處分或訴願決定之撤銷或變更顯與公益相違背時，得駁回原告之訴（行政訴訟法第198條第1項）。前項情形，應於判決主文中諭知原處分或決定違法（第2項）。行政法院為第198條判決時，應依原告之聲明，將其因違法處分或訴願決定所受之損害，而於判決內命原處分機關或原決定機關賠償（行政訴訟法第199條第1項）。原告未為前項聲明者，得於前條判決確定後1年內，向行政法院訴請賠償（第2項）。

貳、課予義務訴訟（99司法官）

一、撤銷訴訟與課予義務訴訟之差異

課予義務訴訟之功能，在於使人民對於違反作為義務之行政機關或受

理訴願機關，經由行政法院之判決，課予作成行政處分之義務（行政訴訟法第5條）[39]。撤銷訴訟與課予義務訴訟之主要差異，在於撤銷訴訟僅請求撤銷違法之行政處分，而課予義務訴訟有請求行政機關應為行政處分或應為特定內容之行政處分。再者，行政訴訟法第5條規定之課予義務訴訟，目的在對人民依法向行政機關申請作成行政處分而未獲准許之事件，提供救濟。故課予義務訴訟聲明中，關於請求撤銷訴願決定及原處分部分，而與請求作成行政處分部分間，必是本於同一事由之申請[40]。

(一)訴之聲明

人民請求行政機關作成對其有利之行政處分，遭受否准處分，而認為其權益受到違法損害，依法提起行政訴訟時，原則上應提起請求行政機關作成其所申請行政處分（行政訴訟法第5條第2項）。而非撤銷之訴聲明，僅提起請求撤銷行政機關否准其申請處分（行政訴訟法第4條第1項）。因撤銷行政機關否准其申請之行政處分，並不相當於命行政機關作成其所申請之行政處分，縱使勝訴，原告請求法院保護其權利之目的，亦無法在一次訴訟中實現。故應由審判長行使行政訴訟法第125條第3項規定之闡明權，使原告為完足之聲明，始為適法。準此，對於駁回申請處分，僅能提起課予義務訴訟請求救濟。倘經審判長為闡明，原告仍堅持提起撤銷訴訟，而不為課予義務訴訟之聲明，起訴即欠缺權利保護必要[41]。再者，課予義務訴訟之原告適格，須以提出申請案者為限，是未提出申請案之第三人，則非適格之原告[42]。

(二)審判長行使闡明權

行政訴訟有撤銷訴訟、課予義務訴訟、確認訴訟及一般給付訴訟等類

---

[39] 吳庚，行政法之理論與實用，三民書局股份有限公司，1999年6月，增訂5版，頁558。

[40] 最高行政法院101年度裁字第2219號行政裁定。

[41] 最高行政法院105年度判字第76號行政判決。

[42] 最高行政法院106年度判字第638號行政判決。

型,而訴訟種類之選擇,攸關人民得否在一次訴訟中,達到請求法院保護其權利之目的,縱使受有專業訓練之人,難保能正確選擇訴訟種類,遇有當事人於事實及法律上之陳述未明瞭或不完足處,或訴訟種類選擇錯誤時,均應由審判長行使行政訴訟法第125條第3項規定之闡明權。當事人不符合法定聲明方式之課予義務訴訟及提起撤銷訴訟,有無權利保護之必要,應由審判長行使闡明權,審判長疏未為闡明,自與行政訴訟法第125條規定有違[43]。

(三)分離之撤銷訴訟

人民請求行政機關作成對其有利之行政處分,遭到否准,而認為其權益受到違法損害,依法提起行政訴訟時,應提起請求行政機關作成其所申請行政處分之課予義務訴訟,而非僅提起請求撤銷行政機關否准其申請處分之訴訟,否則縱使勝訴,因撤銷行政機關否准其申請之行政處分,並不相當於命行政機關作成其所申請之行政處分,原告請求法院保護其權利之目的,無法在一次訴訟中實現。應由審判長行使行政訴訟法第125條第3項規定之闡明權,使原告為完足之聲明。準此,對於駁回申請處分,僅能提起課予義務訴訟請求救濟。倘經審判長為闡明,原告仍堅持提起撤銷訴訟,而不為課予義務訴訟之聲明,起訴即欠缺權利保護必要[44]。

(四)裁判基準時

行政訴訟法第5條規定之課予義務訴訟為特種之給付訴訟,行政法院判決時,應以言詞辯論終結時之法律及事實狀態為基準時點,而與撤銷訴訟應以處分時之法律規定及事實狀態為基準者,兩者有不同[45]。

二、怠為處分之訴 (93律師)

課予義務訴訟,分為怠為處分之訴與拒絕申請之訴兩種類型。怠為處

---

[43] 最高行政法院107年度判字第283號行政判決。
[44] 最高行政法院105年度判字第76號行政判決。
[45] 最高行政法院98年度裁字第822號行政裁定。

分之訴，係人民因行政機關對其依法申請之案件，而於法令所定期間內應作為而不作為，認為其權利或法律上利益受損害者，經依訴願程序後，得向行政法院提起請求該機關應為行政處分或應為特定內容之行政處分之訴訟（行政訴訟法第5條第1項）。

三、拒絕申請之訴（103、99、94司法官；89、88律師）

拒絕申請之訴，係人民因行政機關對其依法申請之案件，予以駁回，認為其權利或法律上利益受違法損害者，經依訴願程序後，得向行政法院提起請求行政機關應為行政處分或應為特定內容之行政處分之訴訟（行政訴訟法第5條第2項）。

(一)商標申請註冊

經濟部智慧財產局對於商標申請註冊案，作成不予商標之處分，商標申請人提起商標訴願救濟，經濟部認為商標訴願無理由，作成駁回訴願決定，倘商標申請人提起撤銷訴訟，即使智慧財產及商業法院判決撤銷訴願決定與商標處分，智慧財產局依據該判決重為商標處分，非當然為核准商標註冊之處分。準此，商標申請人除應聲明撤銷原處分與原訴願決定外，亦需請求經濟部智慧財產局應為核准商標註冊之處分，始得達成救濟之目的。

(二)請求遷移陸橋

人民甲因陸橋之設置，導致甲之土地難以利用，故請求行政機關將陸橋位置遷移，而行政機關拒絕甲之請求，其實質上屬拒絕處分，是甲得提起課予義務訴訟，請求行政機關作成將陸橋位置遷移之特定行政處分。

(三)建造物申請指定古蹟

建造物所有人得向主管機關申請指定古蹟，主管機關受理該項申請，應依定程序審查之（文化資產保存法第14條）。準此，就特定人之申請資格、機關有作為義務，應屬明確授權所有人享有指定古蹟之公法上請求權之法律規定，主管機關負有依法定程序審查後，作成准予古蹟指定與否

之義務[46]。

四、起訴期間

課予義務訴訟之提起，應於訴願決定書送達後2個月之不變期間內為之。但訴願人以外之利害關係人知悉在後者，自知悉時起算。撤銷訴訟，自訴願決定書送達後，已逾3年者，不得提起（行政訴訟法第106條第1項、第2項）。

五、請求作成行政處分之公法上請求權（104司法官）

(一)人民依法有公法請求權

行政訴訟法第5條規定之課予義務訴訟，旨在對於人民依法向行政機關申請，而未獲核准之案件提供救濟之管道。所謂依法申請之案件，係指人民依法有權請求行政機關為准駁之行政處分者而言。至單純陳情、檢舉、建議或請求等，不包括在內。故須原告有請求作成行政處分之主觀權利存在，始有提起課予義務訴訟之訴訟權能；否則非屬依法申請，所提起之課予義務訴訟，不符合行政訴訟法第5條規定之要件[47]。例如，依行政程序法第117條規定，原處分機關對違法行政處分，在合於一定條件，固得依職權為全部或一部之撤銷；然人民並無依該條規定，請求原處分機關撤銷違法行政處分之公法上請求權[48]。準此，人民提起課予義務訴訟，係以依其所主張之事實，法令上有賦予請求主管機關作成行政處分或特定內容行政處分之公法上請求權，經向主管機關申請遭駁回為其要件。

(二)權利或法律上利益受損害

對於人民依法申請遭駁回之事件，倘法令上並未賦予第三人有為其申請之公法上請求權，第三人不可能因主管機關之駁回該項申請，而有權

---

[46] 高雄高等行政法院102年度訴字第180號行政判決。
[47] 最高行政法院105年度判字第46號行政判決。
[48] 最高行政法院107年度判字第444號行政判決。

利或法律上利益受損害之情形。例如,依據外國護照簽證條例第11條、第12條及同條例施行細則第6條等規定可知,得以外國護照申請居留簽證者,限於持外國護照之外國國民,該外國國民之本國配偶,並無為其申請居留簽證之公法上請求權。準此,外籍配偶申請居留簽證經主管機關駁回,本國配偶主張此事實,不可能因主管機關否准,而有權利或法律上利益受損害之情形,其提起課予義務訴訟,行政法院應駁回其訴[49]。

(三)保護規範理論

我國行政訴訟係以保障人民之主觀公權利為宗旨,個人是否具有公法上權利,應以保護規範理論為界定之基準。法律明確規定特定人得享有權利,或對符合法定條件而可得特定之人,授予向行政主體或國家機關為一定作為之請求權者,其規範目的在於保障個人利益。而法律雖為公共利益或一般國民福祉而設之規定,然就法律之整體結構、適用對象、所欲產生之規範效果及社會發展因素等綜合判斷,可得知有保障特定人之意旨時,受該法律保護之人,即具有公法上請求權[50]。準此,法律規範之目的在於保障公共利益,且經綜合判斷結果,不足以認為有保障特定人之意旨,難認個人得主張有公法上請求權可資行使,自不得提起課予義務訴訟。例如,文化資產保存法未賦予個人或團體,得請求主管機關作成廢止文化景觀登錄處分之公權利[51]。

六、審理結果

(一)裁定

行政法院對於人民依第5條規定,請求應為行政處分或應為特定內容之行政處分之訴訟,應先審查程序是否合法,繼而探究實體有無理由。質言之,原告之訴不合法者,無須審究實體上是否有理由,行政法院得不經

---

[49] 最高行政法院103年11月份第1次庭長法官聯席會議。
[50] 大法官釋字第469號解釋。
[51] 最高行政法院107年度判字第148號行政判決。

言詞辯論程序，而以裁定駁回原告之訴（行政訴訟法第188條第3項、第200條第1款）。

(二)判決

原告起訴合法，繼而審查原告之訴是否有理由，行政法院之處理方式如後：1.原告之訴雖合法，惟原告之訴無理由者，應以判決駁回之（行政訴訟法第200條第2款）；2.原告之訴有理由，且案件事證明確者，應判命行政機關作成原告所申請內容之行政處分（第3款）；3.原告之訴雖有理由，惟該案件事證尚未臻明確或涉及行政機關之行政裁量決定者，應判命被告遵照其判決之法律見解對於原告作成決定（第4款）。

參、確認訴訟（89司法官）

一、確認訴訟之類型

確認行政處分無效及確認公法上法律關係成立或不成立之訴訟，原告有即受確認判決之法律上利益者，得提起確認訴訟（行政訴訟法第6條第1項前段）。其確認已執行而無回復原狀可能之行政處分或已消滅之行政處分為違法之訴訟，得提起確認訴訟（後段）。應提起撤銷訴訟、課予義務訴訟，倘原告誤為提起確認行政處分無效之訴訟，其未經訴願程序者，行政法院應以裁定將該事件移送於訴願管轄法院，並以行政法院收受訴狀之時，視為提起訴願（第4項）。準此，確認之訴的確認對象為無效或違法之行政處分，其訴訟類型分為：(一)確認行政處分無效；(二)確認公法上法律關係成立或不成立；(三)確認已消滅之行政處分違法；(四)確認公法上法律關係不成立亦分為存在或不存在。

二、確認訴訟補充性

確認訴訟並非用以補救遲誤撤銷訴訟、課予義務訴訟救濟期間之手段，確認行政處分為違法及公法上法律關係成立或不成立之訴訟，須於自始不得提起撤銷訴訟、課予義務訴訟或一般給付訴訟時，始得提起之，此

爲確認訴訟補充性原則。故對於行政處分違法而非無效之行政處分，應循序提起撤銷訴訟，始爲正辦；倘原告怠於提起訴願及撤銷訴訟，聽任行政處分確定，然後再以無起訴期間限制之確認訴訟，向行政法院主張行政處分違法，不僅有違訴願前置主義，提起行政爭訟之法定期間，亦形同虛設，甚至有害法律秩序之安定。準此，原得提起撤銷訴訟之情形，提起確認行政處分爲違法訴訟，即爲法所不許[52]。

三、確認訴訟之標的

關於確認公法上法律關係成立或不成立訴訟，所稱之公法上法律關係，係指特定生活事實之存在，在兩個以上權利主體間所產生之公法上權利義務關係，或產生人對權利客體間之公法上利用關係。行政法上法律關係之成立，雖有直接基於法規規定者，亦有因行政處分、行政契約或事實行爲而發生者。惟法規、行政行爲及事實均非法律關係之本身，不得以其存否爲確認訴訟之標的[53]。

肆、一般給付訴訟（103、101、89司法官；89律師）

一、定　義

人民與行政機關間，因公法上原因或公法上契約，發生財產上之給付或請求作成行政處分以外之其他非財產上之給付，得提起給付訴訟（行政訴訟法第8條第1項）。國家之侵害行爲係行政事實行爲時，此項侵害事實爲公法上原因。受害人民得主張該行政事實行爲違法，損害其權益，依行政訴訟法第8條第1項規定提起一般給付訴訟，請求行政機關作成行政處分以外之其他非財產上給付，以排除該侵害行爲，此爲公法上結果除去請求權。

---

[52] 最高行政法院105年度判字第502號行政判決。
[53] 最高行政法院106年度判字第386號行政判決。

(一)土地登記之註記

　　土地登記上之註記，係指在標示部所有權部或他項權利部其他登記事項欄內註記資料之登記，其為註記資料。倘該註記之存在，影響土地之交易情形，事實上影響土地所有權之圓滿狀態，係事實作用，而非法律作用。因註記未對外直接發生法律效果，並非行政處分。準此，土地之註記，事實上影響所在土地所有權之圓滿狀態，侵害土地所有權人之所有權，土地所有權人認土地註記違法者，得向行政法院提起一般給付訴訟，請求排除侵害行為即除去註記，回復未為該註記之狀態[54]。

(二)拒絕撤銷損鄰事件之列管要求

　　人民請求行政機關為行政實施行為，倘係請求為公法上事實行為，行政機關所為無法辦理之復函，僅屬意思通知性質，不發生法律上之效果，並非行政處分，人民不服者，應提起行政訴訟法第8條第1項之一般給付訴訟請求救濟。準此，主管機關拒絕建商申請撤銷對其所為損鄰事件之列管要求，核屬拒絕作成事實行為之要求，拒絕行為非行政處分，倘不服者，應提起一般給付訴訟請求救濟[55]。

二、要　件

　　原告提出一般給付訴訟之要件如後：(一)因公法上原因或公法上契約發生之給付；(二)限於請求財產上之給付或請求作成行政處分以外之其他非財產上之給付。例如，請求返還溢繳之規費、請求償還必要之鑑定費用、請求閱覽卷宗、請求將特定資料作廢等給付[56]；(三)原告請求給付之權利有保護之必要（行政訴訟法第8條第1項）；(四)須不屬於得在撤銷訴訟中併為請求之給付。因給付訴訟之裁判，係以行政處分應否撤銷為據者，應於依第4條第1項或第3項提起撤銷訴訟時，併為請求。原告未為請

---

[54] 最高行政法院99年度3月第1次庭長法官聯席會議。

[55] 最高行政法院106年度判字第283號行政判決。

[56] 劉新發，專利行政救濟程序，經濟部智慧財產局，2007年2月，頁51至52。

求者,審判長應告以得爲請求,不得提起一般給付訴訟(第2項)。以達訴訟經濟之目的,並避免有裁判牴觸之情事[57]。

三、預防性不作爲訴訟

任何訴訟提供人民之權利保護,均以有權利保護必要爲要件。人民就對己之侵益處分,或對第三人授益而對己侵益之具雙重效力之授益處分,本得於處分作成後,提起訴願及撤銷訴訟救濟。因在處分未作成前,人民並不會因處分而有權利或法律上利益受損害。除非個案情形特殊,倘不許人民提起預防性不作爲訴訟,人民權利無從及時受到保護外,人民並無就行政處分,提起預防性不作爲訴訟之權利保護必要[58]。

伍、維護公益訴訟 (104津師;99司法官)

人民爲維護公益,就無關自己權利及法律上利益之事項,對於行政機關之違法行爲,得提起行政訴訟。但以法律有特別規定者爲限(行政訴訟法第9條)。例如,環境影響評估法第23條第8項、第9條爲法律之特別規定,開發單位違反本法或依本法授權訂定之相關命令而主管機關疏於執行時,受害人民或公益團體得敘明疏於執行之具體內容,以書面告知主管機關。主管機關於書面告知送達之日起60日內,仍未依法執行者,人民或公益團體得以該主管機關爲被告,對其怠於執行職務之行爲,直接向行政法院提起訴訟,請求判令其執行。

陸、合併請求損害賠償或其他財產上給付 (98檢察事務官)

一、行政訴訟與國家賠償訴訟審判權

提起行政訴訟,得於同一程序中,合併請求損害賠償或其他財產上給

---

[57] 最高行政法院106年度判字第289號行政判決。
[58] 最高行政法院105年度裁字第1168號行政裁定。

付（行政訴訟法第7條）。不僅限於客觀訴之合併之情形，故當事人於提起行政訴訟時得附帶提起不同審判系統之訴訟，以連結行政訴訟與國家賠償訴訟審判權，可達訴訟經濟目的之意旨[59]。向行政法院附帶提起損害賠償之訴，自應適用行政訴訟程序，而其實體上之法律關係，仍以民法有關規定為依據。就訴訟法上之意義而言，合併請求損害賠償或其他財產上給付，依行政訴訟法與國家賠償法之規範體系，不限於客觀訴之合併，而應包含當事人於提起行政訴訟時，就同一原因事實請求之國家賠償事件，得適用行政訴訟程序附帶提起損害賠償或其他財產上給付訴訟，行政法院並於此情形取得國家賠償訴訟審判權。

二、合併依國家賠償法規定請求損害賠償

當事人主張因行政機關之違法行政行為受有損害，循序向行政法院提起行政訴訟，並依行政訴訟法第7條規定於同一程序，合併依國家賠償法規定請求損害賠償者，因行政法院就國家賠償部分，自當事人依法附帶提起國家賠償時起，固取得審判權。然案件經行政法院審理後，認為行政訴訟部分，因有行政訴訟法第107條第1項第2款至第10款情形而不合法者，因行政訴訟既經裁定駁回，其依國家賠償法附帶提起國家賠償之訴部分，屬附帶請求之性質，無法單獨提起之行政訴訟，因而失所附麗，自得一併裁定駁回[60]。

柒、再審之訴

一、定　義

再審為對於確定判決不服之方法，為避免輕易動搖確定判決之效力，行政訴訟法第273條與第274條規定再審之訴的法定事由，其屬訴訟程序

---

[59] 最高行政法院105年度判字第133號、第201號行政判決。
[60] 最高行政法院98年6月份第1次庭長法官聯席會議（二）。

或判決基礎有重大瑕疵之情事者。原則上，當事人有法定再審事由，得以再審之訴對於確定終局判決聲明不服。例外情形，當事人已依上訴主張其事由，其事由已經法院審酌，或當事人知其事由而不爲主張者，係可歸責於自己知之過怠，均不得提起再審之訴[61]。

二、事　由

　　再審之法定事由如後：(一)適用法規顯有錯誤者（行政訴訟法第273條第1項第1款）；(二)判決理由與主文顯有矛盾者（第2款）；(三)判決法院之組織不合法者（第3款）；(四)依法律或裁判應迴避之法官參與裁判者（第4款）；(五)當事人於訴訟未經合法代理或代表者（第5款）；(六)當事人知他造之住居所，指爲所在不明而與涉訟者。但他造已承認其訴訟程序者，不在此限（第6款）；(七)參與裁判之法官關於該訴訟違背職務，犯刑事上之罪者（第7款）；(八)當事人之代理人、代表人、管理人或他造或其代理人、代表人、管理人關於該訴訟有刑事上應罰之行爲，影響於判決者（第8款）；(九)爲判決基礎之證物，係僞造或變造者（第9款）；(十)證人、鑑定人或通譯就爲判決基礎之證言、鑑定或通譯爲虛僞陳述者（第10款）；(十一)爲判決基礎之民事或刑事判決及其他裁判或行政處分，依其後之確定裁判或行政處分已變更者（第11款）；(十二)當事人發見就同一訴訟標的在前已有確定判決或和解或得使用該判決或和解者（第12款）；(十三)當事人發見未經斟酌之證物，或得使用該證物者。但以如經斟酌可受較有利益之裁判者爲限（第13款）；(十四)原判決就足以影響於判決之重要證物漏未斟酌者（第14款）；(十五)確定終局判決所適用之法律或命令，經司法院大法官依當事人之聲請解釋爲牴觸憲法者，其聲請人亦得提起再審之訴（第2項）；(十六)爲判決基礎之裁判，有第273條所定之情形者，得據以對於該判決提起再審之訴（行政訴訟法第274

---

[61] 翁岳生主編，行政訴訟法逐條釋義，五南圖書出版股份有限公司，2003年5月，初版2刷，頁719。

條）。例如，警員甲因涉嫌貪污罪，經檢察官提起公訴，內政部警政署為此將甲免職，甲不服提起行政訴訟，遭無理由駁回確定，嗣後甲涉嫌貪污之刑事案件，獲判無罪確定，甲得依行政訴訟法第273條第1項第11款之再審事由，提起再審之訴。

三、司法院大法官解釋為牴觸憲法（104司法官）

司法院就人民聲請解釋憲法，宣告確定終局裁判所適用之法令於一定期限後失效者，聲請人就聲請釋憲之原因案件，即得據以請求再審或其他救濟，檢察總長亦得據以提起非常上訴；法院不得以該法令於該期限內，仍屬有效為理由駁回。司法院解釋諭知原因案件具體之救濟方法者，依其諭知；倘未諭知，俟新法令公布、發布生效後依新法令裁判（行政訴訟法第273條第2項）[62]。

捌、例題解析

一、撤銷訴訟

甲之新型專利，第三人以不具新穎性與進步性之專利要件，對之提起舉發（專利法第120條、第22條）。智慧財產局審定結果，作成舉發成立之專利處分，甲不服提起專利訴願，遭經濟部決定駁回，甲得於專利訴願決定書送達後2個月內（行政訴訟法第106條第1項本文），向智慧財產及商業法院提起撤銷訴訟以救濟之（行政訴訟法第13條第1項；智慧財產及商業法院組織法第3條第3款；智慧財產案件審理法第31條第1項），以智慧財產局為被告（行政訴訟法第24條第1款），請求撤銷專利訴願決定與原專利處分。倘智慧財產及商業法院認為原告起訴，為有理由，應將專利訴願決定與原專利處分一併撤銷，應為甲勝訴之判決（行政訴訟法第195條第1項前段）。前經智慧財產局撤銷之專利權，即回復為未經撤銷前之

---

[62] 大法官釋字第177號、第185號、第725號解釋。

狀態；反之，認爲原告起訴，爲無理由，應以判決駁回甲之起訴（第1項後段）。

二、課予義務訴訟

(一)徵收土地補償金

徵收之土地，因其使用影響於接連土地，致不能爲從來之利用，或減低其從來利用之效能時，該接連土地所有權人得要求需用土地人爲相當補償。前開補償金，以不超過接連地，因受徵收地使用影響而減低之地價額爲準（土地法第216條）。土地所有權人依土地法第216條規定要求補償，其所有土地，是否屬被徵收土地使用之影響範圍，致不能爲從來之利用或因而減低其從來利用之效能，應由需用土地人依申請人舉證事實認定之。因土地徵收補償之標準，係以公告土地現值計算，其減低之地價額，參照公告土地現值之評估方式估算。至實際補償金，應由需用土地人衡酌實際影響程度決定之。故依土地法第216條規定請求補償，需用土地人應先就接連土地所有權人之請求進行核定後，再調查估定其補償數額並發給之。

(二)一般給付之訴要件

1.應先由行政機關核定或確定其給付請求權

行政法院未具有上級行政機關之功能，不得取代行政機關而自行決定，故因公法上原因發生財產上之給付，而提起一般給付之訴，其請求金錢給付者，應以該訴訟可直接行使給付請求權者爲限（行政訴訟法第8條）。倘依實體法之規定，應先由行政機關核定或確定其給付請求權者，倘行政機關駁回其申請，則於提起一般給付之訴前，應先提起課予義務之訴，請求作成該核定之行政處分。準此，得提起一般給付之訴者，應限於請求金額已獲准許可或已保證確定之金錢支付或返還。

2.提起課予義務訴訟

公法上原因發生財產上之給付，債權人固向高等行政法院提起一般給付之訴，請求償還。惟債權人於提起給付之訴前，倘應先請求行政機關核

定，並作成授益行政處分者，基於行政權之尊重，並避免司法資源被濫用，債權人應先向行政機關請求作成行政處分後，行政機關作成駁回處分後，經由訴願程序，亦遭駁回之，債權人得提起課予義務訴訟，請求作成核定之行政處分（行政訴訟法第5條）。倘債權人逕行提起一般給付之訴者，則其起訴自屬欠缺權利保護之必要。準此，接連土地之所有權人，不得直接依據土地法第216條規定，向高等行政法院請求需用土地人給付補償金，應先行請求需用土地人作成補償之行政處分，即土地所有權人應提起課予義務之訴，始得行使土地法第216條規定，起訴請求接連土地之補償費公法上之請求權[63]。

玖、相關實務見解

一、確認行政處分違法訴訟

對於行政處分提起撤銷訴訟之目的，在於解除行政處分之規制效力，倘行政處分之規制效力仍然存在，原則上即有提起撤銷訴訟之實益。因行政處分之執行與其規制效力之存續係屬兩事，已執行完畢之行政處分，如其規制效力仍然存在，且有回復原狀之可能者，行政法院仍應准原告提起撤銷訴訟以為救濟，除非行政處分已執行，且無回復原狀之可能，或行政處分之規制效力已因法律上或事實上之原因而消滅，始認其欠缺提起撤銷訴訟之實益，而於原告有即受確認判決之法律上利益時，許其依法提起確認該行政處分違法訴訟[64]。

二、發現未經斟酌之證物或得使用證物

當事人對於確定終局判決聲明不服，提起再審之訴，必須該確定判決有行政訴訟法第273條第1項之法定再審事由，始得為之。而該條第1項第13款規定，當事人發現未經斟酌之證物或得使用該證物。但以如經斟酌

---

[63] 96年度高等行政法院法律座談會紀錄，2007年4月，頁69至74。
[64] 最高行政法院101年度判字第216號行政判決。

可受較有利益之裁判為限。係指該項證物於前訴訟程序最後事實審言詞辯論終結前已經存在，因當事人不知有此證物，或雖知其存在而因故不能使用，致未經斟酌，現始知其存在或得使用，並經斟酌可受較有利益之裁判者為限。倘前訴訟程序最後事實審言詞辯論終結後，始作成之文件，或當事人於前訴訟程序中即知其存在，且無不能使用情形而未提出者，均非現始發見之證物，不得據以提起再審之訴[65]。

第二項　行政訴訟之制度

公法上之爭議，除法律別有規定外，應提起行政訴訟（行政訴訟法第2條）。行政訴訟之審判機關分設最高行政法院、高等行政法院、智慧財產及商業法院及地方法院行政訴訟庭，採三級二審。高等行政法院、智慧財產及商業法院及地方法院行政訴訟庭，均為行政訴訟為事實審法院，最高行政法院為法律審法院。

行政爭訟階段	法院審查事項
管轄權有無	是否為公法上之爭議
訴訟類型是否正確	撤銷訴訟、課予義務訴訟、一般給付訴訟、確認訴訟、再審訴訟、暫時權利保護程序
有無訴訟權能	公法上請求權[66]、保護規範理論[67]
有無訴訟利益	權利保護之必要、當事人適格

---

[65] 最高行政法院106年度判字第67號行政判決。

[66] 最高行政法院97年度裁字第2148號裁定：行政訴訟法第107條第1項各款係屬訴訟合法要件之規定，倘有欠缺而不能補正或得補正經定期命補正而不補正者，法院應以裁定駁回之。而原告提起應為行政處分之訴訟，如無公法上之請求權存在，則為其訴是否欠缺關於訴訟標的之法律關係之要件，並非欠缺訴訟合法要件。是原告提起行政訴訟欠缺關於訴訟標的之法律關係之要件，則應審酌當事人之實體上法律關係始能判斷，屬其訴有無理由之問題，依行政訴訟法第195條第1項、第200條第2款、第3款及第4款規定，應以判決行之。

[67] 大法官釋字第469號解釋。

行政爭訟階段	法院審查事項
裁定或判決為之	先認定程序之合法要件，繼而審理實體要件，判斷有無理由
審理原則	言詞審理、直接審理及公開審理原則

例題7

甲以「植物生長調和物」向經濟部智慧財產局申請發明專利，經智慧財產局予以審查，作成准予專利處分。乙嗣後以該發明專利欠缺進步性要件為由，對該專利權提起舉發，智慧財產局作成舉發不成立處分，舉發人乙不服提起專利訴願，經濟部認為訴願無理由，作成駁回訴願之決定，舉發人乙不服該專利訴願，向智慧財產及商業法院提起課予義務訴訟。試問：(一)乙應以何機關為被告？(二)專利權人甲得否參加訴訟？

例題8

丙在國立T大學擔任教師，其主張T大學未提供必要之協力，致教師無從履行其義務，並拒絕接受教師所提供之教學或研究給付。試問教師丙得否以其權利或利益受損為由，向法院聲請定暫時狀態處分？

例題9

A稅捐稽徵機關認為人民丁有漏稅之事實，對丁作出補稅新臺幣（下同）100萬元之處分，丁不服提起復查，其復查被駁回後，丁依法提起訴願，訴願管轄機關認為原處分機關之處分有違法處，撤銷原處分，並另命為適法之復查決定。試問：(一)復查管轄機關，在同一原因事實之基礎，

是否得以原先稅額計算有錯誤為由，作成補稅逾100萬元之決定？(二)倘丁不服稅捐稽徵機關之處分，經訴願提起行政訴訟，行政法院應如何處理？

例題10

訴願法第93條第3項規定受理訴願機關或原行政處分機關得就原行政處分停止執行，行政訴訟法第116條第3項亦規定，其於行政訴訟起訴前，行政法院得依聲請，裁定停止原處分或決定之執行。試問：(一)兩者關係為何？(二)兩者可否併存？

例題11

甲公司未就欠款提供足額擔保，亦未經扣押貨物，經財政部關務署基隆關依海關緝私條例聲請假扣押。試問倘無假扣押標地物所在地之情形，本案管轄法院應為何處？

壹、以原就被之土地管轄

對於公法人之訴訟，由其公務所所在地之行政法院管轄。其以公法人之機關為被告時，由該機關所在地之行政法院管轄（行政訴訟法第13條第1項）。對於私法人或其他得為訴訟當事人之團體之訴訟，由其主事務所或主營業所所在地之行政法院管轄（第2項）。前條以外之訴訟，由被告住所地之行政法院管轄，其住所地之行政法院不能行使職權者，由其居所地之行政法院管轄（行政訴訟法第14條第1項）。再者，其餘行政法院之管轄訴訟，由行政訴訟法第15條至第18條規範。

貳、職權進行主義

一、應依職權調查事實關係

　　行政法院應依職權調查事實關係，不受當事人主張之拘束（行政訴訟法第125條第1項）。行政法院於撤銷訴訟，應依職權調查證據；而於其他訴訟，為維護公益者，亦同（行政訴訟法第133條）。行政法院在審理案件時應盡闡明義務，使當事人盡主張事實及聲明證據之能事，並盡職權調查義務，以查明事實真相，避免真偽不明之情事發生。倘法院已盡闡明義務及職權調查義務後，事實仍真偽不明時，依據舉證責任之分配原則，使應負舉證責任之人負擔該不利之結果[68]。準此，行政法院於審理時應盡闡明義務，使當事人盡其主張事實及聲明之能事，以查明事實真相及法律關係。倘未盡闡明之責，逕行裁判，踐行之訴訟程序即有欠缺。故當事人聲明請求之訴訟標的等為何，尚未明瞭，應由法院審判長使當事人為必要之聲明及陳述，以資釐清；且相關事項應由原審法院予以闡明，使當事人為必要之聲明及陳述，以查明事實真相及法律關係者，倘法院未闡明案情以釐清重要事項，逕為不利當事人之裁判，其於法未合[69]。故行政法院對有利於當事人之事實或證據，倘有應調查而未予調查之情形，或認定事實徒憑臆測而不憑證據者，構成判決不備理由之違法（行政訴訟法第125條）[70]。

二、事實審法院依職權查明為裁判基礎之事實關係

　　我國行政訴訟係採取職權調查原則，事實審法院有促使案件達於可為實體裁判程度之義務，以確保向行政法院尋求權利保護者，能得到有效之權利保護。故事實審法院原則上應依職權查明為裁判基礎之事實關係，

---

[68] 最高行政法院94年度判字第58號行政判決。
[69] 最高行政法院103年度判字第1169號行政判決。
[70] 最高行政法院105年度判字第36號、第199號行政判決。

以作成實體裁判。行政訴訟之第一審屬事實審,而行政訴訟通常事件之第一審為高等行政法院,故關於通常行政訴訟事件之事實認定及證據調查事項,應由高等行政法院依職權為之。縱使原處分機關之事實認定及證據調查有不足或違法情事,除個案具有由原處分機關再為調查,係更有利於事實之釐清、較有利於人民或另涉及原處分機關之裁量權等例外情事外,原則上應由事實審之高等行政法院,為個案之事實及證據調查,並憑以適用法令[71]。例如,就課予義務訴訟而言,行政機關縱使有未盡其職權調查義務情事,倘非行政機關就申請人之請求權是否存在之主要事證,未予調查認定,事實審法院即不能以此為由,僅單純撤銷否准處分,而不查明申請人之請求權要件事實是否存在,遂責令行政機關查明[72]。

三、闡明之義務

行政法院應依職權調查事實關係,固不受當事人主張之拘束。然當事人主張之事實,應適用何法律,自應由審判長諭知當事人得為事實上及法律上適當完全之陳述及辯論,避免對於當事人產生突襲性之裁判。倘未踐行此項闡明之義務,使當事人為事實上及法律上適當完全之陳述及辯論,遽以未經當事人充分陳述及辯論之法律見解,採為判決之基礎,即與行使闡明義務有違[73]。

四、形成心證

依行政訴訟法第125條第1項與第133條所規定,行政訴訟之職權調查原則,法院應充分調查為裁判基礎之事證,以形成心證,法院在對全辯論意旨與調查證據之結果為評價時,應遵守兩項要求:(一)訴訟資料完整

---

[71] 最高行政法院103年度判字第403號、103年度判字第570號、107年度判字第313號行政判決。

[72] 最高行政法院96年度判字第1290號行政判決。

[73] 最高行政法院103年度判字第427號行政判決。

性；(二)訴訟資料之正確掌握。所謂訴訟資料完整性，係指所有與待證事實有關之訴訟資料，均應用於心證之形成而不能有所選擇，法院負有審酌與待證事實有關之訴訟資料之義務，倘未審酌者，亦未說明理由，則有不適用行政訴訟法第125條第1項、第133條之應依職權調查規定，其判決不備理由之違背法令[74]。

參、訴訟當事人

一、範　圍

　　訴訟當事人範圍有原告、被告及依第41條與第42條參加訴訟之人（行政訴訟法第23條）。是行政訴訟之參加人亦為當事人，為判決效力所及。故行政訴訟法第42條之獨立參加人，不服高等行政法院所為於其不利之判決，提起上訴[75]。自然人、法人、中央及地方機關、非法人之團體，有訴訟當事人能力（行政訴訟法第22條）。

二、被　告（100律師；109檢察事務官）

　　經訴願程序之行政訴訟，倘為駁回訴願者，以原處分機關為被告（行政訴訟法第24條第1款）。而為撤銷或變更原處分或決定者，則以為撤銷或變更之機關為被告（行政訴訟法第24條第2款）。例如，中央健康保險署之分署屬性，為行政機關而得為行政處分，具訴訟當事人能力與適格，應得為訴訟當事人，則各高等行政法院受理以中央健康保險署各地分署為原處分機關，依行政訴訟法第24條第1款為被告之訴訟事件，應毋庸再裁定移轉管轄於臺北高等行政法院[76]。再者，人民與受委託行使公權力之團體或個人，因受託事件涉訟者，以受託之團體或個人為被告（行政訴訟法第25條）。

---

[74] 最高行政法院105年度判字第361號、107年度判字第48號行政判決。
[75] 最高行政法院97年5月份第2次庭長法官聯席會議。
[76] 最高行政法院92年1月份庭長法官聯席會議。

三、訴訟能力

能獨立以法律行為負義務者，有訴訟能力（行政訴訟法第27條第1項）。法人、中央及地方機關、非法人之團體，應由其代表人或管理人為訴訟行為（第2項）。前項規定於依法令得為訴訟上行為之代理人準用之（第3項）。例如，民法第555條之經理人。

四、訴訟參加

所謂訴訟參加者，係指原告或被告以外之第三人，參與他人間已繫屬之訴訟。參加人與共同訴訟人之最大差異處，在於前者係以第三人身分參與他人訴訟，而共同訴訟人為訴訟程序之原告與被告。

(一)必要共同訴訟

訴訟標的對於第三人及當事人一造必須合一確定者，行政法院就訴訟標的之法律關係，對當事人一造與第三人所為之裁判，不得有相異內容時，應以裁定命該第三人參加訴訟（行政訴訟法第41條）。所謂訴訟標的對於數人必須合一確定，係指為訴訟標的之法律關係為數人所共有，不能分割，其訴訟之實施，必須由全體成員共同參與始為合法，法院應對全體成員為相同之判決者而言[77]。

1.專利申請事件

專利申請權為共有者，應由全體共有人提出申請（專利法第12條第1項）。倘未經全體共有人提出申請，亦為專利權得提起舉發之事由（專利法第71條第1項第3款）。準此，倘僅有部分共有人提出申請，因其他共有人對該訴訟標的必須合一確定而無法分割，智慧財產及商業法院應命其他共有人參加訴訟。

2.有關營建事務事件

原處分係命該建築物所有人停止使用，並自行拆除整棟建築物，形式

---

[77] 最高行政法院101年度裁字第2052號行政裁定。

上該建築物各有其區分所有權人，固各負其停止使用及拆除之義務，然該建築物在構造上形成一棟大樓，由於其基礎同一、結構相連，並有共用部分，其行為義務之性質屬互相關聯，並具有共同性，難以分割，縱使強為分割亦無法完成原處分之目的，故對於原處分提起撤銷訴訟者，雖僅有少數人者，惟其目的係撤銷原處分之全部，不可能割裂請求，僅撤銷其中一部，其作為訴訟標的之法律關係，其撤銷訴權，自屬不能分割，應解為對於全體原處分之相對人必須合一確定[78]。

(二)利害關係人

1.獨立參加訴訟

行政法院認為撤銷訴訟之結果，第三人之權利或法律上利益將受損害者，得依職權命其獨立參加訴訟，並得因第三人之聲請，裁定允許其參加（行政訴訟法第42條第1項）。因獨立參加訴訟係為自己利益而參加訴訟，參加人自得提出獨立之攻擊或防禦方法（第2項）。訴願人已向行政法院提起撤銷訴訟，利害關係人就同一事件再行起訴者，視為有參加訴訟（第4項）。以避免同一行政處分或訴願決定有二個以上訴訟，導致判決發生歧異。例如，就舉發成立或不成立之案件，專利權人與舉發人互為利害關係人，倘專利權人或舉發人提起撤銷訴訟，智慧財產及商業法院除得依職權命舉發人或專利權人獨立參加訴訟外，舉發人或專利權人亦得聲請獨立參加訴訟。

2.保護規範理論

不服中央或地方機關之行政處分，而循訴願或行政訴訟程序謀求救濟之人，包括法律上之利害關係人，非專以受處分人為限[79]。是否為利害關係第三人係以「保護規範理論」為界定範圍之基準。倘法律明確規定特定人得享有權利，或對符合法定條件而可得特定之人，授予向行政主體或國家機關為一定作為之請求權者，其規範目的在於保障個人權益，固無疑

---

[78] 最高行政法院101年度裁字第2052號行政裁定。
[79] 最高行政法院75年度判字第362號行政判決。

義；倘法律雖係為公共利益或一般國民福祉而設之規定，然就法律之整體結構、適用對象、所欲產生之規範效果及社會發展因素等綜合判斷，可得知有保障特定人之意旨時，即應許其依法請求救濟[80]。準此，非處分相對人起訴主張其所受侵害者，倘可藉由保護規範理論判斷為其法律上利益受損害，即可認為具有訴訟權能，而得透過行政訴訟請求救濟。反之，倘非法律上利益，而僅係單純政治、經濟、感情上等反射利益受損害，則不許提起訴願或行政訴訟。因日照權為建築技術規則所保障，故建物所有人以建商所申請興建之22層高樓建物，倘將來興建完成，勢必影響建物所有人之住宅景觀、日照，而折損其價值，依保護規範理論，建物所有人就核發系爭建造執照之處分，即為法律上之利害關係人[81]。

3.輔助參加

行政法院認其他行政機關有輔助一造之必要者，得命其參加訴訟。前項行政機關或有利害關係之第三人亦得聲請參加（行政訴訟法第44條）。行政訴訟法第44條所規定之輔助參加，不以法院命其他行政機關參加訴訟為限，其他行政機關及有利害關係之第三人，亦得聲請參加訴訟。準此，行政訴訟當事人於訴訟繫屬中，自得依行政訴訟法第48條準用民事訴訟法第65條第1項及第66條第1項規定，以經由法院送達其表明理由及訴訟程度書狀之方式，將訴訟告知於其他行政機關或有法律上利害關係之第三人[82]。

肆、通常訴訟程序（96檢察事務官）

我國行政訴訟制度，採三級二審制。第一審訴訟程序分為通常訴訟程序與簡易程序，分屬高等行政法院與地方法院行政訴訟庭為管轄法院，關於訴訟事件之輕微簡單或應速結者，特別規定簡易訴訟程序，採獨任制；

---

[80] 大法官釋字第469號解釋。
[81] 最高行政法院99年度判字第504號行政判決。
[82] 最高行政法院105年度判字第592號行政判決。

其他不適用此項特別程序者，稱爲通常訴訟程序，採合議制（行政法院組織法第3條第1項）[83]。行政訴訟除別有規定外，應本於言詞辯論而爲裁判（行政訴訟法第188條第1項）。法官非參與裁判基礎之辯論者，不得參與裁判，故行政訴訟採言詞辯論主義（第2項）。裁定得不經言詞辯論爲之（第3項）。裁定前不行言詞辯論者，除別有規定外，得命關係人以書狀或言詞爲陳述（第4項）。

伍、簡易訴訟程序

一、適用簡易訴訟程序事件

(一)地方法院行政訴訟庭（104檢察事務官）

適用簡易訴訟程序之事件，以地方法院行政訴訟庭爲第一審管轄法院，並非以高等行政法院爲第一審管轄法院（行政訴訟法第229條第1項）。下列各款行政訴訟事件，除本法別有規定外，適用簡易程序：1.關於稅捐課徵事件涉訟，所核課之稅額在新臺幣（下同）40萬元以下者；2.因不服行政機關所爲40萬元以下罰鍰處分而涉訟者；3.其他關於公法上財產關係之訴訟，其標的之金額或價額在40萬元以下者；4.因不服行政機關所爲告誡、警告、記點、記次講習、輔導教育或其他相類之輕微處分而涉訟者；5.關於內政部入出國及移民署之行政收容事件涉訟，或合併請求損害賠償或其他財產上給付者；6.依法律之規定應適用簡易訴程序者（第2項）。前項所定數額，司法院得因情勢需要，以命令減爲20萬元或增至60萬元（第3項）。

(二)輕微處分事件

環境教育法第23條規定，環境講習在於使違規污染者加強環境保護意識，充分瞭解環境問題，體認環境倫理及責任，避免再度違法受罰，僅具教育及警告作用，此與剝奪人民現有權益相較，其性質輕微，核屬行

---

[83] 徐瑞晃，行政訴訟法，五南圖書出版股份有限公司，2009年8月，頁295。

政訴訟法第229條第2項第4款概括規定所稱其他相類之輕微處分。準此，處分機關依環境教育法第23條各款規定，命相關人員接受環境講習1至8小時之處分，受處分人有不服而循序提起行政訴訟，應適用簡易訴訟程序[84]。

(三)交通裁決事件

1.管轄法院與範圍

交通裁決事件，得由原告住所地、居所地、所在地或違規行為地之地方法院行政訴訟庭管轄（行政訴訟法第237條之2）。交通裁決事件之範圍有：(1)不服道路交通管理處罰條例第8條及第37條第5項之裁決，而提起之撤銷訴訟、確認訴訟；(2)合併請求返還與前款裁決相關之已繳納罰鍰或已繳送之駕駛執照、計程車駕駛人執業登記證、汽車牌照（行政訴訟法第237條之1第1項）。交通裁決事件訴訟之提起，應以原處分機關為被告，逕向管轄之地方法院行政訴訟庭為之（行政訴訟法第237條之3第1項）。交通裁決事件中撤銷訴訟之提起，應於裁決書送達後30日之不變期間內為之（第2項）。交通裁決事件之裁判，得不經言詞辯論為之（行政訴訟法第237條之7）。

2.審理程序

地方法院行政訴訟庭收受交通裁決事件訴訟之起訴狀後，應將起訴狀繕本送達被告（行政訴訟法第237條之4第1項）。被告收受起訴狀繕本後，應於20日內重新審查原裁決是否合法妥當，並分別為如下之處置：(1)原告提起撤銷之訴，被告認原裁決違法或不當者，應自行撤銷或變更原裁決，而不得為更不利益之處分；(2)原告提起確認之訴，被告認原裁決無效或違法者，應為確認；(3)原告合併提起給付之訴，被告認原告請求有理由者，應即返還；(4)被告重新審查後，不依原告之請求處置者，應附具答辯狀，並將重新審查之紀錄及其他必要之關係文件，一併提出於

---

[84] 最高行政法院102年度8月份第2次庭長法官聯席會議。

管轄之地方法院行政訴訟庭（第2項）。被告依前項第1款至第3款規定為處置者，應即陳報管轄之地方法院行政訴訟庭；被告於第一審終局裁判生效前，已完全依原告之請求處置者，以其陳報管轄之地方法院行政訴訟庭時，視為原告撤回起訴（第3項）。

二、上訴或抗告之限制

(一)原裁判違背法令

對於簡易訴訟程序之裁判不服者，除本法別有規定外，得上訴或抗告於管轄之高等行政法院（行政訴訟法第235條第1項）。前項上訴或抗告，非以原裁判「違背法令為理由」，不得為之（第2項）。雖對於簡易訴訟程序之第二審裁判，不得上訴或抗告（第3項）。然高等行政法院受理對於簡易訴訟程序之上訴事件，認有確保裁判見解統一之必要者，不應自為裁判，應以裁定移送最高行政法院裁判之（行政訴訟法第235條之1第1項）。移送裁定，不得聲明不服（第2項）。最高行政法院認高等行政法院裁定移送之訴訟事件，並未涉及裁判見解統一之必要者，應以裁定發回。受發回之高等行政法院，不得再將訴訟事件裁定移送最高行政法院（第3項）。

(二)具體指摘原裁定違背法令

對於簡易訴訟程序之裁判提起上訴或抗告，應於上訴或抗告理由中表明下列事由之一，提出於原地方法院行政訴訟庭為之：1.原裁判所違背之法令及其具體內容；2.依訴訟資料可認為原裁判有違背法令之具體事實（行政訴訟法第236條之1）。準此，行政訴訟簡易程序事件，地方法院行政訴訟庭裁定或判決駁回，當事人提起抗告或上訴。抗告狀或上訴狀未載抗告理由或上訴理由；或有載抗告理由、上訴理由而未依行政訴訟法第235條第2項、第236條之1規定，具體表明原裁定違背法令，高等行政法院不須命補正，逕認抗告或上訴不合法，裁定駁回。再者，上訴狀或抗告狀有具體指摘原裁定或原判決違背法令，高等行政法院審理抗告事件或上

訴事件，高等行政法院應進行第二審之續審，就全部卷證自爲事實認定與適用法律，而爲抗告或上訴有無理由之裁定[85]。

陸、法律審

一、上訴最高行政法院

對於高等行政法院或智慧財產及商業法院之終局判決，除本法或其他法律別有規定外，得上訴於最高行政法院（行政訴訟法第238條第1項）。因最高行政法院爲法律審，以審查高等行政法院或智慧財產及商業法院之判決，適用法律是否適當爲其主要之目的。故於上訴審程序，不得爲訴之變更、追加或提起反訴（第2項）。提起上訴，應於高等行政法院或智慧財產及商業法院判決送達後20日之不變期間內爲之。但宣示或公告後送達前之上訴，亦有效力（行政訴訟法第241條）。

二、上訴之理由

(一)判決違背法令

因最高行政法院爲法律審，對於高等行政法院或智慧財產法院判決之上訴，非以其「違背法令爲理由」，不得爲之（行政訴訟法第242條）。判決不適用法規或適用不當者，爲違背法令，本項爲概括違背法令之規定（行政訴訟法第243條第1項）。至於有下列各款情形之一者，其判決當然違背法令，此爲列舉之違反程序法之重要規定（第2項）：1.判決法院之組織不合法者（第1款）；2.依法律或裁判應迴避之法官參與裁判者（第2款）；3.行政法院於權限之有無辨別不當或違背專屬管轄之規定者（第3款）；4.當事人於訴訟未經合法代理或代表者（第4款）；5.違背言詞辯論公開之規定者（第5款）；6.判決不備理由或理由矛盾者（第6款）。再者，上訴狀內未表明上訴理由者，上訴人應於提起上訴後20日

---

[85] 102年度高等行政法院及地方法院行政訴訟庭法律座談會提案13。

內提出理由書於原高等行政法院；未提出者，毋庸命其補正，由原高等行政法院以裁定駁回之（行政訴訟法第245條第1項）[86]。

(二)具體指摘判決不適用法規或適用不當

當事人對於高等行政法院判決上訴，如以判決有不適用法規或適用不當為理由時，其上訴狀或理由書應有具體之指摘，並揭示該法規之條項或其內容。倘係成文法以外之法則，應揭示該法則之旨趣判決。倘以行政訴訟法第243條第2項所列各款情形為理由時，其上訴狀或理由書，應揭示合於該條項各款之事實[87]。

三、聲明之減縮

上訴審程序，雖不得為訴之變更、追加或提起反訴（行政訴訟法第238條第2項）。惟當事人將撤銷訴訟轉換為續行確認訴訟，既非增加訴訟之請求，亦無增加事實認定之問題，本於同一行政處分，並無妨礙雙方之攻擊防禦及訴訟程序之進行，屬於聲明之減縮，而不屬訴之變更，即使在法律審之上訴程序，仍應許為此訴訟類型之轉換[88]。

四、審　理

基於處分主義之適用，最高行政法院應於上訴聲明不服之範圍內調查之，對於兩造不爭執事項，無須審究之（行政訴訟法第251條第1項）。因適用法規為法院之職務，最高行政法院調查高等行政法院判決有無違背法令，不受上訴理由之拘束，應依職權為調查（第2項）。最高行政法院為法律審，原則上採書面審查，法院判決不經言詞辯論為之。例外情形，得依職權或依聲請行言詞辯論：(一)法律關係複雜或法律見解紛歧，有以

[86] 楊惠欽，行政訴訟法上訴抗告等程序與爭訟實務，100年培訓高等行政法院暨地方法院行政訴訟庭法官理論課程，司法院司法人員研習所，2011年5月30日，頁5。
[87] 最高行政法院101年度裁字第2333號行政裁定。
[88] 最高行政法院106年度判字第370號行政判決。

言詞辯明之必要者；(二)涉及專門知識或特殊經驗法則，有以言詞說明之必要者；(三)涉及公益或影響當事人權利義務重大，有行言詞辯論之必要者（行政訴訟法第253條第1項）。言詞辯論應於上訴聲明之範圍內爲之（第2項）。

柒、暫時權利保護

一、爭執之公法關係

　　公法上之權利因現狀變更，有不能實現或甚難實現之虞者，爲保全強制執行，得聲請假處分（行政訴訟法第298條第1項）。在爭執之公法上法律關係，爲防止發生重大之損害或避免急迫之危險而有必要時，得聲請爲定暫時狀態之處分（第2項）。前項處分，得命先爲一定之給付（第3項）。行政法院爲假處分裁定前，得訊問當事人、關係人或爲其他必要之調查（第4項）。而得依第116條請求停止原處分或決定之執行者，不得聲請爲前條之假處分（行政訴訟法第299條）。所謂爭執之公法上法律關係，係指爲假處分所保全之本案行政爭訟標的之公法上法律關係而言，不包括與該法律關係相牽涉之其他公法上法律關係在內。例如，相對人主張其因申請研究所畢業役男志願服國防役，經行政機關函復謂其專長與規定不符，不予准許。相對人對之提起訴願，因本件爭訟標的者，係就相對人是否具有服國防役之資格有所爭執，相對人不針對其此資格之有無，聲請定暫時狀態之處分，反對行政機關依法徵召其服預備軍官役之處分，爲此項聲請，自屬無據。況關於行政機關之行政處分，不得爲假處分。行政機關之預備軍官入營通知，係就相對人應服預備軍官役所爲對外直接發生法律效果之單方行政行爲，自屬行政處分，不得爲假處分之標的。故相對人聲請准其暫不依徵召通知入營服預備軍官役，並暫保留其預備軍官役資格之定暫時狀態處分，亦屬無據[89]。

---

[89] 最高行政法院89年度裁字第1728號行政裁定。

二、定暫時狀態處分

所謂定暫時狀態處分，係指為防止發生重大之損害或避免急迫之危險而有必要時，而於爭執之公法上法律關係，尚未經確定終局裁判前，作成暫時擴張聲請人法律地位之措施。其要件有三：(一)公法上法律關係發生爭執；(二)為防止發生重大之損害或避免急迫之危險；(三)行政法院認為有定暫時狀態之必要。因定暫時狀態分僅暫時賦予聲請人權利保護，其所爭執之公法上法律關係，仍須經由本案訴訟為終局之裁判，在本案訴訟提起前，行政法院雖得為定暫時狀態處分之裁定，然聲請人未於裁定送達後10日內提起本案訴訟，依行政訴訟法第302條準用同法第295條規定，行政法院應依聲請撤銷定暫時狀態處分之裁定。準此，定暫時狀態之處分，以嗣後有本案訴訟之提起為必要，倘聲請人權利已獲終局保障，並無從就其所爭執之公法上法律關係，提起本案訴訟時，難認有定暫時狀態處分，而賦予其暫時權利保護之必要[90]。

三、停止執行要件

原處分或決定之執行，除法律另有規定外，不因提起行政訴訟而停止（行政訴訟法第116條第1項）。行政訴訟繫屬中，行政法院認為原處分或決定之執行，將發生難於回復之損害，且有急迫情事者，得依職權或依聲請裁定停止執行。但於公益有重大影響，或原告之訴在法律上顯無理由者，不得為之（第2項）。法院是否允許停止執行，應衡量「保全之急迫性」與「本案權利存在之蓋然率」等因素。而難以回復之損害者，固要考慮將來可否以金錢賠償，然不應僅以能否用金錢賠償損失，作為唯一之判準。損失之填補雖可以金錢為之，惟其金額過鉅時，或者計算有困難時，為避免將來國家負擔過重之金錢支出或滋生耗費社會資源之不必要爭訟，

---

[90] 最高行政法院107年度裁字第1764號行政裁定。

仍應考慮此等後果，是否有必要列爲「難以回復損害」範圍[91]。

捌、行政判決效力（93檢察事務官）

一、判決之確定力

訴訟標的於確定之終局判決中經裁判者，有確定力（行政訴訟法第213條）。準此，爲訴訟標的之法律關係於確定終局判決中經裁判，該確定終局判決中有關訴訟標的之判斷，即成爲規範當事人間法律關係之基準，嗣後同一事項於訴訟中再起爭執時，當事人即不得爲與該確定判決意旨相反之主張，法院亦不得爲與該確定判決意旨相反之判斷，其積極作用在避免先後矛盾之判斷，消極作用則在禁止重複起訴[92]。確定判決，除當事人外，對於訴訟繫屬後爲當事人之繼受人者及爲當事人或其繼受人占有請求之標的物者，亦有效力（行政訴訟法第214條第1項）。對於爲他人而爲原告或被告者之確定判決，對於該他人亦有效力（第2項）。

二、撤銷或變更原處分判決之效力

撤銷或變更原處分或決定之判決，其性質屬形成判決者，對第三人亦有效力（行政訴訟法第215條）。任何人均不得對之爭執，主張原處分或訴願決定仍屬有效或不具違法性，此爲判決之對世效力，除對一般人民有效力外，對有關之機關亦拘束力。再者，撤銷或變更原處分或決定之判決，就其事件有拘束各關係機關之效力（行政訴訟法第216條第1項）。原處分或決定經判決撤銷後，機關須重爲處分或決定者，應依判決意旨爲之（第2項）。判決指摘機關適用法律之見解有違誤時，該機關即應受判決之拘束，不得爲相左或歧異之決定或處分（第3項）。前開規定於其他訴訟準用之（第4項）。申言之，行政法院所爲撤銷原決定及原處分之判

---

[91] 最高行政法院97年度裁字第4594號行政裁定。
[92] 最高行政法院93年度判字第782號行政判決。

決，倘係指摘事件之事實尚欠明瞭，應由被告機關調查事證另爲處分時，該機關應依判決意旨或本於職權調查事證。依重爲調查結果認定之事實，認前處分適用法規並無錯誤，得維持已撤銷之前處分見解。倘行政法院所爲撤銷原決定及原處分之判決，係指摘其適用法律之見解有違誤時，該管機關即應受行政法院判決之拘束[93]。

三、判決既判力與爭點效理論

所謂判決既判力，係指行政事件經法院實體審理後而爲確定判決，當事人其後不得再就同一法律關係更行起訴，或於他訴訟上爲與確定判決內容相反之主張（行政訴訟法第213條、第216條）。判決既判力僅存於經裁判之法律關係或訴訟標的，不及判決理由。而判決理由所判斷之其他爭點，雖非既判力之效力所及。然法院於確定判決理由，就訴訟標的以外當事人所主張之重要爭點，本於當事人辯論之結果已爲判斷時，除有顯然違背法令，或當事人已提出新訴訟資料足以推翻原判斷之情形外，基於爭點效理論，同一當事人就與重要爭點有關所提起之他訴訟，不得再爲相反之主張，法院亦不得作相反之判斷[94]。準此，法院於判決理由，就訴訟標的以外當事人所主張影響判決結果之重要爭點，本於當事人完足舉證與辯論之結果，已爲實質之判斷者，基於當事人之程序權業受保障，可預見法院對於爭點之判斷，將產生拘束力而不致生突襲性裁判，應賦予判斷有拘束力，以符合程序上誠信原則及訴訟經濟[95]。

玖、例題解析

一、訴訟當事人

經訴願程序之行政訴訟，倘爲駁回訴願者，以原處分機關爲被告（行

---

[93] 大法官釋字第368號解釋。
[94] 最高行政法院105年度判字第105號行政判決。
[95] 最高行政法院105年度判字第551號行政判決。

政訴訟法第24條第1款）。甲向經濟部智慧財產局申請發明專利，經智慧財產局作成准予處分，乙以該發明專利欠缺進步性要件為由，對該專利權提起舉發，智慧財產局作成舉發不成立處分，舉發人乙不服提起訴願，經濟部認為訴願無理由，作成駁回訴願之決定，舉發人乙不服訴願決定，向智慧財產及商業法院提起課予義務訴訟，乙應以智慧財產局為被告。

二、獨立參加訴訟

　　智慧財產及商業法院認為課予義務訴訟之結果，第三人之權利或法律上利益將受損害者，得依職權命其獨立參加訴訟，並得因該第三人之聲請，裁定允許其參加（行政訴訟法第42條第1項）。就舉發不成立之案件，專利權人與舉發人互為利害關係人，倘舉發人提起課予義務訴訟，智慧財產及商業法院得依職權命專利權人獨立參加訴訟，專利權人亦得聲請獨立參加訴訟。準此，智慧財產及商業法院得依職權命專利權人甲獨立參加訴訟，甲亦得聲請獨立參加訴訟。

三、定暫時狀態之處分

　　公立大學聘任之教師係基於聘約關係，擔任教育工作，依其聘約之內容，約定教師應履行公立大學應提供之教育服務，暨得行使之公權力行政，性質上係公法上契約。教師基於此項聘約，負有於大學內從事教學與研究工作之義務，大學以給付教師薪資為其義務。教師基於行政契約，雖具有特定之資格，得以指導學生、從事研究。惟其應履行義務之內容，非可認係其因聘約而生之權利或利益。至於教師於履行其義務，即從事教學或研究可獲致之學術上成就，僅為前開事實行為之結果，並非契約所生之權利或利益。倘大學未提供必要之協力，致教師無從履行其義務；或大學拒絕接受教師所提供之教學或研究給付；抑是違反法令辦理終止聘約之相關程序，教師可毋庸為教學及研究之給付，即得主張聘約關係存在，請求大學給付薪資。準此，教師丙不得主張其從事教學或研究之權利或利益受

損，爭執之公法上法律關係，爲防止發生重大之損害或避免急迫之危險而有必要時，聲請爲定暫時狀態之處分[96]（行政訴訟法第298條第2項）。

四、不利益變更禁止原則

訴願有理由者，受理訴願機關應以決定撤銷原行政處分之全部或一部，並得視事件之情節，逕爲變更之決定或發回原行政處分機關另爲處分。但於訴願人表示不服之範圍內，不得爲更不利益之變更或處分（訴願法第81條第1項）。準此，A稅捐稽徵機關認爲丁有漏稅之事實，對丁作出補稅新臺幣（下同）100萬元之處分，丁依法提起復查、訴願，訴願管轄機關認爲原處分機關之處分有違法處，撤銷原處分，並另命爲適法之復查決定。基於不利益變更禁止原則，復查管轄機關，在同一原因事實之基礎，不得以原先稅額計算有錯誤爲由，作成補稅逾100萬元之決定[97]。同理，撤銷訴訟之判決，不變更原處分認事用法之情事，倘變更原處分或決定者，自不得爲較原處分或決定不利於原告之判決，否則有違撤銷訴訟制度設立之目的（行政訴訟法第195條第2項）。

五、停止執行之要件（95司法官：97、92律師）

訴願法第93條第2項規定，受處分人得申請受理訴願機關或原處分機關停止執行，得由上開機關獲得救濟，故無逕向行政法院聲請之必要性，且行政法院係審查行政處分違法性之最終機關，倘有行政處分，不待訴願程序即聲請行政法院停止原處分之執行，無異規避訴願程序，而請求行政法院爲行政處分之審查。必須其情況緊急，非即時由行政法院予以處理，則難以救濟，否則尚難認有以行政法院之裁定，予以救濟之必要。準此，受處分人未申請受理訴願機關或原處分機關停止執行，殊無逕向行政法院

---

[96] 最高行政法院93年度裁字第654號行政裁定。
[97] 大法官釋字第368號解釋。

聲請之必要，應認欠缺保護之必要而駁回其聲請[98]。

六、管轄法院之認定（98司法官）

　　海關基於其對受處分人之公法上請求權之法律基礎，業已就該公法上具體事件單方對外作成直接發生法律效果之下命行政處分，受處分人不服行政處分與訴願決定揆諸行政訴訟法有關訴訟類型之規定，應由受處分人對海關提起行政訴訟法第4條規定，撤銷原處分之撤銷訴訟。是本件假扣押之聲請，應由管轄本案之行政法院管轄，解釋上自應指管轄本案撤銷訴訟之行政法院而言（行政訴訟法第294條第1項）。準此，基隆關為原處分機關，依行政訴訟法第13條第1項規定，該本案撤銷訴訟之管轄法院，應由基隆關公務所所在地之第一審行政法院，由臺北高等行政法院管轄[99]。

拾、相關實務見解

一、應命第三人獨立參加訴訟

　　行政法院認為撤銷訴訟之結果，第三人之權利或法律上利益將受損害者，得依職權命其獨立參加訴訟（行政訴訟法第42條第1項前段）。依訴訟之法律關係，原告與其所請求撤銷或變更之行政處分之相對人利害關係相反，相對人即第三人因行政處分而取得之權利或法律上利益，成為裁判對象，行政處分經判決撤銷或變更者，對該第三人亦有效力（行政訴訟法第215條）。其權利或法律上利益因撤銷或變更判決而消滅或變更。為保障第三人之訴訟防禦權，以踐行正當法律程序（憲法第16條）。準此，行政法院應依職權命第三人獨立參加訴訟，行政法院之裁量權限已限縮為零[100]。

---

[98] 高等行政法院89年度第1次法律座談會提案第7號。
[99] 103年度高等行政法院法律座談會提案10。
[100] 最高行政法院103年11月份第1次庭長法官聯席會議。

二、聲請再審理由

　　所謂適用法規顯有錯誤，係指原裁定所適用之法規與該案應適用之法規相違背或與解釋有所牴觸者而言，至於法律上見解之歧異，聲請人對之縱有爭執，並非適用法規顯有錯誤，而據爲聲請再審之理由（行政訴訟法第273條第1項第1款）。再者，所謂原判決就足以影響於判決之重要證物漏未斟酌者，係指該證物於前訴訟程序中經當事人提出，並於確定判決有影響者，而原判決漏未於判決理由中斟酌者而言（行政訴訟法第273條第1項第14款）。

第三節　國家責任

　　國家損害賠償，除依國家賠償法規定外，適用民法規定，民法爲國家賠償法之補充法（國家賠償法第5條）。國家賠償及民法以外其他法律有特別規定者，適用其他法律，國家賠償及民法爲國家賠償之特別法（國家賠償法第6條）。

國家賠償責任	內容	法律依據
公務員行使公權力	故意或過失不法侵害人民自由或權利者	國家賠償法第2條
公共設施	設置或管理有欠缺，致人民生命、身體或財產受損害者；無過失責任	國家賠償法第3條

第一項　國家賠償責任

　　公務員違法侵害人民之自由或權利者，除依法律受懲戒外，應負刑事及民事責任。被害人民就其所受損害，並得依法律向國家請求賠償（憲法第24條）。準此，憲法第24條爲國家賠償法之母法。

例題12

　　某行政機關明知所興建之停車場位於行水區，違反停車場不得設置於行水區之規定，仍發包私人興建，在興建中適逢大雨，因停車場興建位置阻礙水道，致河水高漲，淹損附近民眾財物，造成損失。試問受損民眾向行政機關請求賠償，是否有理由？

例題13

　　有審判或追訴職務之公務員，因執行職務侵害人民自由或權利，就其參與審判或追訴案件犯職務上之罪，經判決有罪確定者，始適用國家賠償之規定。試問所謂有審判職務之公務員，除指從事民事審判、刑事審判之法官外，是否包含從事民事執行之法官在內？

例題14

　　人民甲行經尚未經正式驗收之道路工程，而該道路已開放供公眾使用通行，因該道路之設置有缺失，導致甲跌入道路旁之排水溝因而受傷。試問甲得否向管理該道路之行政機關，請求國家賠償其損害？

壹、公務員行使公權力（95、89檢察事務官；93司法官）

一、要　件

　　公務員於執行職務行使公權力時，因故意或過失不法侵害人民自由或權利者，國家應負損害賠償責任。公務員怠於執行職務，致人民自由或權利遭受損害者，國家亦應負損害賠償責任（國家賠償法第2條第2項）。

例如，國稅局以人民甲欠稅為由，移送行政執行處強制執行，甲於執行期間繳納稅捐，而國稅局未撤回執行，繼續執行甲之薪資，導致甲之名譽受損，因國稅局過失不法怠於執行職務，造成甲之名譽受損，國稅局應負國家賠償責任。所謂公務員者，係指依法令從事於公務之人員（國家賠償法第2條第1項）。國家應負損害賠償責任之情事，倘公務員有故意或重大過失時，賠償義務機關對之有求償權（第3項）。人民請求損害賠償時，以該公務員所屬機關為賠償義務機關（國家賠償法第9條第1項）。

二、受委託行使公權力

　　受委託行使公權力之團體，其執行職務之人於行使公權力時，視同委託機關之公務員。受委託行使公權力之個人，而於執行職務行使公權力時，故意或過失不法侵害人民自由或權利者，或公務員怠於執行職務，致人民自由或權利遭受損害者，國家應負損害賠償責任（國家賠償法第4條第1項）。前開執行職務之人有故意或重大過失時，賠償義務機關對受委託之團體或個人有求償權（第2項）。

三、公權力之範圍

　　所謂行使公權力，係指公務員居於國家機關之地位，行使統治權作用之行為而言。其包括運用命令及強制等手段干預人民自由及權利之行為，暨提供給付、服務、救濟、照顧等方法，增進公共及社會成員之利益，以達成國家任務之行為。例如，垃圾車司機定時駕駛垃圾車至各指定地點收集垃圾，而人民應依規定於定時定點放置垃圾，不得任意棄置，此為國家福利行政即給付行政範圍，為公務員行使公權力之行為[101]。反之，國家機關立於私法主體之地位，從事一般行政之補充行為。舉例說明如後：
(一)購置行政業務所需之物品或處理行政業務相關之物品，自與公權力之

---

[101] 最高法院93年度台上字第255號民事判決。

行使有間,不生國家賠償法適用之問題[102];(二)所謂行使公權力,係指公務員立於國家機關之地位,行使統治權作用之行為,包括運用命令及強制等手段干預人民自由及權利之行為,暨提供給付、服務、救濟、照顧等方法,增進公共及社會成員之利益,以達成國家任務之行為。倘國家採私法之形式以直接完成公共任務時,其行為方式不在行使統治權之列,不生國家賠償責任之問題[103]。

四、保護規範理論（103檢察事務官；103、101司法官；101、87律師）

法律規範之目的在於保障人民生命、身體及財產等法益,且對主管機關應執行職務行使公權力之事項規定明確,該管機關公務員依此規定,對可得特定之人負有作為義務而已無不作為之裁量空間,因故意或過失怠於執行職務或拒不為職務上應為之行為,致特定人之自由或權利遭受損害,被害人自得向國家請求損害賠償。申言之:(一)法律明確規定特定人得享有權利,或對符合法定條件而可得特定之人,授予向行政主體或國家機關為一定作為之請求權者,其規範目的在於保障個人權益,其有國家賠償法之適用;(二)法律雖係為公共利益或一般國民福祉而設之規定,然就法律之整體結構、適用對象、所欲產生之規範效果及社會發展因素等綜合判斷,可得知有保障特定人之意旨時,個人主張其權益因公務員怠於執行職務而受損害者,應許其依國家賠償法請求救濟[104]。

五、民事特別法

國家賠償法第5條規定國家損害賠償,除依本法規定外,適用民法規定。而民法第186條第1項後段規定,其因過失者,以被害人不能依他項方法受賠償時為限,負其責任。準此,公務員於執行職務行使公權力時,

---

[102] 最高法院80年度台上字第525號民事判決。
[103] 最高法院105年度台上字第325號民事判決。
[104] 大法官釋字第469號解釋。

因過失不法侵害人民自由或權利者,有請求權人僅得依國家賠償法之規定,向賠償義務機關請求損害賠償,不得依民法第186條第1項規定,向該有過失之公務員請求損害賠償。是公務員因執行公法上之職務,行使公權力,造成人民之損害,國家或地方機關除依國家賠償法規定應負損害賠償責任外,並不負民法侵權行為損害賠償責任。被害人即不能依民法第184條第1項、第188條規定,請求國家或地方機關負侵權行為損害賠償責任[105]。

貳、公共設施(95檢察事務官)

一、要 件

(一)公共設施

公共設施因設置或管理有欠缺,致人民生命、身體、人身自由或財產受損害者,國家應負損害賠償責任(國家賠償法第3條第1項)。前項設施委託民間團體或個人管理時,因管理欠缺致人民生命、身體、人身自由或財產受損害者,國家應負損害賠償責任(第2項)。前二項情形,其於開放之山域、水域等自然公物,經管理機關、受委託管理之民間團體或個人已就使用該公物為適當之警告或標示,而人民仍從事冒險或具危險性活動,國家不負損害賠償責任(第3項)。第1項及第2項情形,其於開放之山域、水域等自然公物內之設施,經管理機關、受委託管理之民間團體或個人已就使用該設施為適當之警告或標示,而人民仍從事冒險或具危險性活動,得減輕或免除國家應負之損害賠償責任(第4項)。人民請求損害賠償時,以該公共設施之設置或管理機關為賠償義務機關(國家賠償法第9條第2項)。凡供公共使用或供公務使用之設施,事實上處於國家或地方自治團體管理狀態者,均有國家賠償法第3條之適用,並不以國家或地

---

[105] 最高法院104年度台上字第1479號民事判決。

方自治團體所有為限[106]。申言之，公有公共設施，不以國家所有為限，僅要國家有事實上之管理權限，自應負損害賠償責任。

(二)無過失主義

公共設施之國家賠償責任，係適用無過失主義，即以該公共設施之設置或管理有欠缺，並因此欠缺致人民受有損害為其構成要件，非以管理或設置機關有過失為必要[107]。例如，市政府管理之路段有坑洞而未能及時修補，亦未設置警告標誌，足以影響行車之安全，已不具備通常應有之狀態及功能，即公共設施管理之欠缺，人民因此受有身體或財產之損害，自得依國家賠償法第3條第1項及第9條第2項規定，請求市政府負賠償責任，至損害之原因，縱係由於工程公司挖掘路面所致，倘認該公司應負責任，依同法第3條第2項規定，市政府對之有求償權，並不因而可免除市政府對人民之賠償義務[108]。

二、判斷公共設施之管理有無欠缺

國家賠償法第3條所定公共設施設置或管理欠缺所生國家賠償責任之立法，旨在使政府對於提供人民使用之公共設施，負有維護通常安全狀態之義務，重在公共設施不具通常應有之安全狀態或功能時，其設置或管理機關是否積極並有效為足以防止危險或損害發生之具體行為，倘其設置或管理機關對於防止損害之發生，已為及時且必要之具體措施，即應認其管理並無欠缺，自不生國家賠償責任。準此，國家賠償法第3條之公共設施管理有無欠缺，須視其設置或管理機關有無及時採取足以防止危險損害發生之具體措施為斷[109]。

---

[106] 最高法院94年度台上字第2327號民事判決。
[107] 最高法院85年度台上字第2776號民事判決。
[108] 最高法院73年度台上字第3938號民事判決。
[109] 最高法院104年度台上字第1515號民事判決。

參、有審判職務公務員

　　有審判或追訴職務之公務員，因執行職務侵害人民自由或權利，就其參與審判或追訴案件犯職務上之罪，經判決有罪確定者，適用本法之規定（國家賠償法第13條）。依現行訴訟制度，有審判或追訴職務之公務員，其執行職務，基於審理或偵查所得之證據及其他資料，為事實及法律上之判斷，係依其心證及自己確信之見解為之。各級有審判或追訴職務之公務員，就同一案件所形成之心證或見解，難免有所差異，倘有心證或見解上之不同，訴訟制度本身有糾正機能。為維護審判獨立及追訴不受外界干擾，以實現公平正義，在難於避免之差誤，在合理範圍內，應予容忍。不得任由當事人逕行指為不法侵害人民之自由或權利，而請求國家賠償。準此，執行審判或追訴職務之公務員始能無須瞻顧，保持超然立場，使審判及追訴之結果，臻於客觀公正，人民之合法權益，可賴以確保。反之，執行此等職務之公務員，因參與審判或追訴案件犯職務上之罪，經判決有罪確定時，則其不法侵害人民自由或權利之事實，非僅心證或見解上之差誤，國家應負損害賠償責任[110]。

肆、特別國家賠償法

一、地政機關之損害賠償責任

　　因登記錯誤遺漏或虛偽致受損害者，由該地政機關負損害賠償責任。但該地政機關證明其原因應歸責於受害人時，不在此限（土地法第68條第1項）。前項損害賠償，不得超過受損害時之價值（第2項）。所謂受損害時之價值，應以受損害時土地之市價或實際所受損害為準，土地之申報現值，其與土地之市價未盡相同，倘低於土地之市價，自不能作為地政機關依該條賠償損害之標準[111]。準此，土地法第68條規定，係就職司土

---

[110] 大法官釋字第228號解釋。
[111] 最高法院75年度台上字第837號民事判決。

地登記事務之公務員因故意或過失不法侵害人民權利,而由公務員所屬地政機關負損害賠償責任之規定,核屬國家賠償法之特別規定,以貫徹土地登記之公示性及公信力,兼顧交易安全及保障權利人之權利。土地法就賠償請求權未規定其消滅時效期間,應類推適用國家賠償法第8條第1項規定,即賠償請求權,自請求權人知有損害時起,因2年間不行使而消滅;自損害發生時起,逾5年者亦同[112]。

二、警員使用警械之損害賠償責任

警察人員依本條例規定使用警械,因而致第三人受傷、死亡或財產損失者,應由各該級政府支付醫療費、慰撫金、補償金或喪葬費(警械使用條例第11條第1項)。警察人員執行職務違反本條例使用警械規定,因而致人受傷、死亡或財產損失者,由各該級政府支付醫療費、慰撫金、補償金或喪葬費;其出於故意之行為,各該級政府得向其求償(第2項)。前開醫療費、慰撫金、補償金或喪葬費之標準,由內政部定之(第3項)。警械使用條例為警察人員於執行職務使用警械致人傷亡時,應負損害賠償責任及範圍之特別規定,此類事件,其適用應優先於國家賠償法第2條、第5條及民法第184條第1項、第2項、第186條規定[113]。

三、核子設施之損害賠償

核子事故發生後,其經營者對於所造成之核子損害,應負賠償責任(核子損害賠償法第11條)。核子設施經營者,對於核子損害之發生或擴大,不論有無故意或過失,均應依本法之規定負賠償責任。但核子事故係直接由於國際武裝衝突、敵對行為、內亂或重大天然災害所造成者,不在此限(核子損害賠償法第18條)。準此,核子損害賠償法就損害賠償責任採無過失責任,優先適用國家賠償法之規定。

---

[112] 臺灣高等法院暨所屬法院98年法律座談會彙編,2010年1月,頁13至16。
[113] 最高法院95年度台上字第1346號民事判決。

伍、例題解析

一、公務員行使公權力

因停車場之設置，其設置地點之選定、停車場之設計係由國家機關決定，其為完成特定公共任務，雖發包予私人施作，仍屬行使公權力之行為，其違反規定將停車場設於行水區內，致河道排水功能受損，造成民眾財物受損，兩者間有相當因果關係，民眾可依國家賠償法第2條第2項規定，請求賠償損害。國家賠償法第3條第1項所指之公共設施者，係指已設置完成，驗收合格並已開放供公眾使用而言，倘僅在施工中，尚不得謂為公共設施，應不能依國家賠償法第3條第1項請求賠償[114]。

二、有審判職務公務員

所謂審判者，係指審理判決之意，故有審判職務之公務員，應指從事審理判決之民事審判或刑事審判業務之法官而言。至於強制執行程序，僅將經審判程序確定後之私權，以國家強制力加以實現，本身即無審判之性質。故辦理執行事件之法官，應不包在內，不適用國家賠償法第13條之責任限制要件[115]。

三、公共設施設置有欠缺

倘公共設施之結構基礎已完工，且已開放供公眾使用，縱使尚未正式驗收，然應認有國家賠償法第3條之適用，始足以保護大眾之利益。故道路工程雖尚未經正式驗收，惟已開放供公眾使用通行，倘該道路之設置有缺失，導致人民跌入道路旁之排水溝因而受傷，身體受損害之人民得請求國家賠償，適用國家賠償法第3條規定[116]。

---

[114] 臺灣高等法院暨所屬法院90年法律座談會彙編，2001年7月，頁63至65。
[115] 1992年2月27日（81）廳民一字第02696號函。
[116] 最高法院91年度台上字第1092號民事判決。

陸、相關實務見解——國家過失責任之認定

國家賠償法第2條第2項所定之國家賠償責任，雖採過失責任主義，得依過失客觀化及違法推定過失法則，以界定過失責任之有無。然就具體個案，經衡酌訴訟類型特性與待證事實之性質、當事人間能力、財力之不平等、證據偏在一方、蒐證之困難、因果關係證明之困難及法律本身之不備等因素，倘人民已主張國家機關有違反作為義務之違法致其受有損害，並就該損害為適當之證明時，參諸民事訴訟法第277條但書規定，自應先由國家機關證明其有依法行政之行為，並無不作為之違法，始得謂為無過失[117]。

第二項　請求權之行使

國家賠償案件，倘外國人為被害人時，有該外國人本國之法令或慣例為法院或賠償義務機關所不知者，該外國人固有舉證責任，但法院或賠償義務機關亦得依職權調查（國家賠償法第15條）。

例題15

人民因行政機關之行政處分而受有損害，請求國家賠償時其因權利所受之損害。試問該受損害之人民應向普通法院或行政法院起訴，何法院有審判權？

壹、協議前置主義

人民依國家賠償法請求損害賠償時，應先以書面向賠償義務機關請求

---

[117] 最高法院99年度台上字第836號民事判決。

之。賠償義務機關對於人民之請求,應即與請求權人協議。協議成立時,應作成協議書,該項協議書得為執行名義(國家賠償法第10條)[118]。

貳、時效期間

賠償請求權,自請求權人知有損害時起,因2年間不行使而消滅;自損害發生時起,逾5年者,亦罹於時效(國家賠償法第8條第1項)。國家賠償法第8條第1項前段所定之賠償請求權時效,自以請求權人知悉應由國家負賠償責任即足,不以知悉賠償義務機關為必要[119]。第2條第3項、第3條第5項及第4條第2項之求償權,自支付賠償金或回復原狀之日起,因2年間不行使而消滅(第2項)。

參、例題解析——管轄法院

提起行政訴訟,得於同一程序中,合併請求損害賠償或其他財產上給付(行政訴訟法第7條)。人民因國家之行政處分而受有損害,請求損害賠償時,除得依國家賠償法規定向民事法院訴請賠償外,亦得依行政訴訟法第7條規定,其於提起其他行政訴訟時合併請求。兩者為不同之救濟途徑,各有其程序規定。人民選擇依國家賠償法請求損害賠償時,應依國家賠償法規定程序為之。倘選擇依行政訴訟法第7條規定請求損害賠償時,僅得依行政訴訟法規定程序辦理。因行政訴訟法未規定依同法第7條規定合併請求損害賠償時,應準用國家賠償法規定,自無須踐行國家賠償法第10條規定,以書面向賠償義務機關請求賠償及協議之程序[120]。

肆、相關實務見解——違反道路交通管理條例事件

原告因違反道路交通管理條例第12條、第35條、第56條、第57條或

---

[118] 最高法院97年度台上字第353號民事判決。
[119] 最高法院103年度第2次民事庭會議(三)。
[120] 最高行政法院93年度判字第494號行政判決。

第62條規定，除嗣後經公路主管機關裁處罰鍰外，當場車輛並經依各該規定由交通勤務警察拖吊移置保管者，原告以公路主管機關為被告，請求撤銷各該交通裁決外，倘合併以執行移置保管之警察機關為被告，依國家賠償法第2條第2項前段規定，請求賠償已繳納之移置費及保管費，非屬於行政訴訟法第7條規定，得於同一程序中合併請求之情形。申言之，原告請求撤銷交通裁決之訴，係以公路主管機關為被告，請求國家賠償之訴，係基於車輛遭逕行移置保管有無不法之原因事實，依道路交通管理處罰條例第85條之3第5項授權，訂定之道路交通違規車輛移置保管及處理辦法第2條規定，實施移置保管之執行機關，為內政部警政署所屬負有執行交通稽查任務之警察機關，就此自應以該警察機關為被告，而行政訴訟法第7條規定，得在同一程序中合併請求損害賠償或其他財產上給付，僅係針對就同一原因事實而言，始有立法目的所指可省訴訟手續重複之效果，原告主張合併請求之國家賠償訴訟，既與撤銷訴訟之被告不同，自不得合併請求之[121]。

第四節　損失補償

我國行政法制就損失補償措施，各別規定在諸類法規中，其共同法源，係憲法第15條規定之人民財產，應予保障[122]。損失補償與損害賠償不同，前者係對適法之行為而生之補償；後者為公法上之侵權行為。

第一項　損失補償之概念

行政機關行使公權力或設置公共設施之結果，致人民之生命、身體或財產遭受損失，已逾其社會責任所應忍受之範圍，而決定予以損失補償

---

[121] 102年度高等行政法院及地方法院行政訴訟庭法律座談會提案2。
[122] 大法官釋字第731號。

者，其對象爲受有損失之人民。

類型	目的	法律依據
土地徵收	國家因特定公共事業之需要，得依土地法之規定徵收私有土地。	土地法第208條、第239條[123]
即時強制	行政機關為阻止犯罪、危害之發生或避免急迫危險，而有即時處置之必要者。	行政執行法第36條、第41條

例題16

主管機關對於既成道路或都市計畫道路用地，在依法徵收或價購以前埋設地下設施物妨礙土地權利人對其權利之行使，致生損失。試問土地權利人能否請求主管機關，給予以相當補償？

壹、定　義

一、合法實施公權力

行政之損失補償者，係指國家基於公益之目的，合法實施公權力，致人民之生命、身體或財產遭受損失，國家應給予適當之補償。申言之，現代自由民主之法治國家，均在憲法揭櫫財產權應予保障，雖承認基於公益上之需要，得徵收私有財產權，然爲調和財產權保障與公用徵收間之失調關係，乃承認因公用徵收所生之特別犧牲，應由社會全體共同負擔之，期在公益與私益之調和下，以達成財產權保障之目的，此種調和之法律技術

---

[123] 土地徵收條例第1條第1項規定：為實施土地徵收，促進土地利用，增進公共利益，保障私人財產，特制定本條例。第2項規定：土地徵收，依本條例之規定，本條例未規定者，適用其他法律之規定。第3項規定：其他法律有關徵收程序、徵收補償標準與本條例牴觸者，優先適用本條例。

手段，即爲徵收補償。準此，徵收補償是基於公負擔平等思想。故徵收補償實具有彌補因公用徵收所生之財產變動，藉使被徵收關係人能夠在獲得與被徵收標的物同種類或等值之物，以回復其未被徵收前之財產狀況[124]。

二、損害賠償與損失補償之差別

　　行政上之損害賠償與損失補償不同，前者係以不法行爲爲前提，爲公法上之侵權行爲；後者係對適法之行爲而生之補償，以彌補相對人之損失。例如，行政機關實施即時強制，致人民財產遭受損失，而請求補償者，均應先向行政機關提出申請，在行政機關否准其請求時，始得提起訴願及行政訴訟[125]。

貳、例題解析——特別犧牲（102、92津師；90檢察事務官）

　　人民之財產權，應予保障（憲法第15條）。國家機關依法行使公權力致人民之財產遭受損失，倘逾其社會責任所應忍受之範圍，形成個人之特別犧牲者，國家應予合理補償。既成道路符合一定要件而成立公用地役關係者，其所有權人對土地已無從自由使用收益，形成因公益而特別犧牲其財產上之利益，國家自應依法律規定，辦理徵收給予補償，倘各級政府因經費困難，不能對道路全面徵收補償，有關機關應訂定期限籌措財源逐年辦理或以他法補償，業經大法官釋字第400號解釋釋示在案。準此，關於都市計畫保留地得予徵收或購買已有相關法律可資適用，主管機關基於增進公共利益之必要，依法使用計畫道路用地時，應否予以徵購，須考量其侵害之嚴重性，是否妨礙其原來之使用及安全等因素而爲決定。對既成道路或都市計畫用地，主管機關在依據法律辦理徵購前，固得依法加以使用，如埋設電力、自來水管線及下水道等地下設施物。惟應依比例原則，

---

[124] 大法官釋字第652號解釋。
[125] 最高行政法院92年度判字第1709號行政判決。

擇其損失最少之處所及方法為之；對土地權利人因此所受損失，並應給與相當之補償，以保護其財產上之利益[126]。

參、相關實務見解——政府採購得標廠商應進用一定比例原住民案

原住民族工作權保障法第12條第1項、第3項及政府採購法第98條，關於政府採購得標廠商於國內員工總人數逾100人者，應於履約期間僱用原住民，人數不得低於總人數1%，進用原住民人數未達標準者，應向原住民族綜合發展基金之就業基金繳納代金部分，並無違背憲法第7條平等原則及第23條比例原則，而與憲法第15條保障之財產權及工作權內涵營業自由之意旨相符[127]。

第二項 公益徵收

國家因公用或其他公益目的之必要，以公權力強制取得或消滅之行為，得依法徵收人民之財產，而不問權利人之義務，此稱公益徵收或公用徵收[128]。對被徵收財產之權利人而言，係為公共利益所受之特別犧牲，國家應給予合理之補償，且補償與損失必須相當。準此，國家以公益之必要，依法徵收土地時，對土地之所有權人及土地之其他財產權人，均應予以相當或合理補償[129]。

---

[126] 大法官釋字第440號解釋。
[127] 大法官釋字第719號解釋。
[128] 陳立夫，土地行政爭訟實務2，100年培訓高等行政法院暨地方法院行政訴訟庭法官理論課程，司法院司法人員研習所，2011年4月11日，頁4。
[129] 大法官釋字第579號解釋。

例題17

> 甲提供其所有土地供公眾通行多年，其已形成公共公用地役關係。試問甲是否得以既成道路之土地所有權人身分，具有請求國家徵收之公法上權利？

壹、定 義

一、因公共利益之特別犧牲

國家因公用或其他公益目的之必要，雖得依法徵收人民之財產，然應給予合理之補償。此項補償乃因財產之徵收，對被徵收財產之所有人而言，係為公共利益所受之特別犧牲，國家自應予以補償，以填補其財產權被剝奪或其權能受限制之損失[130]。例如，土地徵收係國家因公共事業之需要，對人民受憲法保障之財產權，經由法定程序予以剝奪。規定此項徵收及其程序之法律，必須符合必要性原則，並應於相當期間內，給予合理之補償。被徵收土地之所有權人於補償費發給或經合法提存前，雖仍保有該土地之所有權，惟土地徵收對被徵收土地之所有權人而言，係為公共利益所受特別犧牲，是補償費之發給不應遲延過久[131]。

二、特別法與普通法之適用

土地徵收條例為有關土地徵收事項之特別規定，優先土地法第五編第208條至第247條之適用，致土地徵收規定幾乎適用土地徵收條例[132]。準此，我國土地徵收之地價補償，係按照徵收當期之公告土地現值，補償其

---

[130] 大法官釋字第516號解釋。
[131] 大法官釋字第425號解釋。
[132] 陳立夫，土地行政爭訟實務1，100年培訓高等行政法院暨地方法院行政訴訟庭法官理論課程，司法院司法人員研習所，2011年5月9日，頁19。

地價。在都市計畫區內之公共設施保留地，應按毗鄰非公共設施保留地之平均公告土地現值，補償其地價（土地徵收條例第30條第1項）。徵收補償地價，必要時得加成補償；其加成補償成數，由直轄市或縣、市主管機關比照一般正常交易價格，提交地價評議委員會於評議當年期公告土地現值時評定之（第2項）。在土地徵收事件，被徵收土地之權利人，常爭議地價補償過低，其主要癥結在於以公告土地現值補償地價，此成爲行政爭訟之主因[133]。

三、土地徵收之必要性

需用土地人踐行協議價購或以其他方式取得公共事業所需土地，爲徵收合法之要件，須已確實踐行此程序，仍無法取得公共事業所需土地，以徵收方式取得，始屬不得已之最後手段，而具必要性，此要求需用土地人應盡可能採取溫和手段，避免強制剝奪人民之財產，以達公共利益與私益之平衡。準此，需用土地人於徵收前，是否已踐行協議價購或以其他方式取得之程序，應視需用土地人是否已經實質協議價購程序，且就取得需用土地是否可以區段徵收或其他方式取得，爲確實之評估，並與擬徵收土地之所有權人進行溝通，作爲是否已進行實質協議價購或以其他方式取得之判斷依據[134]。

四、協議價購之法律關係

(一)公法事件

土地徵收條例第11條第1項規定之協議價購，爲徵收之法定先行且必經之程序，倘需用土地人依該條規定所爲之價購，係爲達成行政目的而在徵收前所爲之價購，需用土地人與土地所有權人依上開條例規定，達成價

---

[133] 陳立夫，土地行政爭訟實務1，100年培訓高等行政法院暨地方法院行政訴訟庭法官理論課程，司法院司法人員研習所，2011年4月11日，頁2至3。

[134] 最高行政法院105年度判字第29號行政判決。

購之協議時，核其性質應屬行政契約。有關此類行政契約所生爭議，自屬公法事件，應歸行政法院審判。當事人間因徵收協議價購而締結土地買賣契約，出賣人就價金請求權得提起給付訴訟，其屬公法事件[135]。

(二)私法事件

　　訴訟事件是否屬普通法院之權限，應以原告起訴主張為訴訟標的之法律關係，是否屬於私法上之爭執為斷。需用土地人申請徵收土地或土地改良物前，除國防、交通、水利、公共衛生或環境保護事業，因公共安全急需使用土地未及與土地所有權人協議者外，應先與所有權人協議價購或以其他方式取得；所有權人拒絕參與協議或經開會未能達成協議者，始得依本條例申請徵收（土地徵收條例第11條第1項）。準此，土地徵收前之協議價購行為，並非徵收程序，其性質屬私法買賣，所生爭議，自應由普通法院行使審判權[136]。

貳、例題解析——既成道路

　　依現行法律之規定，並無既成道路之土地所有權人得請求徵收之權利，故無請求徵收之公法上請求權。大法官釋字第440號解釋雖認主管機關對於既成道路或都市計畫道路用地，在依法徵收或價購以前，埋設地下設施物妨礙土地權利人對其權利之行使，致生損失，形成其個人特別之犧牲，自應享有受相當補償之權利，然並非指既成道路之土地有請求徵收之權利。

參、相關實務見解——區段徵收事件

　　土地徵收條例第11條規定，其意旨在於以溫和手段取得公共事業所需之土地，避免強制剝奪人民之財產權，達成最少損害之原則。準此，需用

---

[135] 最高行政法院106年度判字第142號行政判決。
[136] 最高法院104年度台抗字第962號民事裁定。

土地人於辦理協議價購或以其他方式取得公共事業所需土地時，自應確實踐行該條所定協議之精神，不得徒以形式上開會協議，而無實質之協議內容。在以區段徵收方式取得用地者，雖土地所有權人得選擇領取補償費，亦得申請發給抵價地，然需用土地人仍應依土地徵收條例第48條規定準用同條例第11條規定，應於申請徵收前，而與土地所有權人進行協議價購或以其他方式取得之程序[137]。

---

[137] 最高行政法院102年度判字第371號行政判決。

參考書目

BIBLIOGRAPHY

壹、專　書

1. 王保鍵，圖解行政法，五南圖書出版股份有限公司，2017年3月。
2. 吳　庚，行政法之理論與實用，三民書局股份有限公司，1999年6月，增訂5版。
3. 江嘉琪，政府採購法與爭訟實務，100年培訓高等行政法院暨地方法院行政訴訟庭法官理論課程，司法院司法人員研習所，2011年3月14日。
4. 吳　庚，行政法之理論與實用，三民書局股份有限公司，1999年6月，增訂5版。
5. 李震山，行政法導論，三民書局股份有限公司，2002年10月，修訂4版2刷。
6. 李惠宗，行政法要義，元照出版有限公司，2007年2月，3版1刷。
7. 林洲富，民法─案例式，五南圖書出版股份有限公司，2020年9月，8版1刷。
8. 林洲富，實用強制執行法精義，五南圖書出版股份有限公司，2022年1月，16版1刷。
9. 林洲富，民事法案例研究─實體法與程序法之交錯運用，五南圖書出版股份有限公司，2015年9月，3版1刷。
10. 林洲富，智慧財產行政程序與救濟，五南圖書出版股份有限公司，2021年8月，4版1刷。
11. 徐瑞晃，行政訴訟法，五南圖書出版股份有限公司，2009年8月。
12. 張自強、郭介恆，訴願法釋義與實務，瑞興圖書股份有限公司，2002年2月。
13. 翁岳生主編，行政訴訟法逐條釋義，五南圖書出版股份有限公司，2003年5

月，初版2刷。

14. 楊與齡主編，強制執行法實例問題分析，許澍林著，對公法人財產之執行，五南圖書出版股份有限公司，2002年7月，初版2刷。

15. 劉新發，專利行政救濟程序，經濟部智慧財產局，2007年2月。

16. 經濟部智慧財產局，專利法逐條釋義，2005年3月。

17. 臺灣行政法學會編著，行政法爭議問題之研究（上），五南圖書出版股份有限公司，2001年8月，初版2刷。

貳、專　論

1. 王碧芳，行政訴訟法第一審程序，100年培訓高等行政法院暨地方法院行政訴訟庭法官理論課程，司法院司法人員研習所，2011年2月24日。

2. 王碧芳，行政訴訟法第一審程序，100年培訓高等行政法院暨地方法院行政訴訟庭法官理論課程，司法院司法人員研習所，2011年5月9日。

3. 柯格鐘，所得稅論營業稅爭訟實務，100年培訓高等行政法院暨地方法院行政訴訟庭法官理論課程，司法院司法人員研習所，2011年4月11日。

4. 林三欽，行政命令與爭訟實務，100年培訓高等行政法院暨地方法院行政訴訟庭法官理論課程，司法院司法人員研習所，2011年2月21日。

5. 林昱梅，人事行政爭訟實務，100年培訓高等行政法院暨地方法院行政訴訟庭法官理論課程，司法院司法人員研習所，2011年5月30日。

6. 胡方新，行政訴訟暫時權利保護與爭訟實務，100年培訓高等行政法院暨地方法院行政訴訟庭法官理論課程，司法院司法人員研習所，2011年5月9日。

7. 洪家殷，行政罰法與爭訟實務，100年培訓高等行政法院暨地方法院行政訴訟庭法官理論課程，司法院司法人員研習所，2011年3月14日。

8. 范姜真媺，政府資訊公開與爭訟實務，100年培訓高等行政法院暨地方法院行政訴訟庭法官理論課程，司法院司法人員研習所，2011年2月21日。

9. 黃士洲，遺產及贈與稅爭訟實務，100年培訓高等行政法院暨地方法院行政訴訟庭法官理論課程，司法院司法人員研習所，2011年4月11日。

10. 陳　敏，稅法總論與爭訟實務，100年培訓高等行政法院暨地方法院行政訴

訟庭法官理論課程，司法院司法人員研習所，2011年4月11日。

11. 陳立夫，土地行政爭訟實務2，100年培訓高等行政法院暨地方法院行政訴訟庭法官理論課程，司法院司法人員研習所，2011年4月11日。

12. 陳立夫，土地行政爭訟實務1，100年培訓高等行政法院暨地方法院行政訴訟庭法官理論課程，司法院司法人員研習所，2011年5月9日。

13. 陳愛娥，行政契約與爭訟實務，100年培訓高等行政法院暨地方法院行政訴訟庭法官理論課程，司法院司法人員研習所，2011年2月21日。

14. 張瓊文，行政訴訟法總則與爭訟實務，100年培訓高等行政法院暨地方法院行政訴訟庭法官理論課程，司法院司法人員研習所，2011年2月21日。

15. 張文郁，訴願法與爭訟實務，100年培訓高等行政法院暨地方法院行政訴訟庭法官理論課程，司法院司法人員研習所，2011年3月14日。

16. 楊惠欽，行政訴訟法上訴抗告等程序與爭訟實務，100年培訓高等行政法院暨地方法院行政訴訟庭法官理論課程，司法院司法人員研習所，2011年5月30日。

17. 劉宗德，行政法原理原則與爭訟實務1，100年培訓高等行政法院暨地方法院行政訴訟庭法官理論課程，司法院司法人員研習所，2011年1月17日。

18. 劉宗德，行政法原理原則與爭訟實務2，100年培訓高等行政法院暨地方法院行政訴訟庭法官理論課程，司法院司法人員研習所，2011年1月17日。

19. 賴恒盈，保險行政爭訟實務，100年培訓高等行政法院暨地方法院行政訴訟庭法官理論課程，司法院司法人員研習所，2011年5月30日。

參、碩士論文

1. 胡小慧，私立大專院校教師聘任之研究，國立中正大學法律學研究所碩士論文，2012年2月。

2. 吳振裕，租稅法上退稅請求權，國立中正大學法律學研究所碩士論文，2014年11月。

3. 夏錦秀，稅務訴訟舉證責任之研究—以稅捐稽徵法第12條之1為中心，國立

中正大學法律學研究所碩士論文，2015年1月。

4. 郭隆生，探討拆除違建處分之時效—以臺北市為例，國立中正大學法律學研究所碩士論文，2013年10月。

5. 陳祈安，我國公職人員財產申報問題之研析—以公營事業台糖公司為中心，國立高雄大學政治大學法律學系碩士論文，2015年6月。

6. 鄭雅玲，論個人資料保護法對金融機構稽核之影響，國立中正大學法律學研究所碩士論文，2015年7月。

7. 顏幸如，新聞自由與公眾人物隱私權之衝突與平衡，國立中正大學法律學研究所碩士論文，2015年6月。

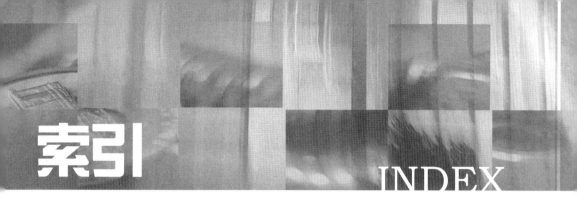

索引

INDEX

國家圖書館出版品預行編目資料

行政法：案例式／林洲富著. ——六版.——
臺北市：五南圖書出版股份有限公司，
2022.05
面；　公分
ISBN 978-626-317-797-0 (平裝)

1.CST: 行政法

588　　　　　　　　　111005128

1R85

行政法—案例式

作　　　者 — 林洲富（134.2）

發 行 人 — 楊榮川

總 經 理 — 楊士清

總 編 輯 — 楊秀麗

副總編輯 — 劉靜芬

責任編輯 — 林佳瑩

封面設計 — 姚孝慈

出 版 者 — 五南圖書出版股份有限公司

地　　　址：106台北市大安區和平東路二段339號4樓

電　　　話：(02)2705-5066　　傳　　真：(02)2706-6100

網　　　址：https://www.wunan.com.tw

電子郵件：wunan@wunan.com.tw

劃撥帳號：01068953

戶　　　名：五南圖書出版股份有限公司

法律顧問　林勝安律師事務所　林勝安律師

出版日期　2012 年 4 月初版一刷
　　　　　2013 年 6 月二版一刷
　　　　　2015 年 2 月三版一刷
　　　　　2017 年 8 月四版一刷
　　　　　2019 年11 月五版一刷
　　　　　2022 年 5 月六版一刷

定　　　價　新臺幣480元

經典永恆・名著常在

五十週年的獻禮 —— 經典名著文庫

五南，五十年了，半個世紀，人生旅程的一大半，走過來了。

思索著，邁向百年的未來歷程，能為知識界、文化學術界作些什麼？

在速食文化的生態下，有什麼值得讓人雋永品味的？

歷代經典・當今名著，經過時間的洗禮，千錘百鍊，流傳至今，光芒耀人；

不僅使我們能領悟前人的智慧，同時也增深加廣我們思考的深度與視野。

我們決心投入巨資，有計畫的系統梳選，成立「經典名著文庫」，

希望收入古今中外思想性的、充滿睿智與獨見的經典、名著。

這是一項理想性的、永續性的巨大出版工程。

不在意讀者的眾寡，只考慮它的學術價值，力求完整展現先哲思想的軌跡；

為知識界開啟一片智慧之窗，營造一座百花綻放的世界文明公園，

任君遨遊、取菁吸蜜、嘉惠學子！